U0484377

中华优秀传统文化"四德"教育和励志教材

·中华优秀传统文化经典解读·

做自己命运的主人

范业赞　刘振勇　葛娇娇　黄　坤　毕海豹 ——— 编著

华夏出版社
HUAXIA PUBLISHING HOUSE

图书在版编目（CIP）数据

做自己命运的主人 / 范业赞等编著. -- 北京 : 华夏出版社有限公司, 2025. -- ISBN 978-7-5222-0833-6

Ⅰ. B025.5

中国国家版本馆 CIP 数据核字第 2024R4X616 号

做自己命运的主人

编　　著	范业赞　刘振勇　葛娇娇　黄　坤　毕海豹
责任编辑	陈　迪
责任印制	刘　洋
出版发行	华夏出版社有限公司
经　　销	新华书店
印　　刷	三河市少明印务有限公司
装　　订	三河市少明印务有限公司
版　　次	2025 年 8 月北京第 1 版　　2025 年 8 月北京第 1 次印刷
开　　本	710×1000　1/16 开
印　　张	20
字　　数	300 千字
定　　价	69.00 元

华夏出版社有限公司　地址：北京市东直门外香河园北里 4 号　邮编：100028
网址：www.hxph.com.cn　电话：（010）64663331（转）
本版图书如有印装质量问题，请与我社营销中心调换。

序言一　因果规律是中华传统文化的重要内容

刘余莉 >>>

本书开篇中说道："命运掌握在自己手中。"原因是我们的命运背后有一个规律在起作用，那就是因果规律。根据因果规律可知，命运是结果，影响命运这个结果的有外因和内因。其中，外因是外部的环境和条件；内因就是自己的言行，即如何想、如何说、如何做。也就是说，无论是"种瓜"还是"种豆"，都是自己可以选择和决定的。不同的选择，会导致不同的结果，人的命运都是自己选择的结果，是一个个选择连接起来的轨迹。如果没有因果规律，"命运掌握在自己手中"这个命题是不能成立的。

但是，一讲到因果，有些人就会将其与宗教联系起来，认为是迷信。其实，因果之间的联系是宇宙间客观的自然规律，是超越宗教的。马克思主义讲因果，中华优秀传统文化也讲因果。

原因与结果是马克思主义唯物辩证法的基本范畴，揭示了原因与结果之间的辩证关系。任何现象都会引起其他现象的产生，任何现象的产生都是由其他现象所引起的，这种引起和被引起的关系，就是因果联系。其中引起某种现象产生的现象，叫原因；被某种现象引起的现象，叫结果。原因分为内因和外因：内因是指事物发展变化的内在原因，外因是指事物发展变化的外部原因；内因与外因在事物发展变化中的地位和作用是不同的，外因是变化的条件，内因则是变化的根据，外因通过内因而起作用。

因果规律在很多中华优秀传统文化经典中都有论述和体现。比如，《论语》中说："其身正，不令而行；其身不正，虽令不从。"其身正是因，不令而行是果；其身不正是因，虽令不从是果。"道之以政，齐之以刑，民免而无耻；道之以德，齐之以礼，有耻且格。"道之以政、齐之以刑是因，民免而无耻是果；道之以德、齐之以礼是因，有耻且格是果。《孟子》中说："爱人者人恒爱之，敬人者人恒敬之。"爱人是因，人恒爱之是果；敬人是因，人恒敬之是果。"得道者多助，失道者寡助。"得道是因，多助是果；失道是因，寡助是果。《大学》中说："言悖而出者，亦悖而入；货悖而入者，亦悖而出。"言悖而出是因，亦悖而入是果；货悖而入是因，亦悖而出是果。《中庸》中说："故大德必得其位，必得其禄，必得其名，必得其寿。"大德是因，必得其位、其禄、其名、其寿是果。《尚书》中说："作善降之百祥，作不善降之百殃。"作善是因，降之百祥是果；作不善是因，降之百殃是果。《道德经》中说："圣人不积，既以为人己愈有，既以与人己愈多。"为人、与人是因，己愈有、己愈多是果。《庄子》中说："且道者，万物之所由也。庶物失之者死，得之者生；为事逆之则败，顺之则成。"失之是因，死是果；得之是因，生是果；逆之是因，败是果；顺之是因，成是果。《素书》中说："夫人之所行，有道则吉，无道则凶。"有道是因，吉是果；无道是因，凶是果……这些论述所体现的原理都是因果规律。

其实，因果联系无处不在、无时不有，只是人们"日用而不知"。比如，我们在日常生活、学习和工作中与别人沟通交流的时候，经常会说："因为什么？""什么原因？""为什么？""结果怎样了？""因为……所以……"等等，这些都是在说明人、事、物之间的因果联系。开国领袖毛泽东主席于1942年在延安文艺座谈会上的讲话中说："我们的知识分子出身的文艺工作者爱无产阶级，是社会使他们感觉到和无产阶级有共同的命运的结果。我们恨日本帝国主义，是日本帝国主义压迫我们的结果。世上绝没有无缘无故的爱，也没有无缘无故的恨。"爱或恨都是结果，不会无缘无故出现，一定是有原因的。习近平总书记强调："国无德不兴，人无德不立。"无德是因，国不兴、人不立是果。党的二十大报告指出："新时代的伟大成就是党和人民一道拼出来、干出来、奋斗出来的！"这些其实讲的就是因果联系，新时代的伟大成就是果，这个果的因就是党和人民一道拼出来、干出来、奋斗出来的。

现在很多人喜欢学《易经》，但不少是在枝叶上做文章。《易经》中有两句很关键的话，古人就是凭这两句话来判断一个人的发展前景、国家的前途命运的。这两句话是："积善之家必有余庆，积不善之家必有余殃。""善不积，不足以成名；恶不积，不足以灭身。"社会上的一些黑帮恶霸、贪腐的领导干部最后锒铛入狱，不都是"积不善""积恶"的结果吗？所以，因果规律的教育不是迷信，我们从生活中都可以观察到。《孔子家语》中说："存亡祸福，皆己而已。天灾地妖，不能加也。"这句话告诉我们，存亡祸福都是自作自受，自然的灾害不能改变你。有的人说传统文化是宿命论，实际上真正的圣贤教诲不是宿命论，而是认为每一个人都是自己命运的主人，都是自作的结果，没有一个恒常不变的主宰。《贾子》中也说："故见祥而为不可，祥反为祸。"见到吉祥的征兆，却去做不应该做的事，吉祥也会转为祸害。相反，一个人能够"因祸而为福，转败而为功"，这是因为他有"以德报怨"的德行。《贾子》中的这两句话都是有典故的，讲了两个不同的故事，得出了这样的结论。《道德经》中说："天道无亲，常与善人。"天道规律没有亲疏，而常常帮助和护佑那些善良的人。因此，可以说，因果规律不仅是中华优秀传统文化的重要内容，而且是道德教育的有效方式和重要途径。因为国家和社会大力提倡因果规律教育，使得"种瓜得瓜、种豆得豆"的观念深入人心、妇孺皆知，故一些人不敢胡作非为。这些都为形成向上、向善的民风以及促进社会和谐起到了重要作用。

遗憾的是，一些人缺少这种教育，没有敬畏心，违法乱纪，甚至无法无天，给自己招了灾、惹了祸，给家庭、社会、国家都造成了损害，实在让人痛心。

范业赞同志多年来从事中华优秀传统文化的教育与实践，对中华优秀传统文化认识深刻，他编写的《做自己命运的主人》这本书，对中华优秀传统文化经典中有关决定人命运的因果规律的论述做了很好的解读和阐释，赋予了新的时代内涵和现代表达形式，能够让人们明了命运就掌握在自己手中以及如何把握好自己的命运，对于劝导人们改过迁善、趋吉避凶，促进社会的道德教育等，都具有重要的价值和作用。

（刘余莉，中共中央党校哲学部教授，伦理学专业博士生导师，中国传统文化促进会《群书治要》传承工作委员会主任）

序言二　对待中华传统文化的正确态度

朱康有 >>>

党的二十大报告指出："坚持和发展马克思主义，必须同中华优秀传统文化相结合。只有植根本国、本民族历史文化沃土，马克思主义真理之树才能根深叶茂。"要实现马克思主义与中华优秀传统文化相结合，就必须熟悉中华传统文化的内容。对于传统文化，很多人没有系统学习过，过去所了解到的一些所谓的传统文化，有的是被批判的糟粕，还有的是被误解或曲解的内容，所以，不少人对传统文化还存在一些偏见，甚至盲目排斥。深入学习中华传统文化，特别需要先了解我们党对待传统文化的基本态度和观点。

中共中央办公厅、国务院办公厅《关于实施中华优秀传统文化传承发展工程的意见》指出，要"坚持辩证唯物主义和历史唯物主义，秉持客观、科学、礼敬的态度，取其精华、去其糟粕，扬弃继承、转化创新，不复古泥古，不简单否定，不断赋予新的时代内涵和现代表达形式，不断补充、拓展、完善，使中华民族最基本的文化基因与当代文化相适应、与现代社会相协调"。这段话已经把我们对待传统文化所应有的态度、原则和要求表达得非常清楚了。

总的态度应当是"客观、科学、礼敬"。所谓"客观"，就是要实事求是，用历史的、发展的眼光来看待，不要脱离传统文化产生时的社会经济条件和背景，不要拿今天的经济和社会物质条件对传统文化做机械教条式的理解。所谓

"科学"，就是要用辩证、全面的眼光来看待，不能望文生义，更不能断章取义；不要用自己过去不正确的观点和想法先入为主，戴着"封建迷信、落后观念"的有色眼镜，挑剔地寻找其中的问题和糟粕；不要以西方文化为标准来评价和判断中华传统文化，因为西方文化与中华传统文化是价值观和思维方式都不相同的两个文化系统。所谓"礼敬"，就是要抱着对古圣先贤恭敬和虚心学习的态度，而不是抱着批判、轻视、不屑一顾的态度。否则，就只能是浅尝辄止、一知半解，甚至曲解或误解，不可能真正弄懂、弄通。

总的原则应当是"取其精华、去其糟粕，扬弃继承、转化创新"。也就是说，对传统文化中的精华，即那些超越时空、亘古不变的规律性的内容，要传承和发扬；对封建迷信、落后观念等糟粕，要予以否定和抛弃；对一些尽管有一定的时代局限性，但仍具有教育意义和借鉴价值的内容，可以进行"创造性转化、创新性发展"，赋予新的时代内涵和现代表达形式，不断补充、拓展、完善，使其与当代文化相适应、与现代社会相协调。

总的要求应当是"不复古泥古，不简单否定"。这一点需要特别注意。复古泥古与简单否定是两个极端，是比较容易犯的两个错误。复古泥古，就是不区分精华与糟粕，全盘、机械地照搬；简单否定，就是不分析研究、不判断鉴别，凭自己的想象和片面认识而武断地一概否定。必须明确，弘扬中华优秀传统文化的目的是古为今用，为实现当代社会的和谐、发展服务，不是为了复古；同样，只要是"有利于促进社会和谐、鼓励人们向上向善的思想文化内容"，都是优秀的，都应当予以传承和弘扬。

因此，对于传统文化，无论是取其精华，还是去其糟粕，都需要首先真正弄懂、弄明白，否则怎么知道哪些是精华、哪些是糟粕呢？对弄不懂、弄不通或者一知半解、曲解误解的，就武断地认为是糟粕、是迷信、是落后，这不是应有的正确态度，也是很浅薄的。

同样，对于传统文化中有关因果规律的内容，既不能凭自己的感觉和想象简单地否定，或者设个禁区，或者不分青红皂白，动辄扣上"封建迷信"的大帽子；也不能不加分析、鉴别就全盘照搬，甚至把它迷信化，而是要取其精华、去其糟粕。

其实，因果规律在很多优秀传统文化经典中都有论述，不仅是中华传统文化的重要内容，而且是道德教育的有效方式和重要途径。《周易》中有句名言："积善之家必有余庆，积不善之家必有余殃。"习近平总书记在讲话中曾多次引用过这句话。积善是因，必有余庆是果；积不善是因，必有余殃是果。这就是因果规律，是社会公理。"种瓜得瓜，种豆得豆"的因果规律早已被中国人世世代代广泛接受和传承。不可否认，民间有一些没有科学根据甚至迷信的说法，但我们不应该因此就回避它，或者简单、全盘地否定它，这恰恰需要我们对它做出科学、正确的阐释，破除迷信，予以导正。回避或简单地全盘否定，是一种消极、僵化和错误的态度。

中共中央办公厅《关于培育和践行社会主义核心价值观的意见》指出，要"加强对优秀传统文化思想价值的挖掘，梳理和萃取中华文化中的思想精华，作出通俗易懂的当代表达，赋予新的时代内涵，使之与中国特色社会主义相适应，让优秀传统文化在新的时代条件下不断发扬光大"。因此，对中华优秀传统文化中的因果规律进行挖掘和梳理，并且说清楚、讲明白，不仅有利于做好道德教育，还能够有效地破除迷信和认识上的误区。如果我们不讲，就不仅丢失了因果规律教育这个阵地，而且等于主动放弃了道德教育这个有效途径。所以，对于优秀传统文化中的因果规律不仅要讲，还要多讲、讲好。

范业赞教授组织编写的《做自己命运的主人》这本书，旨在梳理和阐释中华优秀传统文化经典中有关决定我们命运的因果规律的论述，让我们明了命运就掌握在自己手中以及如何把握好自己的命运，对于劝导人们向上向善、自强不息、提升道德教育效果,将会发挥很好的作用。该书坚持以马克思主义基本原理为指导,主题鲜明,方向正确;体现了创造性转化、创新性发展的精神,具有很好的时代现实性特点;同时融入了古今中外的大量实例,具有较强的可读性,是一本很好的"四德"和励志教育用书。

(朱康有,国防大学国家安全学院教授,国防大学习近平新时代中国特色社会主义思想研究中心研究员,北京市习近平新时代中国特色社会主义思想研究中心研究员,教育部习近平新时代中国特色社会主义思想研究中心研究员)

编写说明

本书共分三篇。第一篇总论，主要阐述了因果规律的原理，以及如何正确理解和把握因果规律。第二篇分论，主要是从种瓜得瓜、种豆得豆，祸福由己，天助自助者等三个方面对优秀传统文化经典进行解读。第三篇致用，主要阐述了从因果规律中可以汲取的三大智慧，以及如何通过立志、改过、为善、正心等来把握自己的命运。

本书在编写过程中，始终坚持一个主旨、两个原则。一个主旨，就是根据《新时代公民道德建设实施纲要》《关于培育和践行社会主义核心价值观的意见》《关于实施中华优秀传统文化传承发展工程的意见》等规定及其明确的精神和要求，紧紧围绕"四德"和励志教育这个主题展开。两个原则，一是坚持以马克思主义基本原理为指导，按照创造性转化、创新性发展的要求，对中华传统文化经典做出科学、合理的解读，取其精华、去其糟粕，弘扬正能量；二是坚持生活化，无论是阐述原理，还是举例，都与现代生活、学习和工作实际相结合，力求"接地气"，让人容易看得懂、想得通、落得实。

本书的一个重要特色是在解读经典、阐述原理的同时，引用了古今中外大量的故事和实例，目的有三个：一是增强说服力；二是增强趣味性和通俗性；三是增强教育性，因为故事和实例本身就能起到很好的教育效果。

本书适用于大中学生、单位员工、道德讲堂、孔子学堂等开展"四德"教育和励志教育。

本书引用了媒体上一些文章的说法和事例，在此对有关作者表示感谢！本书形成初稿后，编者专门征求了中共中央党校（国家行政学院）哲学部教授王杰、汉文化研究专家（北京大学客座教授）陈瑞红、山东文化产业职业学院原常务副院长冯潘宗、青岛恒星科技学院专家咨询委员会专家委员张王庚、河北传媒学院校长助理张川、菏泽传统文化促进会会长韩中光等专家学者的意见，他们提出了很好的建议，并给予了大力支持和推动。中共中央党校哲学部教授、伦理学专业博士生导师、中国传统文化促进会《群书治要》传承工作委员会主任刘余莉同志和国防大学国家安全学院教授、国防大学习近平新时代中国特色社会主义思想研究中心研究员、北京市习近平新时代中国特色社会主义思想研究中心研究员、教育部习近平新时代中国特色社会主义思想研究中心研究员朱康有同志在百忙中审阅书稿并为书稿作序，特表示感谢！

由于编者学识和能力所限，如本书中的观点、阐述等有不妥之处，敬请批评指正。

编者

目 录

第一篇 总 论 / 001

第一章 原 理 / 003
一、为什么说"命运掌握在自己手中" / 003
二、因果联系是客观规律 / 008
三、因果规律的原理 / 012
四、因果联系的特点 / 016
五、社会的因果规律 / 022
六、因果规律的通俗化表述 / 026

第二章 实 证 / 032
一、人与自然的关系 / 032
二、政权的兴亡更替 / 036
三、企业的盛衰成败 / 040
四、个人的吉凶祸福 / 044

第三章　解　惑　　　　　　　　　　　／054

一、万事俱备，还需"东风"　　　　　　　／054

二、"好人"未必真好　　　　　　　　　　／056

三、权者反于经，然后有善者也　　　　　　／064

四、冰冻三尺非一日之寒　　　　　　　　　／069

五、日间不做亏心事，半夜敲门心不惊　　　／074

六、吉者百福所归，凶者百祸所攻　　　　　／076

七、祸之福所倚，福之祸所伏　　　　　　　／082

八、小人朝为而夕求其成　　　　　　　　　／086

九、人贵有自知之明　　　　　　　　　　　／089

十、不要低估别人的善良　　　　　　　　　／097

十一、好人一定不长寿吗　　　　　　　　　／099

十二、知者不以变数疑常道　　　　　　　　／103

十三、我们对规律的认识有限　　　　　　　／108

十四、因果规律是中华优秀传统文化的基础和根据　／111

第二篇　分　论　　　　　　　　　　　／113

第四章　种瓜得瓜，种豆得豆　　　　　／115

一、积善之家必有余庆，积不善之家必有余殃　／115

二、善不积不足以成名，恶不积不足以灭身　／119

三、作善降之百祥，作不善降之百殃　　　　／123

四、得道多助，失道寡助　　　　　　　　　／126

五、出乎尔者，反乎尔者　　　　　　　　　／131

六、爱人者人恒爱之，敬人者人恒敬之　　　／135

七、言悖而出者，亦悖而入　　　　　　　／ 137

八、货悖而入者，亦悖而出　　　　　　　／ 141

九、财聚民散，财散民聚　　　　　　　　／ 143

十、其身正，不令而行；其身不正，虽令不从　／ 147

十一、既以为人己愈有，既以与人己愈多　／ 150

十二、爱出者爱反，福往者福来　　　　　／ 153

十三、吃亏是福　　　　　　　　　　　　／ 157

十四、取非义之财者，譬如漏脯救饥　　　／ 159

十五、满招损，谦受益　　　　　　　　　／ 162

第五章　祸福由己　　　　　　　　／ 169

一、自作孽，不可逭　　　　　　　　　　／ 169

二、存亡祸福，皆己而已　　　　　　　　／ 171

三、人必自侮，然后人侮之　　　　　　　／ 175

四、咎由自取　　　　　　　　　　　　　／ 177

五、玩火自焚　　　　　　　　　　　　　／ 180

六、自知者不怨人，知命者不怨天　　　　／ 183

第六章　天助自助者　　　　　　　／ 189

一、自天佑之，吉无不利　　　　　　　　／ 189

二、不患无位，患所以立　　　　　　　　／ 193

三、为者常成，行者常至　　　　　　　　／ 197

四、譬如为山，未成一篑，止，吾止也　　／ 203

五、不患位之不尊，而患德之不崇　　　　／ 209

六、德薄而位尊，智小而谋大　　　　　　／ 213

七、一勤天下无难事　　　　　　　　　　／ 217

第三篇　致　用　　　　　　　　　　　/ 221

第七章　智　慧　　　　　　　　　　/ 223
一、行有不得，反求诸己　　　　　　　/ 223
二、滴水之恩，当涌泉相报　　　　　　/ 229
三、莫问收获，但问耕耘　　　　　　　/ 236

第八章　立　命　　　　　　　　　　/ 242
一、命由我立，福自己求　　　　　　　/ 242
二、天作孽，犹可违　　　　　　　　　/ 248
三、志不立，天下无可成之事　　　　　/ 252
四、今欲获福而远祸，未论行善，先须改过　/ 260
五、福在积善　　　　　　　　　　　　/ 267
六、欲修其身者，先正其心　　　　　　/ 272

第九章　践　行　　　　　　　　　　/ 284
一、学而时习之，不亦说乎　　　　　　/ 284
二、取舍之极定于内，而安危之萌应于外　/ 288
三、自胜者强　　　　　　　　　　　　/ 294
四、一分耕耘，一分收获　　　　　　　/ 299

第一篇
总　论

　　因果规律是宇宙万物（包括人类社会）运行的自然规律，是人们在长期的生产、生活实践中对宇宙万物之间联系的正确认识和总结。因果规律并不意味着同样的原因必然会引起完全一样的结果，它只是一种必然性和必然趋势。由于各种情况不同，具体的因果联系会表现出千差万别的变化，甚至还会出现貌似与规律不符的特殊情况。而这种特殊情况本身就是规律的组成部分，正如倒春寒是春天的组成部分一样。没有人会由于出现倒春寒天气而怀疑春天到了、气温会越来越暖和的规律，况且规律也不会由于有人怀疑和否定就不存在了。

第一章 原 理

任何事物和现象的产生、变化都有原因，有什么样的原因就必然会产生与其对应的结果，这是宇宙万物亘古不变的因果规律，人类社会也不例外。正是由于有因果规律存在，我们才可以通过观察、研究事物和现象之间的联系，来认识宇宙万物。

一、为什么说"命运掌握在自己手中"

对"命运掌握在自己手中"这句话，也许大家都很熟悉，古今中外都有与此相似的格言，恐怕也没有人怀疑这句话的真理性。那么，命运到底是什么？为什么说"命运掌握在自己手中"呢？

说起人的命运，不少人总是感觉它很抽象，尤其是一些年龄不大的人，会觉得命运好像是未来的事，距离自己很遥远。其实，命运既不抽象，距离我们也不遥远，它是具体的、实实在在的。我们可以从三个不同的角度，对人的命运作一些剖析。

从人的命运的表现形式看，其主要包括三个方面：一是身体是否健康、长寿，二是人际关系是否和谐，三是学业或事业是否成功（学习时主要看学业，走向社会后主要看事业）等。一个人的命运好不好，我们通常会用这三个方面的指标来衡量。总的来说，身体健康、长寿，人际关系和谐，学业或事业成功，那就是命运好；反之，身体不健康甚至夭折，人际关系不和谐，学业或事业不成功，那就是命运不好。所以，要想有好命运，就得想办法提高这三个方面的指标。

我们先从时间角度来衡量人的命运。按中国人平均预期寿命79岁计算，共948个月，两万八千八百多天。人一生的命运就是由每一年、每一月、每一天所做的事情组成的。人的命运如何，不仅是每一天所做的事情的简单相加，而且有积累效应，每一天的生活质量，都在为以后的人生和命运做量变积累。所以，把握好每一天的活法，提升每一天的生活质量，就是掌握自己命运的关键。

我们再从人生的不同阶段这个角度来衡量人的命运。如果以现在为基点，可以把人的命运分为过去的命运、现在的命运和未来的命运。过去的事情已经过去，无法重来；但现在的事情可以把握，把握好现在的事情，就能创造未来的好命运。

古今中外，不同人的命运不同。有的人际关系和谐，甚至备受他人尊重；有的遭人嫌弃，甚至被唾骂。有的生活富裕，有的穷困潦倒。有的身体健康，有的疾病缠身。有的学业、事业有成，有的则一事无成。再看看我们的同学、同事、邻居、亲戚、朋友等，他们的命运都是不一样的。总体来说，可以把人的命运概括为四种：一是很好的命运，二是比较好的命运，三是一般的命运，四是不好的命运。

即使是同一个人，其命运也在不断变化。有的非常富有，后来变得穷困潦倒，甚至去乞讨；有的非常穷困，后来变得大富大贵。有的身体健康，后来变得疾病缠身；有的一身疾病，后来变得健康长寿。有的学业、事业很成功，后来却失败了；有的学业、事业不顺利，后来变得一帆风顺。总之，有的人过去的命运不好，后来的命运却很好；有的人过去的命运很好，后来的命运却不好。

人的命运为什么如此不同？人的命运是由什么因素决定的呢？有没有规律可遵循？我们能否认识和把握自己的命运？这些问题，从马克思主义哲学和中华优秀传统文化中都能找到答案。总体的看法是：一是都反对宿命论，即人的命运是由上天注定的，是无法改变的。二是都认为，人尽管不能完全决定自己的命运，但可以改变自己的命运；也就是说，命运在一定程度上掌握在自己手中。

为什么说命运掌握在自己手中呢？原因是人的命运背后有因果规律在起作用。根据因果规律可知，命运是结果，而影响命运这个结果的是外因和内因。其中，外因是外部的环境和条件，内因是自己的想法、说法、做法。而内因是自己可以掌控的，也就是说，无论是"种瓜"还是"种豆"，都是自己可以选择和决定的。因此，是自己平时的一言一行、所作所为决定了自己的命运。如果没有因果规律，"命运掌握在自己手中"这句话就不成立。

中华优秀传统文化是做人的文化、道德的文化、教人向上和向善的文化，所以特别重视因果规律。在很多传统文化经典中，都有关于因果规律的论述。现选取部分经典，摘其要，列举如下。

比如，《论语》中说："为政以德，譬如北辰，居其所而众星共之。"为政以德是因，众星共之是果。"道之以政，齐之以刑，民免而无耻；道之以德，齐之以礼，有耻且格。"道之以政、齐之以刑是因，民免而无耻是果；道之以德、齐之以礼是因，有耻且格是果。

《道德经》中说："圣人不积，既以为人己愈有，既以与人己愈多。"为人、与人是因，己愈有、己愈多是果。"富贵而骄，自遗其咎。"富贵而骄是因，自遗其咎是果。

春秋时期著名的经济学家、哲学家、政治家、军事家管仲在《管子》中说："善人者，人亦善之。"善人是因，人亦善之是果。

西汉文学家、思想家刘安在《淮南子》中说："夫有阴德者，必有阳报；有阴行者，必有昭名。"[①]有阴德是因，有阳报是果；有阴行是因，有昭名是果。"积爱成福，积怨成祸。"积爱是因，成福是果；积怨是因，成祸是果。

南北朝时期的思想家刘昼在《刘子》中说："忠孝仁义，德之顺也；悖傲无礼，德之逆也。顺者福之门，逆者祸之府。"顺是因，福是果；逆是因，祸是果。

还有一些中华优秀传统文化经典专门论述了"祸福自招"的道理。比如，儒家十三经之一的《左传》中说："祸福无门，唯人所召。"意思是，灾祸与福气不是注定的，都是自己招致的。

集先秦诸子百家之大成的《吕氏春秋》中说："种麦得麦，种稷得稷。""祸福之所自来，众人以为命，焉不知其所由。""成齐类同皆有合，故尧为善而众善至，桀为非而众非来。《商箴》云：'天降灾布祥，并有其职。'以言祸福，人或召之也。"意思是，种麦子便会收获麦子，种谷子就会收获谷子。一般人认为，祸与福的到来是"命"，哪里知道其缘由？只要是同类事物，都能互相聚合，所以，尧做好事因而很多好事都来到他身上，桀做坏事因而很多坏事都来到他身上。《商箴》上说，老天降灾祸、施吉祥，都有一定的规律。这是说，祸福都是人自己招致的。

宋代思想家吴如愚在《准斋杂说》中说："种麻得麻，种豆得豆，顾其所种

---

① 做好人好事而不让别人知道即为阴德、阴行。

者种如何耳。"宋末元初著名道家学者杜道坚在《文子缵义》中说:"施报之理,种瓜得瓜,种果得果;恩怨之报,理一如之。"明代政治家、文学家、思想家吕坤说:"种豆,其苗必豆;种瓜,其苗必瓜。"明末小说家冯梦龙在《东周列国志》中评论春秋时期的韩原之战时说:"种瓜得瓜,种豆得豆。"清代文学家纪晓岚在《阅微草堂笔记》中说:"夫种瓜得瓜,种豆得豆,因果之相偿也。"

此外,在汉语中还有很多反映因果规律的成语和谚语。比如,"自作自受""自食其果""咎由自取""玩火自焚""自投罗网""自取其祸""作茧自缚""自掘坟墓""自取其辱""上梁不正下梁歪""搬起石头砸自己的脚""早知今日,何必当初""一分耕耘,一分收获""若要人不知,除非己莫为""水有源,树有根""无风不起浪,事出必有因"等等,它们都体现了因果规律的道理。

中华优秀传统文化之所以特别重视因果规律,不仅是因为因果规律是公理,而且是因为因果规律对教育我们向上和向善以及提升我们的道德修养和社会的文明程度具有十分重要的作用。首先,从道德教育的角度来说,道德教育的目的是教人弃恶从善,而教人弃恶从善的最好办法是让我们懂得"种什么因,得什么果",吉凶祸福全在自己,命运就掌握在自己手中。这样才能唤起我们内心的敬畏和自律,使我们发自内心地弃恶从善,不敢、不愿、不能做坏事。这恰恰就是因果规律的精髓和作用所在。所以,教人懂得了因果规律的道理,也就为道德教育奠定了坚实的基础。其次,从个人的角度来说,明白因果规律的道理,可以让我们破迷开悟,增长做人的智慧,知道应该做什么、不应该做什么,懂得如何趋吉避凶,约束自己的行为,真正把握好自己的命运。最后,从社会的角度来说,我们懂得了因果规律的道理,才会"心有所畏、言有所戒、行有所止",形成《关于培育和践行社会主义核心价值观的意见》上所说的"修身律己、崇德向善、礼让宽容的道德风尚"和"好人好报、恩将德报的正向效应",

提升全社会的道德水准，促进社会和谐。

人民网刊登了中共中央党校刘余莉教授的一篇文章，题目是《中国传统道德教育的智慧》，文章中说："特别是因果教育，贯彻于儒、释、道三家教育之中，如《易经》有言，'积善之家必有余庆，积不善之家必有余殃'；《大学》有言，'德者，本也；财者，末也''货悖而入者，亦悖而出'；《中庸》有言，'大德必得其位，必得其禄，必得其名，必得其寿'，皆属因果教育……"因果教育能为形成淳朴向善的民风以及实现社会的安定、和谐起到重要作用。

中华优秀传统文化所阐述的因果规律，旨在告诉我们，"命自我立，福自己求""祸福由己"，即命运就掌握在自己手中。因此，学习中华优秀传统文化，不仅不能回避因果规律，而且需要将其弄清楚、搞明白，目的在于破除迷信，增长智慧，把握好自己的命运。因此，根据中共中央办公厅在《关于培育和践行社会主义核心价值观的意见》中提出的"加强对优秀传统文化思想价值的挖掘，梳理和萃取中华文化中的思想精华，作出通俗易懂的当代表达，赋予新的时代内涵"要求，充分挖掘和阐明中华优秀传统文化中的因果规律，对于加强道德教育、促进社会和谐、提高社会文明程度等，都具有十分重要的时代价值和现实意义。

二、因果联系是客观规律

因果联系不是宗教的专利，而是宇宙中客观的自然规律，是超越宗教的。中华优秀传统文化讲因果，马克思主义也讲因果。

因果规律在马克思主义哲学中叫因果关系，是马克思主义唯物辩证法的重要组成部分，揭示了原因与结果之间的辩证关系。任何现象都会引起其他现象的产生，任何现象的产生都是由其他现象所引起的。这种引起和被引起的关系，叫作因果联系。其中引起某种现象产生的现象，叫作原因；被某种现象引起的现象，叫作结果。原因又分为内因和外因：内因是指引起事物发展变化的内在原因，即内部根据；外因是指引起事物发展变化的外因，即外部条件。事物的产生、发展和消亡都是内因与外因共同作用的结果，外因是引起变化的条件，内因则是引起变化的根据，外因通过内因而起作用。用公式表示就是，内因＋外因＝结果。

比如，种瓜得瓜，瓜的种子是内因，适宜的土壤、温度和湿度等是外因。没有瓜的种子这个内因，在任何情况下都结不出来瓜；但没有适宜的土壤、温度和湿度等外因，瓜的种子也无法发芽和成活。

中国现代思想家、诗人和书法家，引进马克思《资本论》的中华第一人，与梁漱溟、熊十力合称为"新儒家三圣"之一的马一浮，在《赠浙江大学毕业诸生序》中说："凡自然界、人事界一切现象，皆不能外于因果律，决无无因而至之事。现在事实是果，其所以致此者必有由来，非一朝一夕之故，这便是因。因有远有近，近因在十年、二十年前，远因或在一二百年以上。由于过去之因，所以成现在之果，现在为因，未来亦必有果。"

国际著名东方学大师、语言学家、文学家、国学家、佛学家、史学家、教育家和社会活动家季羡林在《季羡林随想录》"傻瓜"一篇中说："我们中国有几句尽人皆知的俗话，'善有善报，恶有恶报；不是不报，时候未到；时候一到，一切皆报'，这真是见道之言。把别人当傻瓜的人，归根结底，会自食其果。"

中国当代文学家、教育家、国学大师南怀瑾在《孟子旁通》中说："中国文化处处讲因果，这因果的观念，并不是印度佛教传入中国以后才开始确立并普遍被社会应用在语言文字上。我们的《易经》老早就有这种思想，如'积善之家，必有余庆；积不善之家，必有余殃'。至于孟子，这里所引用的'出乎尔者，反乎尔者也'，同样是因果的观念。"

中共中央党校的刘余莉教授在《〈群书治要〉十讲》中说："因果教育并不是佛教、道教的专利，儒家也非常重视因果教育。比如，《大学》上就有这样的话：'德者，本也，财者，末也。''货悖而入者，亦悖而出。'这就是因果教育。意思是说，道德是财富的根本，财富是道德的枝叶花果、外在显现。所以，我们看一个人之所以有不同于一般人的成就，有财富、名声、地位，你去观察会发现，他也一定有一般人不具备的德行。"

被国学大师季羡林称为"既是企业家又是哲学家"的日本"经营之圣"稻盛和夫，27岁时开始创业，经过几十年时间的努力，建立了"京瓷"和KDDI（日本第二电信）两家世界500强企业，举世罕见。稻盛和夫刚创业时，资金、设备、客户等资源都不足，经济环境不景气，同行业中有强大的竞争对手，自己又缺乏经验，不懂经营。企业究竟能不能生存和发展，怎样才能使企业顺利发展，怎样才能避免企业破产以及员工因失业而流落街头，怎样才能对得起信任自己和慷慨解囊的股东们，成了摆在稻盛和夫面前的问题。他一面拼命工作，一面苦苦思索这些问题，却找不到答案。后来，稻盛和夫读到了日本著名汉学家、思想家安冈正笃写的《命运和立命》一书。这本书系统解读了中国明代思想家袁了凡所写的《了凡四训》。《命运和立命》中的故事和观点，让稻盛和夫恍然大悟："原来如此，人生原来是这样的。虽然不清楚前面有什么样的命运在等待自己，但是，在难以捉摸的命运的安排下，我们遭遇各种事情的时候，却可以坚持'想好事，做好事'，只要以这种态度来度过自己的人生，不就好了吗？"稻盛和夫通过反复深入地思考各种社会现象以及自己的亲身实践，不仅坚信因果规律，而且认为这才是人生、社会乃至宇宙最根本的法则。稻盛和夫说："命运乃经纱，因果法则乃纬纱，两者交织而成人生之布。"稻盛和夫认为，只要坚持"想好事，做好事"，将正确的事情以正确的方式贯彻到底，人生就一定会出现转机，甚至可以从根本上改变命运的走向。正因为他将因果规律作为自己的人生信念，并在实践中忠实地贯彻，他对事物的判断才变得很简单，他的人生和事业也才获得了巨大成功。

古希腊著名思想家、哲学家苏格拉底曾讲到了因果定律的概念，他说："种下什么样的因，就会有什么样的果，这是亘古不灭的定律。"今天的结果是昨天造成的，今天又为明天种下了因。美国物理学家惠勒博士说："宇宙的一切事态，都是循着因果关系而发生的。"在他看来，因果规律无疑是宇宙间最重要的法则之一。他说："假如没有因果规律，宇宙就只有混乱，完全不是我们所知的物理现实了。宇宙中从微小的生物到庞大的星云旋系，无论大小，一切运动都遵守着因果规律。"美国思想家爱默生说："因与果，手段与目的，种子与果实，全是不可分割的，因为果早就酝酿在因中，目的存在于手段之前，果实则包含在种子中。"

在我国民间，因果规律通常被大众称为"因果报应"，通俗的表达就是："种瓜得瓜，种豆得豆；善有善报，恶有恶报。"这是一句千古名言，男女老少都耳熟能详。对"种瓜得瓜，种豆得豆"，一般没有人怀疑；但对"善有善报，恶有恶报"，有的人不相信，认为这是劝人弃恶、向善的说辞而已。究其原因，主要是有时会在社会上看到一些好人并没有获得好报，甚至好心获得了不好的结果；而一些恶人并没有获得恶报，有的活得还"挺好"，就像有人说的，"好人不长寿，坏人活千年"。正因为有这样的看法和说法，所以一些人就没有敬畏心，甚至恣意妄为，结果是害了自己，害了别人，害了社会。

我们可以把"因果报应"理解为因果联系的另一种说法，"报"是回报，"应"是反应。有作用力，就必然有反作用力作为回报。作用力是因，反作用力是果，回报和反应就是原因与结果之间的一种联系方式，是因果联系的一种形象化表述。

一提到因果，有些人就会不加分析和鉴别地将其与宗教联系在一起，一律贴上"迷信"的标签予以否定，致使我们不敢讲中华优秀传统文化中的因果规律，甚至遮遮掩掩、噤若寒蝉，怕被扣上搞"封建迷信"的帽子。民间关于因果的一些说法，固然有缺乏科学依据的成分，但不能因此就一概否定其科学、规律性的内容，这与我们党对传统文化"取其精华，去其糟粕"的要求是相背离的。

三、因果规律的原理

尽管马克思主义哲学和中华优秀传统文化对因果规律的叫法不同，但其基本内涵是一样的，并不矛盾。主要区别在于，马克思主义哲学所讲的因果联系，揭示的是自然、社会和人类思维的一般规律；而中华优秀传统文化所讲的因果联系，重点阐述的是人类社会的规律。

马克思主义哲学和中华优秀传统文化关于因果规律的原理，其含义可以被概括为四个方面。

（一）任何现象和事物的产生、变化都有原因

俗话讲："乱麻必有头，事出必有因。"任何事物都不是凭空产生的。春秋末年思想家、孔子的弟子、儒家学派重要代表人物曾子在其作品《大学》中说："物有本末，事有终始。"明代思想家袁了凡在其作品《了凡四训》中说："福有福始，祸有祸先。"意思是，任何事情的发生一定都是有原因的，福有福的原因，祸有祸的原因。在现实生活中，两个人闹矛盾了，有原因吗？晚上失眠了，有原因吗？学生考试不及格，有原因吗？得癌症了，有原因吗？这个世界上，哪有没有原因的事！

有果必有因，没有无因之果。河中的水被污染了，一定有污染源；河中的水被污染就是果，污染源就是因。土壤里没有种子，不可能长出庄稼；土壤里长出了庄稼，一定有种子。0℃以下，水即结冰，结冰的原因是温度降到了0℃以下；100℃以上，水即汽化，汽化的原因是水被烧到了100℃。长期营养过剩很容易患上糖尿病，长期营养过剩是患上糖尿病的原因之一。一个人善良厚道，大家都会喜欢他，善良厚道就是大家喜欢他的原因；一个人斤斤计较、自私自利，大家都会讨厌他，斤斤计较、自私自利是大家讨厌他的原因；一个人工作兢兢业业、任劳任怨就能做出好成绩，兢兢业业、任劳任怨是做出好成绩的原因；一个人马马虎虎、偷奸耍滑就做不出好成绩，马马虎虎、偷奸耍滑是做不出好成绩的原因。

同样，有因必有果，没有无果之因。饭吃过量了肚子就会胀，饭吃过量了是因，肚子胀就是果。之所以暂时没有吃饱，是因为吃的饭没有累积到一定程度，累积到一定程度，就必然有吃饱这个果；即便只吃了一口饭，也有果，那就是在一定程度上减轻了饥饿的程度，给身体补充了一点点营养等。

（二）决定结果的原因，有内因和外因

内因是导致结果的内在原因，外因是导致结果的外部环境和条件。外因在中国传统文化中又被称为缘。没有内因，或者缺少必要的外因，都不能产生结果；只有内因与外因具足，才能产生结果，二者缺一不可。

种豆得豆，内因就是豆种，外因就是土地、阳光、温度和湿度等。没有种下豆种，是长不出豆子的；但没有适宜的土壤、温度和湿度等，豆种也无法发芽和生长。饭吃多了肚子胀，内因是自己没有管住嘴，外因可能是饭菜做得好吃且很充足。一个厨师饭做得好，内因是他的厨艺好，外因是食材丰富。一个人走上犯罪的道路，内因是他"三观"不正、法律意识淡薄等，外因则可能是家庭、学校、社会等环境和因素的影响。一个人事业有成，内因是他自己的辛勤努力，外因是方方面面的帮助和支持。一个人得了癌症、糖尿病等，内因可能是他有不良的生活习惯，或是遗传因素所致等，外因可能是环境因素。

（三）内因对结果起决定作用

内因对结果始终起决定作用，外因只是必要条件。对此，中华优秀传统文化有很多论述。《孔子家语》中说："存亡祸福，皆己而已。"意思是，存亡祸福都是由自己招致的。《淮南子》中说："夫祸之来也，人自生之；福之来也，人自成之。"《了凡四训》中说："造命者天，立命者我。"意思是，生命的诞生自己无法决定，但自己的命运自己可以掌握。

稻盛和夫刚大学毕业时，正逢经济萧条，一时找不到工作。经人介绍，他进入京都一家陶瓷公司。但是，他上班之后发现，这家公司经营不善，很多同事接二连三地辞职。他没有更好的去处，只得下定决心努力工作。从此，稻盛和夫夜以继日，一心埋头于研发新产品，连吃住都是在实验室里。后来他终于研发出一种新型的陶瓷材料，当时在世界上也是绝无仅有的。用稻盛和夫自己的话来说："那绝不是因为我的能力提升了，也不是因为公司给了我优越的工作环境，仅是改变了思维方式，改变了自己的心态，我周围的境况便焕然一新。"其实，周围的境况依然如故，只是他一念之转，自己变了，所有事情都随之改变。美国社会心理学家费斯汀格曾提出过一个著名的论断："生活中的10%由发生在你身上的事情组成，而另外的90%则由你对所发生事情如何反应决定。"意思是说，生活中有10%的事情是我们自己无法掌控的，属于外因；而另外90%的事情则是自己能够掌控的，是自己选择的结果。这又被称为"费斯汀格法则"。

在这个世界上没有天才和奇迹，也没有人能随随便便地成功，有的只是自己的付出和努力换来的成就和收获。上天从来不会无缘无故地眷顾某个人。如果某个人好运降临，那一定是由于他的付出和努力积攒到了一定的程度。

（四）有什么原因，就有什么结果

有什么因，必然有什么果；有什么果，必然有什么因。我们通常所说的"顺道者昌，逆道者亡"也是这个道理。

《群书治要·新序》中说："德厚者报美，怨大者祸深。"德厚的结果是报美，怨大的结果是祸深。《汉书》中说："和气致祥，乖气致异。"和气的结果是致祥，乖气的结果是致异。《素书》中说："福在积善，祸在积恶。"积善的结果是福，积恶的结果是祸。

2021年夏天，河南发生罕见暴雨，有个故事令人感动。由于暴雨侵袭，郑州地铁五号线列车被迫停车，500余名乘客被困。地铁的工作人员把靠近车头的门手动打开，然后开始疏散人群。大家从地铁里跑出来，沿着隧道边上的应急疏散通道，往地铁站的方向走。于逸飞是第一批从车里离开的人，当他到达地铁站时，水已经没过膝盖。这个时候，地铁里有人大喊："有没有医生？"原本已经离开危险地带的于逸飞闻讯后又折返了回去。他和身边的人合力从水里救出来十几个人。从下午六点到晚上十二点，于逸飞几乎一直跪在冰冷的地板上，为伤者做人工呼吸和心肺复苏，膝盖跪破了，脚也被玻璃划伤了。事后才知道，他刚通过郑州人民医院的面试，进入试用期，灾情发生的那天，是他在医院进行岗前培训的第一天。医院领导得知情况后通知于逸飞，他已被正式录用。于逸飞的故事，感动了无数网友。有网友留言说，他用他的善良和专业，交出了试用期最满意的答卷。

四、因果联系的特点

从因果规律的原理可以看出，因果联系具有普遍性、必然性、自然性、时间性、链条性和复杂性等特点。

（一）普遍性

因果联系存在于自然、社会、人类思维乃至整个宇宙中，没有存在于因果联系之外的事物，整个世界就是因果联系的整体，没有特殊情况和例外。

任何事物都不会凭空产生，同样，任何事物的产生也都会影响其他事物。观察世间万事万物，何者没有因果？造成春夏秋冬的原因是地球围绕太阳公转；由于春夏秋冬的变化而带来地球四季冷暖的变化及花草树木的繁殖与衰灭，这是天文学上的因果。0℃以下，水即结冰；达到100℃，水即汽化，这是物理学上的因果。用洗涤剂可以洗去衣服、餐具上的油污；燃气热水器燃烧不充分，产生的一氧化碳会致人中毒，这是化学上的因果。杀人放火、贪污受贿就会构成违法犯罪，构成犯罪就会被判刑、关进监狱，这是法学上的因果。暴饮暴食容易得胃肠炎，营养过剩容易患糖尿病，这是生理学上的因果。一个政府全心全意为人民服务，人民就会拥护它；而如果执政者骄奢淫逸、贪赃枉法，就会导致民怨四起，这是政治学上的因果。

因果联系无处不在、无时不有、无量无边，而且是时时、处处都在起作用。发生在我们生活中的任何一件事，必定有一个或多个原因；我们现在所做的任何一件事，都会产生一个或多个结果。简单地说，我们每天都生活在因果联系中，一切都与因果联系息息相关。也可以说，整个宇宙万物都是循着因果联系在运行，只是我们对其认识有限。

（二）必然性

因与果之间的联系是客观的，是确定不移、必然如此的，不以任何人的意志为转移，不论你愿意不愿意、高兴不高兴，只要具足了相应的内因与外因，就必然会产生相应的结果。

首先，因果联系的必然性体现在有原因必然会产生结果、有结果一定会有原因；没有无因之果，也没有无果之因。比如，饭吃多了，结果必然会肚子胀；吃饭后肚子胀，总是有原因，要么是饭吃多了，要么是肠胃有毛病；等等。再如，一夜未睡，第二天必然犯困；白天犯困、没有精神，必然是前一天晚上没有睡好或者其他原因。就像牛顿第三运动定律讲的，有作用力必然有反作用力。你往墙上打一拳，你的手就会疼。

其次，因果联系的必然性体现在有什么样的因，必然有什么果；有什么果，必然有什么因。《左传》中说："多行不义必自毙。"这讲的就是"积善得善，积恶得恶"的必然性。

（三）自然性

从因到果，从如是因到如是果，是一个自然的过程，既不需要发通知、下命令，也不需要拉关系、走后门，更不需要求神保佑。只要具足了一定的内因与外因，相应的结果就会自动产生，绝不需要在原因之外人为地去干预或求取。

种下种子，只要条件适宜，自然就会结出果子，这不是谁规定的，而是自然如此。比如，农民在地里种下豆子，只要有合适的温度、湿度等条件，就会很自然地长出豆苗、结出豆子，而长不出瓜秧、结不出西瓜。在寒冷的冬天，我们只要不穿衣服，很自然地会被冻得发抖；三伏天穿上棉袄，自然就会出汗。吃饭超过自己的饭量，自然就会感到肚子发胀；晚上熬一夜不睡觉，第二天自然就会犯困；不好好学习，成绩自然就会很差。一个人经常帮助别人，别人自然就会对他好；反之，如果一个人自私自利、斤斤计较、喜欢占便宜，别人自然就会不喜欢他。

人与人之间有亲有疏、有爱有恨，有人还会耍小聪明、偷奸耍滑，但规律非常公正，正所谓"天道无亲"。规律之于人没有亲疏，更不会出现差错。对因果规律这个自然的过程，只要不从原因上改变，任何企图单纯地改变结果的想法和努力都是徒劳的。就如在地里种了豆子，而希望长出瓜秧、结出西瓜的任何努力都是徒劳的；学生不好好学习，天天玩手机，而希望其成绩很好是不可能的；一个人自私自利、斤斤计较、偷奸耍滑、喜欢占便宜，而希望别人喜欢他也是不可能的。因此，要想收获果实，就必须种下种子。

（四）时间性

原因和结果是一种相继的关系，并且在原因与结果之间，有的间隔时间很短，而有的间隔时间很长，时间的长短取决于内因与外因是否具足，或者原因的量变积累是否完成。

首先，因果联系的时间性表现在原因总是在前，结果总是在后。就如"种瓜得瓜，种豆得豆"，种瓜、种豆是原因，在前；得瓜、得豆是结果，在后。"虚心使人进步，骄傲使人落后"，虚心、骄傲是原因，在前；进步、落后是结果，在后。

其次，因果联系的时间性表现在原因与结果之间有时间差，只是间隔时间不同而已。比如，现在开始吃饭，几十分钟之后，就会出现吃饱的结果；前一天晚上熬夜，第二天就会出现困乏的结果。再如，得艾滋病是从感染艾滋病病毒开始的，到出现艾滋病症状和体征，一般要经过半年到二十年时间，平均七到十年时间才能发展到艾滋病期，其潜伏期的长短与感染病毒的数量、类型，感染途径，以及机体免疫力、营养条件及生活习惯等因素有关。再如，长期熬夜肯定会有损健康，那么这个长期是指一年、五年，还是十年？癌症的发病，一般要经过几年、十几年，乃至几十年，不同的体质、生活习惯、心态和环境等，都会导致不同的病期和病症。

有了一定的原因，暂时没有出现结果，一般有两个原因：一是外因还不具足，二是原因的量变积累还没有完成。比如，适时适地播种植物的种子，可能几天后它就会发芽；但若把种子种在沙漠里，没有雨水，即便时间再长也不会发芽，因为不具备必要的外因。再如，学生不好好学习，一天两天内可能看不出来成绩好赖，但时间长了，成绩就会差别人一大截；人不注意养生，一年两年内身体可能不会变差，但几年以后身体就会明显变差。从学习到成绩变好，从养生到身体变好，都不能在短时间内看到结果，需要量变的积累，积累到一定程度必然会发生质变。所以，因与果之所以间隔时间长，绝不是由于因果规律出差错了，恰恰相反，更说明因果规律的精确性和科学性，它不会因我们的希望而提前，也不会因我们不情愿而延后。

需要说明的是，有原因暂时没有看到结果，并不是绝对没有结果，只是它表现得不显著而已。所谓量变，就是那些不显著的结果的积累。就如吃饭，吃每一口饭都有结果，只是这个结果相对于"吃饱"来说表现得不显著而已。

（五）链条性

原因与结果不是孤立的，而是无限的时间和空间中的一个环节，是无限因果链条中的组成部分。无数的因果链条，形成了无数的轨迹。

因与果是相对的，在一个特定的环节中是因，在前一个环节中就是果；在这个环节中是果，在下一个环节中又是因。因果联系是无限循环的，没有止境。比如，在大街上看到一个膀阔腰圆、严重超重的中老年人，就可以大致判断这个人患有高血压或糖尿病,即使现在没有,也是个"预备役"。因为严重超重的人很容易得高血压或糖尿病等,超重是果,营养过剩是因;营养过剩是果,吃得太多、太油腻是因;吃得太多、太油腻是果,不控制自己的欲望是因;等等。比如,人着凉患了感冒,着凉是因,感冒是果;感冒是因,身体不舒服是果;身体不舒服是因,影响工作是果;等等。再如,中午吃饭时比平时多吃了一个馒头,肚子有点胀,果就是肚子胀,因就是多吃了一个馒头。同样,多吃一个馒头也是果。为什么?因可能是心情好,或者厨师把饭做得很好吃等。厨师把饭做得很好吃也是果。为什么?因是厨师手艺高超。厨师手艺高超也是果。为什么?因是厨师善于学习……这样的逻辑可以无限找下去。

(六)复杂性

因果联系多种多样,有些联系简单直接,而有些联系却错综复杂,甚至采用现代发达的科学技术也难以将其分辨清楚,更无法准确地给其定性或定量。

首先,因果联系的复杂性表现为结果的复杂性。一件事情的发生可能会导致多个结果,这些结果中,有显著的,也有不显著的;可能同时产生,也可能相继出现。比如,全球气候变暖,可能会引发暴雨、暴雪、洪水、飓风、干旱等多种气候灾害。再如,河水被污染,可能会导致鱼死亡,也可能会导致庄稼绝收,还可能会污染地下水,导致人长期饮用被污染的地下水后患病。甚至有的原因导致的结果在短时间内难以被发现。比如,20世纪60年代前后,孕妇经常服用一种治疗妇女妊娠反应的药物"反应停",从而导致"海豹儿"的出生。"海豹儿"是患一种罕见的肢体畸形疾病的婴儿。这些畸形婴儿大多没有臂和腿,或者手和脚直接连在身体上,很像海豹的肢体,故称为"海豹肢畸形儿"。"反应停"上市后,"海豹儿"相继在英国、澳大利亚、加拿大和日本等国出现,还有相当多的孕妇出现流产、早产或死胎。后来,澳大利亚产科医生威廉·麦克布里德指出,"反应停"是导致婴儿畸形的元凶。病理学实验也证实,这种药物对灵长类动物有很强的致畸性。但1万多名"海豹儿"已经无法挽救,而这一数据还不包括早产、流产的婴儿和死胎。

其次,因果联系的复杂性表现为原因的复杂性。结果的产生往往是多种原因综合作用的结果——有主要原因,也有次要原因;有直接原因,也有间接原因;有内因,也有外因;等等。比如,天气变冷很容易导致我们感冒,但是感冒这一结果的产生,天气变冷、我们的身体素质差或生活习惯不好等都可能是原因。再如,一个人得了癌症,通常与心态、饮食、作息、生活习惯、环境污染或遗传因素等有关,每一个原因对患癌症这个结果到底起多大的作用,恐怕医学专家也难以说清楚。

最后,因果联系的复杂性表现为联系形式和过程的复杂性。内因与外因往往相互作用,而且前后各个环节的因果也会相互影响。比如,一个人想去某地游玩,这是内因;正好他有钱、有时间,天气也合适,这些是条件,于是他就去了。没想到他之前欠了别人很多债,结果在游玩的目的地遇到了债主,被打了一顿。去游玩这件事情,既是他当初想法的结果,同时又成了他被打这个结果的条件,而被打的内因就是他欠了债。因果联系就是如此运行的,每个因都相互缠绕和影响,复杂到难以想象的程度。如果非要用比喻来讲,因果联系就如同一眼望不到尽头的森林,无数植物的种子发芽、成长、开花和结果,而果实则继续作为种子,不同的植物之间又相互缠绕、相互依存、相互影响。或者也可以把因果联系比喻成一张没有边际的堆叠的大网,上面纵横交错的网线就如同各种因,而这些因都交汇于一个个点——果。无数的果又继续和其他的因相交汇,层层叠叠、无有穷尽。

无论因果联系多么复杂,但"种下什么因,就会得什么果"这个必然性是不会改变的。

五、社会的因果规律

在社会上，如果我们把一个人、一个单位、一个政党或一个政权的所作所为做简单的分类，无外乎两大类：要么是顺道的，要么是逆道的。顺道与逆道是不同的因，其导致的果必然不一样。所以，古圣先贤从不同的角度给我们做了总结和描述。

比如，春秋时期的政治家、经济学家、军事家和哲学家，被后人尊称为"管子""法家先驱""圣人之师""华夏文明保护者""华夏第一相"的管仲，在《管子·形势》中说："天道之极，远者自亲；人事之起，近亲造怨。万物之于人也，无私近也，无私远也。巧者有余，而拙者不足。其功顺天者，天助之；其功逆天者，天违之。天之所助，虽小必大；天之所违，虽成必败。顺天者有其功，逆天者怀其凶，不可复振也。"意思是，顺应天道行事，远方的人都会来亲近；如果做坏事，即使是近亲的人也会心生怨恨。万物之于人类，是没有亲近和疏远之分的。一些所谓的聪明人做了很多，但弄巧成拙；而一些愚蠢的人思虑不足则顾此失彼。顺天道去做事，天道就会成全他；逆天道去做事，天道就会违背他。天道所要成全的，即使暂时很弱小也一定会变得强大；天道所要背弃的，即使暂时成功了，最终注定也会失败。顺应天道会功成事遂，违背天道会招致灾祸，而且无可挽救。这里的"天"，指的就是自然规律和社会规律。

比如，战国时期的思想家、教育家、哲学家、儒家学派代表人物之一的孟子在《孟子·离娄上》中说："天下有道，小德役大德，小贤役大贤；天下无道，小役大，弱役强。斯二者，天也。顺天者存，逆天者亡。"意思是，当天下政治清明的时候，缺乏道德的人被道德高尚的人管理，不贤能的人被贤能的人管理；当天下政治黑暗的时候，力量小的人被力量大的人管理，势力弱的人被势力强的人管理。这都是规律。顺应规律的就能生存，违逆规律的则会灭亡。

再比如，战国时期的思想家、文学家、哲学家、道家学派主要创始人之一的庄子在《庄子·杂篇·渔父》中说："且道者，万物之所由也。庶物失之者死，得之者生；为事逆之则败，顺之则成。"意思是，大道是万物之源。万物，失道必亡，得道必昌；做事，逆道必败，顺道必成。

尽管是诸子百家，千经万论，其核心思想却基本一致，即告诉我们一个规律——"顺道者昌，逆道者亡"。其实，这个规律讲的就是因果之间的联系，它揭示了"道、德、得（失）"三者之间的关系：顺道是因，昌是果；逆道是因，亡是果。从某种意义上说，这也是中华传统文化所揭示的人类社会总体的因果规律。

（一）道

《道德经》中讲的"道法自然"，道就是自然而然，是宇宙万物运行的规则和秩序，是规律、真理或公理。道是亘古不变的，不存在过时的问题。在中华传统文化中，道有时被称为"天地"，有时又被称为"神明"等。这不是迷信，而是指看不见、摸不着且时时刻刻在起作用的规律。

一切皆有规律。大到宇宙的运行、地球的运转，小到毛发的生长、细胞的新陈代谢，都不是杂乱无章的。天地有天地的规律，如日月运行，太阳从东方升起、西方落下；春夏秋冬四季变化，永不停息；春天万物生发，秋天硕果累累；在地里种下麦种，自然就会长出麦苗，而不会长出玉米苗。这就是天地万物之道和运行规律。

做人也有道，即人道。人道可以被概括为两个方面：一是如何处理好人与大自然之间关系的道，那就是要尊重自然、顺应自然、保护自然等；二是如何处理好人与他人之间关系的道，如"五伦"大道等。"五伦"就是五种人伦关系，即父子、夫妇、兄弟、君臣（上下级）、朋友之间的关系。处理好这五种人伦关系都有其道。比如，处理好父母与子女关系的道，就是父慈子孝。具体来讲就是，做父母的对孩子要慈，既要养好孩子，还要教好孩子，这样孩子才能健康成长；否则，只养不教，孩子就很难成才。做子女的要孝顺父母，不仅要孝父母之身，还要孝父母之心，这样父母与子女的关系才能和谐。再比如，在人际关系中，我们大都喜欢好人，不喜欢恶人；尊重大公无私的人，看不起自私自利的人；愿意追求快乐和幸福，不希望有痛苦和灾祸；等等。这就是人道，是规律。

（二）德

《道德经》中说："孔德之容，惟道是从。"大德的状态就是依道而行，德是道的内在要求和外在表现，顺道而行即为有德，逆道而行即为缺德。我们每一个人不论是否愿意、是否高兴，也不论有多大的本事，都跳不出和离不开天道、地道与人道。《中庸》中说："道也者，不可须臾离也；可离，非道也。"古圣先贤发现并给我们总结、描述了宇宙和天地万物之道，让后人来学习和遵循。对我们这些普通人来说，需要做的就是顺道而行，不要违背规律，要"与天地合其德"，这样才能趋吉避凶，避免出问题、犯错误、走弯路或邪路。

既然我们必须遵循人道，那就要先知道什么是"道"；要想知道什么是"道"，就必须先学习做人的道理。中华优秀传统文化是古圣先贤总结的修身、齐家、治国、平天下的学问、智慧和规律，也就是做人的规律、做人的文化和做人的"说明书"。它告诉我们应当如何做人，如何尊重自然、顺应自然、保护自然，如何处理好与他人之间的关系，也就是如何做好父母、子女、丈夫、妻子、长辈、晚辈、上级、下级、朋友、老师、医生、商人等。古圣先贤还给我们概括了人必须具备的八种德行，即孝、悌、忠、信、礼、义、廉、耻。按照人道去做就是有道德，违背了人道就是缺德。

所谓"顺道者",就是有德的人,其人生之路就会"昌",也就是会发达、成功、顺利、和谐、健康、快乐、幸福等。正所谓"万物得其本者生,百事得其道者成"。

所谓"逆道者",就是缺德的人,其人生之路就会"亡",也就是会遭受挫折、失败、烦恼、痛苦、疾病、祸患、毁灭等。正所谓"人以逆为之,天以灾应之"。

(三)天网恢恢,疏而不失

《道德经》中说:"天之道,不争而善胜,不言而善应,不召而自来,绰然而善谋。天网恢恢,疏而不失。"意思是,天道规律有几个特点,一是"不争而善胜",即规律不跟任何人争,但永远是胜利者,我们战胜不了它,只能利用它,不能违背它;二是"不言而善应",即规律不会用言语来表达,但是它会做出反应,只要我们发出作用力,它就会以反作用力回应我们;三是"不召而自来",即规律从来不要求万物归向于它,但万物要顺应它;四是"绰然而善谋",即规律非常坦然,没有心机,但它会把一切事情都安排得非常细密周到,没有一点疏漏。所以,"天网恢恢,疏而不失","天网"就是规律;"恢恢"就是指这些规律广大无边、无处不在、无时不有;"疏"就是我们摸不着、看不见,好像很稀疏;"不失"就是一个都不会漏掉,符合规律必定能昌,违背规律必定会招致惩罚,毫无例外。

有些人往往很任性,甚至有恃强凌弱或欺诈等行为;但道不会这样,道是规律,最公平,不分亲疏和贵贱。就像你只要往计算机里输入1+1,得到的结果必然是2。如果你做错事或者背道而行,道就会扣你人生命运的分,并且会根据你错误的大小扣你相应的分,体现在你身上的就是烦恼、疾病、挫折、灾祸、失败、衰亡等。不管你是否高兴、满意、有脾气,也不管你当了多大的官、拥有多少财富，道都不会以你的意志为转移。俗话说，"人算不如天算"。乌镇修真观的大门上悬挂着一个大大的算盘，大门两旁有一副楹联"人有千算，天则一算"，并且故意把第一个算字写错了。算盘，象征毫厘不差。其实，天算就是指客观规律，人无论如何算，都不能违背客观规律。

整个宇宙就相当于一台超级计算机，在这台超级计算机中有无数的"软件"，这些软件就是道，就是规律，就是天网。我们就是天地万物中的一分子。世上再聪明的人无论怎样机关算尽，都逃不出天网，都必须在规律的范围内"运行"。我们可以认识规律、顺应规律、利用规律，而不能违背规律，违背规律必然会受到惩罚。

六、因果规律的通俗化表述

中华优秀传统文化给我们概括了社会上因果联系的总体规律，那就是"顺道者昌，逆道者亡"。我们知道，道就是宇宙万物运行的、自然的客观规律。那么，其核心和精髓是什么呢？可以用一个字概括，那就是"善"。

（一）顺道就是善，逆道就是恶

儒家文化中的"五常"，即"仁、义、礼、智、信"，是我们应当拥有的最基本的品格和德行。"仁"是儒家文化的核心，"仁"就是爱人，爱人就是善。儒家"四书"之一的《大学》开宗明义就讲，"大学之道，在明明德，在亲民，在止于至善"。至善就是最高的道德修养、完美的人格和境界。

道家文化经典《道德经》上讲，"上善若水。水善利万物而不争，处众人之所恶，故几于道"。老子告诉我们，最好的榜样莫过于水，因为水利于万物而不与万物相争，甘愿停留在人们不喜欢去的低处，所以接近于道。水有几个特性：

一是柔顺，能随圆就方，装在什么容器里就是什么形状；二是处下，哪里低洼就往哪里去；三是利物，能滋润万物；四是不争，不与万物争高下，不求任何回报。《道德经》中还说："天之道，利而不害；圣人之道，为而不争。"在老子看来，无论是天道还是人道，都是利他而不争的。

还有墨家文化中的"兼爱、非攻、节用"思想，医家文化中的"医者，仁术也""治病救人"思想，佛家文化中的"大慈大悲""诸恶莫作，众善奉行"思想，基督教、伊斯兰教等几大宗教也从不同的角度教导我们爱人的道理。

中国共产党的指导思想是马列主义、毛泽东思想、邓小平理论、"三个代表"、科学发展观、习近平新时代中国特色社会主义思想，其要义可以概括为九个字，那就是"全心全意为人民服务"，这也是中国共产党的宗旨。为人民服务就是善。

中国近现代历史学家、思想家、教育家、国学大师钱穆说："人在群体社会中，所应向往、所该表现的最高鹄的即是'善'。"我们亦可说，整部中国历史，正在于此善；整个中华民族，也在于此善。此乃中国学术思想的最高精神所在。若缺乏这个"善"，一切便无意义和价值可言。若我们能把心学与史学结合起来研究，自见整个中华民族和中国史的主要精神、主要向往，大可用"善"来概括。

因此，可以说，诸子百家，千经万论，无外乎一个"善"字。为什么？因为善是天地之道，是人间大道，只有向上、向善，才能趋吉避凶。

需要特别说明的是，在日常生活中，善往往被理解为帮助和利于他人，恶往往被认为会损害或伤害他人。这种理解固然不错，但是太过狭隘，不够全面。在中华优秀传统文化中，善恶的含义，有广义和狭义之分。从广义上来说，顺道而行就是善。也就是说，一个人、一个家庭、一个企业、一个政党、一个政权的所作所为，只要符合规律、真理和社会公理，就都是善。善既包括符合与大自然关系的道，比如尊重自然、顺应自然、保护自然等，也包括符合与他人关系的道，比如父慈子孝、兄友弟恭、夫义妇顺、君（上级）礼臣（下级）忠、朋实友信等。相反，只要是违背规律、真理和社会公理的，就都是恶，比如污染环境、熬夜伤害身体、不尽孝道、学生不认真学习、员工偷奸耍滑等。所以，顺道是善，顺道的结果就是昌，当然会获得善果；逆道是恶，逆道的结果就是亡，当然会获得恶果。因此，我们说"善有善果，恶有恶果"。这实际上就是"顺道者昌，逆道者亡"的一种通俗的说法。

从狭义上来讲，善与恶仅仅表现在处理与他人的关系上，而不包括处理与大自然的关系。从某种程度上说，人的种种言行就是各种关系的总和，就是在处理与他人的关系。在处理与他人的关系时，顺道的就是善，逆道的就是恶。那么，具体应该如何把握善与恶呢？明代思想家袁了凡在《了凡四训》中做了非常明确的解读："有益于人是善，有益于己是恶。有益于人，则殴人、詈人皆善也；有益于己，则敬人、礼人皆恶也。"意思是，有益于他人的言行是善，自私自利的言行是恶。若真正有益于他人，就是骂他、打他也是善；如出于自私自利的动机，就是恭敬人、以礼待人，也是恶。换句话说，善与恶的标准，就是要看利他还是自私自利。这也是袁了凡对儒家的仁、道家的上善若水、佛家的大慈大悲等传统文化核心思想的注解和总结。

所以，"顺道者昌，逆道者亡"，用更直白的话说就是"利他就是利己，自私就是害己"。汉语中有一个词"舍得"，舍就是利他，得就是利己，先舍后得，小舍小得，大舍大得，不舍不得。其实，它们的意思都是一样的，只是表达方式不同而已。这里所讲的利他，是与自私相对的。在理解利他的"他"时，也不可过于狭隘，"他"不仅包括每个人，也包括每个家庭、组织、集体、国家或整个社会等。

（二）利他就是利己，自私就是害己

可能有人会问，现代社会竞争激烈，我善了，我利他了，会不会吃亏？对于这个问题，中华优秀传统文化经典给出了明确的答案。

《道德经》中说："天道无亲，常与善人。"意思是，规律对每个人都没有亲疏远近，却常常护佑和帮助善良的人。这并不是说规律"有意"照顾善良的人，而是说善良的人总是会利他，其行为符合天地万物之道，自然就会获得好的结果。自然的法则，是利物而不害物；圣人的准则，是帮助他人而不与他人争利。《道德经》中还说："天地所以能长且久者，以其不自生，故能长生。是以圣人后其身而身先，外其身而身存，非以其无私邪？故能成其私。"意思是，天地之所以能长久存在，是因为它不是为自己谋生，因此才得以永恒。所以，圣人恭敬谦让反而能够领先，将自己置之度外反而能够保全，正是由于圣人没有私心，反而能够成就自身。要把自己的利益与国家、社会的利益统一起来，全身心地投入为他人谋利益的事业中去，在为国家、社会、他人作出贡献的同时，也让自己的事业越来越好。

明代文学家、思想家方孝孺在《逊志斋集》中说："先人而后己者安，适己而劳人者危。"意思是，先他人而后自己者会得平安，使自己舒服、得利而使别人劳累、受损者会招祸。明代思想家洪应明在《菜根谭》中说："待人宽一分是福，利人实利己的根基。"意思是，对待他人宽厚一点是为自己积福，利于别人实际上就为利于自己奠定了基础。南宋杨简在《慈湖遗书》中说："损人即自损也，爱人即自爱也。"意思是，损害别人，其实就是在损害自己；爱护他人，实际上就是在爱护自己。晚清著名文学品评家王永彬在《围炉夜话》中说："欲利己，便是害己；肯下人，终能上人。"想要利己，反而会害了自己；能够屈居人下而无怨言，终有一天也能居于人上。人际关系实际上是互动、往来的过程。

在人际交往中，没有无缘无故的爱，也没有无缘无故的恨，帮助别人、为别人着想，才是真正的自利。在现实生活中，有些人总是更多地关注别人是否对自己好、是否尊敬自己，而很少去想自己是否对别人好、是否尊敬别人。如果一个人什么都不想付出，反而能够获得福气，那就很不公平！如果能够通过烧香磕头向佛或菩萨祈求获得钱权名利，那么我们就什么都不用干了！真正决定我们获得或失去的，只有我们自己。施人以爱、与人以福的人，最终爱心和福祉都会来到他们身边。你给别人的爱越多，获得别人的爱也就越多。就像物理学中的作用力和反作用力原理一样，有作用力，就必然会有同等的反作用力。

世界上的所有事物莫不是共生共长、互利互惠。在生活中，热爱和珍惜身边的一切，就会感受到回馈而来的温暖与快乐！伟大的思想家马克思指出，在人的社会生活中，"每个人是手段同时又是目的，而且只有成为他人的手段才能达到自己的目的，并且只有达到自己的目的才能成为他人的手段——这种相互关联是一个必然的事实"。因此，要想成为"目的"，就应当先做"手段"，主动为他人提供力所能及的服务。利他，让他人受益，自己同样也会从他人那里获益。

相反，自私自利、损人害人的人，最后的结果就是损己害己。《新序·杂事》记载，鲁哀公问于孔子曰："寡人闻之，东益宅不祥，信有之乎？"孔子说："不祥有五，而东益不与焉。夫损人而益己，身之不祥也；弃老取幼，家之不祥也；释贤用不肖，国之不祥也；老者不教，幼者不学，俗之不祥也；圣人伏匿，愚者擅权，天下之不祥也。"意思是，鲁哀公问孔子："我听说在房子的东面再增盖房子，是不吉祥的，这个说法可信吗？"孔子回答："不吉祥的事有五种，但是在房子的东面再增盖房子不在其中。损人以利己，是自身的不祥；遗弃老人而只顾孩子，是家庭的不祥；舍弃贤明之人却任用不肖之徒，是一国的不祥；年老智慧的人不愿意教导他人，而年龄小的人又不好学，是风俗的不祥；有才德的人隐居起来，没有智慧与德行的愚昧之人却掌握了权力，这是天下的不祥。"

所有不祥的事之所以会发生，原因就在于我们的行为背离了道德，背离了善和利他。缺乏道德，自私自利，能不出问题吗？

俗话说，"人有小九九，天有大算盘""人恶人怕天不怕，人善人欺天不欺"，这里的天就是指规律。存好心，说好话，行好事，做好人，有善心善行，符合做人的规律，虽然也可能会遇到磨难、逆境，但终有后福；心存邪念，虚伪狡诈，作恶多端，虽然暂时会尝到一些"甜头"，但违背了做人的规律，所得的终究不会长久。

第二章 实 证

无论是一个人、一个家庭、一个企业、一个政党、一个政权，甚至整个社会，其兴衰存亡的因果规律就是"顺道者昌，逆道者亡"，任何人、任何组织都无法凌驾于因果规律之上。可以说，整个人类历史就是一部因果规律的实证史。

一、人与自然的关系

党的十九大报告中指出："人与自然是生命共同体，人类必须尊重自然、顺应自然、保护自然。人类只有遵循自然规律才能有效防止在开发利用自然上走弯路，人类对大自然的伤害最终会伤及人类自身，这是无法抗拒的规律。"党的二十大报告中又指出："大自然是人类赖以生存发展的基本条件。尊重自然、顺应自然、保护自然，是全面建设社会主义现代化国家的内在要求。""人与自然是生命共同体，无止境地向自然索取甚至破坏自然必然会遭到大自然的报复。"

这些都明确地阐述了人与自然关系的"道"，那就是尊重自然、顺应自然、保护自然。同时还告诉我们，只有遵循自然规律，才能有效防止在开发利用自然时走弯路；对大自然的伤害最终会伤及我们自身，这是无法抗拒的规律。正所谓"逆道者亡"。

马克思主义创始人之一的恩格斯在《自然辩证法》中告诫："我们不要过分陶醉于我们对自然界的胜利。对于每一次这样的胜利，自然界都报复了我们。每一次胜利，在第一步都确实取得了我们预期的结果，但是在第二步和第三步却有了完全不同的、出乎预料的影响，常常把第一个结果又取消了。"为了说明这些道理，恩格斯还举例说："美索不达米亚、希腊、小亚细亚以及其他各地的居民，为了得到耕地，把森林都砍完了，但是他们想不到，这些地方今天竟因此成为荒芜不毛之地，因为他们使这些地方失去了森林，也失去了积聚和贮存水分的中心。当阿尔卑斯山的意大利人，在山南坡把在山北坡得到精心保护的那同一种松林砍光用尽时，他们没有预料到，这样一来，他们把他们区域里的高山牧畜业的基础给摧毁了；他们更没有预料到，他们这样做，竟使山泉在一年中的大部分时间内枯竭了，而在雨季又使更加凶猛的洪水倾泻到平原上。在欧洲传播栽种马铃薯的人，并不知道他们也把瘰疬症和多粉的块根一起传播过来了。"恩格斯的这段话值得我们反复品读，并结合现代的环境问题深刻反思。

其实，我们的先祖早就认识到了保护生态环境的重要性。《论语》中说："子钓而不纲，弋不射宿。"意思是，孔子只用鱼竿钓鱼，不用大网打鱼，只射飞鸟而不射夜宿之鸟。因为用大网捞的鱼虽然多，但会对鱼类和自然环境造成破坏；飞鸟归巢后就不该再去惊扰它们，因为它们也需要栖息繁殖。这是在告诉我们，要对动物心存爱心，不可滥捕滥杀，反映了古人在取用自然资源时常怀珍惜爱护之心的生态观念。荀子说："草木荣华滋硕之时，则斧斤不入山林，不夭其生，不绝其长也；鼋鼍、鱼鳖、鳅鳣孕别之时，罔罟、毒药不入泽，不夭其生，不绝其长也。春耕、夏耘、秋收、冬藏，四者不失时，故五谷不绝，而百姓有余食也；污池、渊沼、川泽，谨其时禁，故鱼鳖优多，而百姓有余用也；斩伐养长不失其时，故山林不童，而百姓有余材也。"意思是，草木正在开花生长的时候，不能进入山林砍伐，这是为了使它们的生命不夭折，让它们不断生长；鼋、鼍、鱼、鳖、泥鳅、鳝鱼等受孕产卵的时候，不应该把渔网、毒药投入湖泽，这是为了使它们的生命不夭折，让它们不断生长。春天播种、夏天耕耘、秋天收获、冬天储藏，这四件事都不失时机，所以五谷的生产才不会断绝，老百姓才有吃不完的粮食；池塘、水潭、河流、湖泊，严格禁止在禁渔期捕捞，所以鱼、鳖才丰饶繁多，老百姓才食而有余；不错过砍伐与培育养护树木的季节，所以山林不会光秃，老百姓才能有用不完的木材。《吕氏春秋》中说："竭泽而渔，岂不获得？而明年无鱼；焚薮而田，岂不获得？而明年无兽。""巢覆毁卵，则凤凰不至；刳兽食胎，则麒麟不来；干泽涸渔，则龟龙不往。"意思是，渔猎之时，不覆巢，不取卵，不杀幼小，注意保护幼小的鸟兽鱼鳖，为大自然留下更多生机。这就是我们现在所说的可持续发展。如果不加节制，寅吃卯粮，对大自然生态的破坏最终会伤及人类自身。《逸周书》中说："春三月，山林不登斧，以成草木之长。"这些对自然要取之以时、取之有度的思想，体现了中华文明古老的生态智慧，具有十分重要的现实意义。

中华民族向来尊重自然、爱护自然，无论是"天人合一"，还是"万物并育而不相害"，都是在强调人要与自然万物和谐相处。对人类而言，大自然是一座丰富的宝库，它能够为人类提供生产、生活所需的各种资源。但是，自然资源并不是取之不尽、用之不竭的，如果不能合理地利用，再丰富的资源也有用尽的一天。孟子说："苟得其养，无物不长；苟失其养，无物不消。"要想使大自然有源源不断的资源，就必须好好养护它，做到取用有度。纵观人类发展史，实践反复证明，人类的发展活动必须尊重自然、顺应自然、保护自然，否则就会遭到大自然的报复。这个规律谁也无法违背。

看看当今世界的各种自然灾害，如高温、干旱、沙漠化、沙尘暴、暴雨、泥石流、洪灾、风暴、雾霾等，基本都是人类破坏自然所造成的结果。

人类在近代上百年的发展过程中正在过度向地球索取，一些地区被过度开发。比如，地球平均每天要损失200多平方千米的森林，南美洲亚马孙热带雨林正在遭遇毁灭性的破坏，很多原始热带雨林被夷为平地。由于人类活动用水量增加，一些湖泊面积大幅度缩减甚至接近消亡，比如曾经的中亚大湖、世界第四大湖咸海，在数十年时间的过度开发后，湖面缩减90%以上，几乎接近干涸。人类对自然环境的破坏也是惊人的，各类工业污染和乱扔废弃物的行为已经成为十分严重的问题，比如海洋塑料污染目前成为全球瞩目的热点话题。据联合国环境署估计，每天有800万件垃圾被倒入海洋；2015年，全球海洋塑料垃圾约有5000万吨，据研究者预计，到2025年这一数据将三倍增长，达到1.5亿吨。其中有相当一部分被分解成了小于5毫米的塑料微粒，可能严重危害海洋生物和人类的健康。人类活动和气候变化也在威胁着地球的生态系统。曾经，地球上不同的区域有着千奇百怪的生物，但由于人类活动、气候变化、外来物种入侵等原因，已有许多物种与人类彻底告别。

环境变化事关你我，而保护环境不能完全指望别人，也不能停留在喊口号上，每个人对保护环境都应当有所作为，也都能有所作为，在我们日常的生活、学习和工作中，随时随处都要做到保护环境。比如，随手关灯，白天关闭走廊的电灯，白天不要拉上窗帘开电灯，电器不用就关闭电源，在饭店吃饭时把剩菜打包，洗手的时候把水龙头拧小一点，天热时不要把空调温度调得过低，尽量用步行或乘公交车代替开汽车，使用抽纸时少抽一张，拒绝使用一次性筷子，用纸打印时尽量正反面打印，下班后把电脑和空调关上，去较近的楼层走步梯，少吃一些大鱼大肉，等等。这样做尽管微不足道，但也是为保护环境、节约资源添砖加瓦。如果人人都能这样做，就会形成保护环境的巨大力量。

二、政权的兴亡更替

1945年7月4日，在延安，毛泽东邀请黄炎培等人到他家里做客。毛泽东问黄炎培，来延安考察了几天有什么感想。黄炎培坦率地说："我生60多年，耳闻的不说，所亲眼看到的，真所谓'其兴也勃焉，其亡也忽焉'。一人、一家、一团体、一地方乃至一国家，不少单位都没能跳出这周期律的支配力。大凡初时聚精会神，没有一事不用心，没有一人不卖力，也许那时艰难困苦，只有从万死中觅取一生。继而环境渐渐好转了，精神也渐渐放下了。有的因为历时长久，自然地惰性发作，由少数演为多数，到风气养成，虽有大力，无法扭转，并且无法补救。一部历史，'政怠宦成'的也有，'人亡政息'的也有，'求荣取辱'的也有。总之，没有能跳出这个周期律。中共诸君从过去到现在，我略略了解的，就是希望找出一条新路，来跳出这个周期律的支配。"毛泽东回答："我们已经找到了新路，我们能跳出这周期律。这条新路，就是民主。只有让人民来监督政府，政府才不敢松懈；只有人人起来负责，才不会人亡政息。"毛泽东的意思就是，一个政权也好，一个政党也好，其道就是勤政爱民，只要永不松懈地为人民服务，就不会人亡政息。

古人云，"顺民心者得天下，逆民心者失天下""政之所兴在顺民心，政之所废在逆民心""君者舟也，民者水也；水能载舟，亦能覆舟""民惟邦本，本固邦宁""忧民之忧者，民亦忧其忧；乐民之乐者，民亦乐其乐""国虽大，好战必亡"等等。古今中外，历朝历代的兴衰更替莫不如此。

《孟子》中说："桀纣之失天下也，失其民也；失其民者，失其心也。得天下有道：得其民，斯得天下矣；得其民有道：得其心，斯得民矣；得其心有道：所欲与之聚之，所恶勿施，尔也。民之归仁也，犹水之就下、兽之走圹也。"意思是，夏桀和商纣之所以失去天下，是因为失去了老百姓的支持；之所以失去老百姓的支持，是因为失去了民心。得天下有办法，即获得老百姓的支持；获得老百姓的支持有办法，即得民心；得民心也有办法，即他们所希望的，就满足他们，他们所厌恶的，就不强加在他们身上，如此罢了。老百姓归服仁德，就像水往低处流、兽向旷野跑一样。

春秋五霸之一的齐桓公问管仲："昔三王者，既弑其君，今言仁义，则必以三王为法度，不识其故何也？"管仲回答："昔者，禹平治天下，及桀而乱之，汤放桀，以定禹功也。汤平治天下，及纣而乱之，武王伐纣，以定汤功也。且善之伐不善也，自古至今，未有改之。君何疑焉？"齐桓公又问："古之亡国其何失？"管仲回答："计得地与宝，而不计失诸侯；计得财委，而不计失百姓；计见亲，而不计见弃。三者之属一，足以削；遍而有者，亡矣。古之覆国家，陨社稷者，非故且为之也，必少有乐焉，不知其陷于恶也。"意思是，齐桓公问管仲："从前夏禹、商汤、周武王等三王，都曾杀过君王，但现在谈到仁义，却一定要以三王为典范，不知是什么原因？"管仲回答："从前，禹平定天下，到夏桀时就乱了，商汤放逐夏桀，是安定了禹的功业；商汤平定天下，到商纣时就乱了，周武王伐纣，是安定了汤的功业。况且善的征伐不善的，从古到今，从来没有改变过，您何必有所怀疑呢？"齐桓公又问："古之亡国者，都有什么过失？"管仲回答："只考虑取得土地与财宝，而不考虑失去诸侯的拥护；只考虑财物的积累，而不考虑失去百姓的拥戴；只考虑亲近个别人，而不考虑很多人的离弃。以上三条中有一条，就足以削弱自身；全部都有，国家就要灭亡了。古代那些败坏国家、伤害社稷的人，都不是故意这样做，而是追求一时的快乐，在不知不觉中陷入深渊。"管仲在这里所说的"少有乐焉，不知其陷于恶也"，就是指只顾自己一时享乐，在不知不觉中就败家亡国了。

从历史上看，历代帝王建国与亡国的兴衰成败，完全就是一部因果规律的实证史。那些贤明的君主，往往善于总结和吸取历史经验教训，选贤任能、勤政廉洁、尊重民意、体察民情、与民休养生息等，这样必然能获得百姓的拥护，从而使社会稳定、经济发展、民心凝聚，呈现繁荣昌盛的景象。但随着后继者昏庸无能，吏治不断恶化，贪腐不断加剧，大量的社会财富集中到少数人手里，贫富差距不断拉大，少数人掌握大量的财富且为富不仁，而大多数老百姓生活在水深火热中，仇官仇富意识不断加剧，各种矛盾不断积累和爆发，犹如干柴遇火，熊熊燃烧起来，最后导致王朝灭亡。所以，为政利民，才能使国家兴盛。

我们来看商朝的兴衰过程。商汤推翻了残暴的夏桀的统治，建立了商朝，而且施行了一系列措施，避免走上夏亡的老路。首先，商汤认识到夏朝的覆灭很大程度上是由于其残暴的统治，所以他吸取了教训，减轻赋税，还常常走访并了解民生。其次，商汤选贤举能，不任人唯亲。左右两相仲虺、伊尹是左膀右臂，为护国安邦作出了重大贡献。到了商纣王时期，纣王刚愎自用，不思进取，沉溺于享乐，大修离宫别馆，以酒为池，悬肉为林，进谏的大臣被杀或驱逐。纣王凶狠残暴，导致百姓怨声载道，人心离散，众叛亲离，最终被周武王所灭，重蹈了夏朝灭亡的覆辙。

所以，当一个朝代的君王穷奢极欲、荒淫无道时，也就到了衰落或灭亡的时候。隋朝第二位皇帝杨广，背道而行，荒淫奢侈，成为中国历史上著名的浪子、暴君，导致隋朝快速灭亡。杨广即位的第一年，就决定迁都洛阳，每月役使200多万人营建洛阳。他征集各地的奇花异石，千里迢迢运输到洛阳，来往的运输队伍络绎不绝，导致许多人活活累死在路上。隋炀帝统治期间，建造了很多华丽的宫室和亭园，不仅滥用了大量的人力，也浪费了无数的财力和物力。他下令在洛阳西郊建筑一座西苑，苑内有海，海中修筑了三个仙岛，岛上建造了亭台楼阁，十分壮观。海的北面有龙鳞渠，渠水曲折流入海中，沿渠修建了16个别院，建筑非常华丽，每个别院由一个妃子主管。苑内还饲养了各种珍禽异兽，供杨广游猎、观赏。在大运河岸边每隔两个驿站建造一座供杨广休息的行宫，自洛阳到江都（今扬州市），共建造了40多座行宫。公元605—616年，杨广通过大运河三次巡游江都，随行的嫔妃、王公大臣、僧尼道士分别乘坐几千艘华丽的大船，首尾相望，绵延二百多里，拉船的纤夫就有八万多人，两岸还有骑兵护送，旌旗蔽日。一到晚上，灯火通明，鼓乐喧天，杨广在船上纵情饮酒作乐。有忠臣上书劝谏，隋炀帝竟让人将劝谏之人活活打死，从此无人敢谏。由于隋炀帝的荒淫、奢侈，上下官员贪污腐化，再加上天下大灾，导致民不聊生，起义的烽火燃遍长江南北。将作少监宇文智与虎贲郎将司马德勘等人发动兵变，带领士兵杀入宫中，将隋炀帝勒死。

而唐太宗李世民勤政爱民、尊贤任能，创造了一代盛世。唐太宗之所以能开创大唐盛世，在于他深刻地认识到治理天下必须以民为本。唐太宗曾说："凡事皆须务本。国以人为本，人以衣食为本，凡营衣食，以不失时为本。"唐初，因隋末战争的影响，民生、生产等方面都严重受损，可谓百废待兴。李世民首先做的就是休养生息，恢复生产。对于百姓来说，土地是最重要的。为此，唐太宗下令推行"均田令"，并要求各地官员劝课农桑；为了让老百姓安心生产，还推行"轻徭薄赋"，这一政策让百姓生产的积极性获得了很大的提升，生产力也得以恢复。他派遣官员到各地视察，督促政策的落实，并随时了解各地的民生问题，针对问题相应地调整政策。他还下令裁员，裁并州县，不仅提高了各地官员的办事效率，还在很大程度上减轻了百姓的负担。除此之外，他还有很多利民的举措，如兴修水利工程和设立义仓等。唐太宗以民为本的举措，最终成就了"贞观之治"的千古佳话。

同样，政党的兴衰也是如此。政党的道，就是"为人民而生，因人民而兴"，就是为人民服务，离开了这个道，离败亡也就不远了。

一个政党不管叫什么名字，不管如何标榜，只要腐化堕落、骄奢淫逸、背离人民，其下台和灭亡都是早晚的事。西汉著名政论家、文学家贾谊在《新书·大政》中说："自古至于今，与民为仇者，有迟有速，而民必胜之。"意思是，从古到今，凡是损害人民的，人民迟早会推翻他。

看看中国共产党，在1921年建党时，全国只有几十位党员，为什么过了二十多年时间能从小到大、从弱到强呢？为什么用"小米加步枪"就能战胜"飞机加大炮"的国民党，取得革命胜利呢？为什么能够带领全国各族人民在几十年时间里，从新中国成立之初的百废待兴到实现世界经济总量第二呢？是因为中国共产党是由马列主义毛泽东思想武装的为人民服务的政党。为人民服务就是一个政党昌盛之道，得道者多助，取得胜利就是必然的。所以，全心全意为人民服务，不仅是中国共产党的宗旨，也是中国共产党一再强调和始终坚持的原则。

三、企业的盛衰成败

古人说，"君子爱财，取之有道"。这个"道"，不仅是指法律，还有更重要的一层意义，那就是不违背良心、不损害道义。

要想把生意做长久，就不要有发横财的心思，而是要勤勤恳恳、诚实守信。俗话说，做事先做人。假如不会做人，失掉了良心，钻进钱眼里，一心只想着赚钱，甚至为了获得钱不惜采用坑蒙拐骗等手段，那就是奸商。奸商赚的钱再多，也为我们所不齿，而且早晚必遭殃。有些人认为，"马无夜草不肥，人无横财不富"，其实这是一种很危险的认识。马需要夜草催肥是有道理的，但人必须有横财才能富起来却是谬论。无数事例告诉我们，依靠发横财或许能富一时，但很难长久地维持，最终会被打回原形，甚至陷入万劫不复的境地。也就是说，获得横财不一定有好处，带来横祸却是一定的！真正成功的商人、企业家都知道，经营企业必须走正道，取之有道，生意才能长久。

看看海尔是怎么成功的。很难想象一家企业能在濒临破产的情况下，用短短几十年时间，发展成为一家跨国公司。究竟是什么引领海尔走向成功的呢？1985年，有用户向海尔公司反映，工厂生产的电冰箱有质量问题。于是，张瑞敏安排人突击检查了仓库，发现仓库中不合格的冰箱还有76台。在研究处理办法时，一些干部提出，将这批不合格的电冰箱作为福利发给本厂的员工，但张瑞敏做出了出人意料的决定：开一场全体员工参加的现场会，把76台冰箱当众全部砸掉！要知道，那时候的海尔公司连发工资都十分困难，"毁"东西的做法更是为人所不解。况且，在那个物资还很紧缺的年代，别说正品，就连次品也要凭票购买！但张瑞敏明白，不能用任何姑息的做法，纵容职工生产出有缺陷的冰箱，对消费者不负责任，否则今天生产出76台，明天就可能是760台、7600台……结果，就是用一把大锤，伴随着那阵阵巨响，真正砸醒了海尔人的质量意识。单纯从眼前的物质利益考虑，也许可以不用砸冰箱，但张瑞敏要的是向消费者表态：海尔就是要对质量一丝不苟，绝不以牺牲消费者的利益换取一时的利益。

海尔人在服务领域为人称道的故事非常多。究其根本，不难发现，张瑞敏缔造的海尔式服务，完全超出了厂商与客户之间单纯的交易关系。用来维系海尔与客户的是中华传统文化中的利他理念，这也是海尔提出"客户永远是对的""真诚到永远""创造感动"等服务口号的基石。曾有美国电视台的记者采访张瑞敏，问他在服务领域成功的秘诀，他是这样回答的：海尔之所以成功，是因为我们不断地在帮助我们的用户成功，在帮助用户成功的过程中我们自身也获得了成功。怎么帮助用户成功呢？就是帮助用户解决他们的问题，满足他们的需求。

再看看被誉为"江南药王"、已传承一百多年的胡庆余堂药店是怎样经营的。胡庆余堂自1874年开始营业，100多年来未曾中断经营。2006年，其中药文化入选首批国家级非物质文化遗产名录。胡庆余堂药店曾经是创始人胡雪岩不想赚钱的"小生意",却造就了长青的基业。战争时期,胡庆余堂本着"薄利养店,济世为民"的宗旨,给军队送去大量救急药,同时,对一般的穷苦百姓也是送医送药。胡雪岩特别要求店员绝对不能"说真方,卖假药",必须做到货真价实、童叟无欺。在胡庆余堂药店,高挂着由胡雪岩在创店之初亲笔写下的"戒欺"匾文:"凡百贸易均着不得欺字,药业关系性命尤为万不可欺。余存心济世,誓不以劣品弋取厚利,惟愿诸君心余之心,采办务真,修制务精,不至欺予以欺世人,是则造福冥冥,谓诸君之善为余谋也可,谓诸君之善自为谋也亦可。""戒欺"匾文道出了医者的宗旨:"医者仁心,济世救人。"只有真正关注病人的需求,把治病救人放在首位,才是医疗服务的最高价值,也才能不断赢得利润。

2002年7月,美国世界通信公司(简称"世通公司")因110亿美元的会计丑闻事件申请破产保护,成为美国有史以来最大的公司破产案。破产一年后的2003年,世通公司改名为MCI,重新营业。2005年,威瑞森通信公司以76亿美元收购MCI。世通公司前CEO伯纳德·埃伯斯被指控犯有证券欺诈、共谋和伪造文件罪,被判入狱25年;该公司其他涉案人员亦被判有罪。世通公司的前身是创办于1983年的LDDS公司,20世纪90年代以来,该公司利用兼并、收购等手段疯狂扩张,一次次上演"小鱼吃大鱼"和"快鱼吃慢鱼"的戏法,迅速发展成为美国第二大长途电话公司、全球第一大互联网供应商。2001年,世通公司高额负债的状况引起美国证券监管机构的关注。2002年,美国证券交易委员会(SEC)宣布对世通公司过往的兼并事件以及公司向CEO伯纳德·埃伯斯提供3.66亿美元巨额贷款一事进行调查。4月30日,埃伯斯辞职。6月,世通公司新任CEO主持的一次内部审计暴露出更大的丑闻:从2001年开始,世通公司与扩建电信系统工程有关的大量费用没有被作为正常成本入账,而是作为资本支出处理。这一会计"技巧"为世通公司带来了38亿美元的巨额"利润"。6月25日,世通公司发布声明,承认至少有38亿美元的支出被做了手脚,用来虚增现金流和利润;同时,该公司2001年14亿美元的利润和2002年第一季度1.3亿美元的盈利也属子虚乌有。做假账丑闻曝光的第二天,美国证券交易委员会即以民事欺诈罪正式起诉世通公司。与此同时,世通公司的股票市值急剧缩水到3.35亿美元,公司成为一具空壳,信用等级被降为最低级;一年前允诺向世通公司提供25亿美元融资的25家投资银行也相继控告世通公司诈骗。7月21日,世通公司不得不申请破产保护。此后,世通公司又被发现有两笔错账,该公司财务丑闻涉及的金额增加到90多亿美元。根据破产申请文件可知,该公司债务达310亿美元,破产涉及的资金规模是此前申请破产的安然公司的两倍,成为美国有史以来最大规模的企业破产案。

在市场经济条件下,企业要生存发展,必然会参与竞争,但关键是如何竞争。是服务消费者,还是坑害消费者?不同的竞争方式必然有不同的结果。

得人心者得天下,同样,得人心者得市场。《孟子》中说:"为渊驱鱼者,獭也;为丛驱爵者,鹯也;为汤武驱民者,桀与纣也。今天下之君有好仁者,则诸侯皆为之驱矣。虽欲无王,不可得已。"意思是,把鱼赶到深水中的,是吃鱼的水獭;把鸟雀赶到森林中的,是吃鸟雀的鹯鹰;把老百姓驱赶至商汤王、周武王那里的,是残害老百姓的夏桀和商纣。当今之世,如果有哪位诸侯喜好仁德,那么,其他诸侯都会替他把老百姓赶过来,即使他不想统一天下,也是身不由己。

"为渊驱鱼,为丛驱爵"是一个成语,意思是:水獭想捉鱼吃,却把鱼追到深渊去了;鹯鹰想捉麻雀吃,却把麻雀追到丛林里去了。它比喻不懂赢得人心的人,把本来可以依靠的力量赶到对方(对手)那里去了。国与国之间、地区与地区之间、单位与单位之间、商家与商家之间、人与人之间,都存在"为渊驱鱼，为丛驱爵"现象。比如，一个单位的人才纷纷跳槽，是由于单位失去了人才的信赖，就等于这个单位主动把自己的人才驱赶到其他单位去了。如果哪一个商家制造、销售假冒伪劣商品，或者以高价"宰客"，或者服务态度不好，等于是把消费者驱赶到了别的商家那里，最终帮了竞争对手的忙。其中的道理非常简单，只不过在实际生活与工作中，一些人往往不知不觉做了"为渊驱鱼，为丛驱爵"的蠢事而没有意识到罢了。

因此，经商利他，必能赚钱。一个成功的商人必定拥有利他之心，认真生产每一款产品，认真对待每一个客户，认真做好每一项服务。在质量上做到一流，在信誉上做到诚信，在服务上做到客户满意，怎么会不成功呢？

四、个人的吉凶祸福

《素书》中说："人之所行，有道则吉，无道则凶。吉者百福所归，凶者百祸所攻。非其神圣，自然所钟。"意思是，人的所作所为符合人道则吉，不符合人道则凶。吉祥的人，各种各样的好事都会到他那里去；不吉祥的人，各种各样的厄运都会向他袭来。这不是神秘之事，不过是自然规律使然。也就是说，人的吉凶祸福，溯其本，求其源，皆因得道或失道。立身行事，顺天理，合人情，崇尚自然，是为有道；逆天理，悖人情，任性骄横，是为无道。有道者，人人喜欢和尊重他，福禄自然会到来；无道者，人人怨恨和弃离他，灾祸自然会降临。这并不是神圣有意的安排，而是自然的规律。

任何人都会遇到吉凶祸福，区别在于多少和程度不同，概括起来，主要体现在三个方面：家庭是否幸福，事业（学业）是否顺利，身体是否健康。

第一个方面：家庭

在中华优秀传统文化中，人道的重要内容就是"五伦"大道，即夫妇有别、父子有亲、长幼有序、君臣有义和朋友有信。这"五伦"大道中，有"三伦"体现在家里，也就是夫妇关系、亲子关系和长幼关系。每一个人伦关系中的每一个角色都有其道，比如，如何做好丈夫、妻子、父亲、母亲、儿子、女儿、哥哥姐姐、弟弟妹妹、长辈、晚辈等。

伦常大道走好了，家庭自然就会和谐幸福；伦常大道走不好，家庭必然会出问题，如夫妻离婚、父子反目、兄弟姐妹不和等。著名家训《朱子治家格言》中说："伦常乖舛，立见消亡。""乖舛"就是违背、偏离的意思，"伦常乖舛"就是违背、背离人伦大道，不按人道行事；"立见消亡"就是很快会遭遇祸患，包括发生矛盾、不和谐、疾病、灾祸、挫折、失败、夭折、死亡等。为什么现在有一些家庭不和谐、不幸福？因为"伦常乖舛"，违背了孝悌之道、夫妻之道，家长不会做家长，子女不会做子女，丈夫不会做丈夫，妻子不会做妻子，长辈不会做长辈，晚辈不会做晚辈，所以才会出问题。"伦常乖舛"是因，"立见消亡"是果。

夫妇关系。夫妇关系的道就是夫义妇顺。义是丈夫的道，顺是妻子的道。

夫义，就是丈夫要有情义、道义，有责任心，不能刻薄寡义。丈夫要有阳刚之气，对家庭负责任，忠厚善良，以身作则，爱护妻子，当好孩子的表率。丈夫要性刚，不能乱发脾气，更不能打骂妻子；要心刚，不能自私自利，不能在家里什么家务都不做；要身刚，不能有吃喝嫖赌毒等不良嗜好和恶习。不能有大男子主义思想，大男子主义不是刚，而是自私自利。丈夫自私自利就不是义，就背离了道。

妇顺，就是妻子要贤惠、柔顺、善良、谦卑安静、通情达理，不傲慢轻浮。妻子要热爱家庭，孝敬公婆，尊重丈夫，助夫成德，教育好子女，言行举止得体和顺、温柔体贴。柔顺不是盲目地顺从，也不是懦弱，更不是甘愿受歧视和压迫，而是顺应女人的自然特性。女人真正的强大不在于强势，而在于贤惠柔顺，所谓"柔能克刚"，这是处理好夫妻关系的法宝和大智慧。

为什么现在夫妻离婚的现象不断增多？因为背离了夫妻的伦常大道，男不阳刚，女不柔和。有的丈夫对家庭不负责任，有的妻子不尽妻道。夫妻不守本分，都不想"吃亏"，违背了人道规律，所以，导致夫妻不和，甚至离婚。

亲子关系。亲子关系的道就是父（母）慈子孝。慈是父母的道，孝是子女的道。父（母）慈是说父母要慈爱自己的子女，要抚养和教育子女。也就是说，父母对子女，一要养育好，二要教育好。《三字经》中说："子不教，父之过。"只养不教就是父母没有尽到慈道，没有尽到做父母的责任。教什么呢？不仅仅要教才艺，更重要的是要教做人之道，让孩子从小就懂得是非、善恶、美丑的标准，知道该怎么做、不该怎么做。《左传》中说："爱子，教之以义方。"意思是说，爱自己的孩子，就应当用做人的道义来教育和引导他。《资治通鉴》中说："爱之不以道，适所以害之也。"意思是说，如果不用做人的道义教育和引导孩子，那就不是爱孩子，反而是害了他。

现在的一些父母并没有尽到慈道，生而不养、养而不教、教而无方，存在不同程度的"重智轻德、重知轻能、重养轻教"现象，甚至不少父母会过度娇惯、溺爱孩子，等等。子女没有被教育好，出现啃老、拼爹、吃喝玩乐、奢侈浪费、不孝、不争气、不成器、不务正业、不会做人，甚至违法犯罪等，就不足为怪了。想想看，这样的家庭哪有幸福可言。

子孝是指子女要关心、赡养和恭敬父母。这大致可分为四个层次：第一个层次，孝父母之身，就是从物质上保障老人的衣食住行，让老人生活无忧。第二个层次，孝父母之心，就是不让老人担心、受怕、蒙羞，从精神上让老人满意、高兴。第三个层次，孝父母之志，就是按照父母的愿望，成家立业，事业有成，道德高尚，奉献社会，让父母感到骄傲。第四个层次，孝父母之慧，就是引导父母改正不良习惯和嗜好，让父母生活得更智慧、幸福。

长幼关系。长幼关系的道就是长幼有序。"序"是指天然的次序，不是刻意安排的。作为晚辈和年幼者，要尊重长辈；作为长辈和年长者，要爱护晚辈。《弟子规》中说："兄道友，弟道恭，兄弟睦，孝在中；财物轻，怨何生，言语忍，忿自泯；或饮食，或坐走，长者先，幼者后。"这才是正常的秩序。

为什么现在的很多家庭中长幼、兄弟姐妹之间不那么和睦？是因为他们不懂得长幼有序的悌道。在现实生活中，往往是"幼者先，长者后"，老不像老，小不像小。一些人能满足自己孩子的要求，却不孝敬家里的老人，甚至不管不问。爷爷、奶奶、外公、外婆、爸爸、妈妈把孩子伺候得像"皇帝"一样，要什么就给什么，孩子哪里知道尊老、爱老、孝老？

在一些家庭中，兄不友，弟不恭，关系不和谐，甚至有的还闹上法庭，形同仇人。出现这种情况，多是由于在钱财分配上出现纠纷，要么嫌老人分配不公，要么争老人的遗产，嫌自己获得的少；有的是由于在赡养老人的问题上互相扯皮，觉得自己付出太多，嫌其他兄弟姐妹不孝。父母在过去生活十分困难的条件下能养活几个甚至更多个子女，但这么多子女却养活不了一对老人。长幼关系没有了正常的秩序，能不出问题吗？

孝悌是做人的根本，有了孝悌的家风，家庭才能和睦。正所谓"家和万事兴"，和睦的家庭没有不兴旺发达的。《论语》中说："君子务本，本立而道生。"意思是，君子抓住了根本，自然就懂得了为人处世的大道。要想让家庭长盛不衰，就要传承孝悌之道，教育子孙后代尊老爱幼，这样才能营造出家庭兴旺的氛围。不孝敬老人，兄弟姐妹不和，就失去了做人的根基，如果有这样的家风，家庭是不会和睦、幸福的！

当然，长幼关系不只是在家里，在单位里、在社会上同样要尊老爱幼，这也是做人最基本的礼节和规矩。

第二个方面：事业（学业）

为什么有的人工作顺利、事业发达，而有的人诸事不顺利，甚至一事无成？我们看"五伦"之中，除了前面说的三个关系外，还有君臣关系（上下级关系）和朋友关系。每个人在单位和社会中都有自己不同的角色，如上级、下级、领导、员工、学生、同事、朋友等；每个角色都有相应的处事之道，按道而行，事业才能顺利和成功。

君臣关系。 君臣关系的道就是君礼臣忠。在现代社会，这里的君是指上级，包括官员、老板、老师等；臣是指下级，包括员工、下属、学生等。礼是上级的道，忠是下级的道。

君礼就是上级对下级要以礼相待，做好上级该做的事。哪些是上级该做的事呢？就是要做好下级的"君、亲、师"。做好下级的"君"，就是上级要当好领导，以身作则，公平公正，为下级做好榜样和表率。做好下级的"亲"，就是上级要关心下级的工作和生活，多为下级着想，尊重和爱护下级。做好下级的"师"，就是上级要负责教育、引导下级，相信下级，帮助他们不断提升、发展和进步。

臣忠就是作为下级要忠于自己的职责和本分，做好自己该做的事。哪些是下级该做的事呢？比如，要尊重上级，这是对待上级应有的态度；要服从上级，按照上级的要求去做；要尽职尽责、尽心尽力地做好分内的事；要为上级当好参谋和助手，为上级建言献策；等等。

为什么一些上下级关系不和谐、事业（学业）不顺利？重要原因就是违背了君礼臣忠的道。

一些做上级的没有做好下级的"君、亲、师"，不能以身作则、率先垂范。明代曹端在《官箴》中说："吏不畏吾严而畏吾廉，民不服吾能而服吾公；公则民不敢慢，廉则吏不敢欺。"意思是，下级敬畏我，不在于我严厉，而在于我廉洁；百姓信服我，不在于我有很高的才能，而在于我办事公正。公正则百姓不敢轻慢，廉洁则下级不敢欺蒙。

同样，一些做下级的没有做到忠于职守、尽职尽责、尽心尽力。有的认为工作都是给单位、领导或老板干的，因而偷奸耍滑，能不干就不干，能少干就少干，经常迟到早退，甚至觉得这是一件光荣的事，为自己会偷奸耍滑而沾沾自喜。殊不知，那都是在害自己，终究会吃大亏。想想看，一个人靠什么提高自己的水平和能力，树立自己的形象和威信，增长自己的学识和见识，取得成绩和成功？毫无疑问，这些都是在堂堂正正做人、扎扎实实做事中取得的。不干，就不可能提高水平和能力，树立形象和威信，增长学识和见识，更谈不上取得成绩和成功！因此，在因未被提拔重用或当上先进而苦恼沮丧的时候，一定要回过头来看看自己"种了什么因"！不是领导和同事跟你过不去，而是你逆了道。

稻盛和夫在其著作《干法》中提到一位工人由于尽职尽责而被提拔的事。多年以前，在京瓷集团位于滋贺县的工厂里，有一位只有初中学历的工人。当上司教他时，他总是一一记下来。每天，他的双手都被染黑，额头流汗。只要是上司布置的工作，他总是日复一日、不厌其烦地认真完成。20年后，稻盛和夫再次与他见面时大吃一惊，当初那个默默无闻、只是踏踏实实从事单纯枯燥的工作的人，居然当上了事业部部长。令稻盛和夫惊奇的不仅是他的职位，在言谈中，稻盛和夫感到他已经成长为颇有人格魅力、很有见识的优秀领导者。稻盛和夫说，专心致志于一行一业，不腻烦、不焦躁，埋头苦干，你的人生就会开出美丽的花，结出丰硕的果实。正如爱迪生所言，成功中"天分"所占的比例只不过1%，剩下的99%是勤奋和汗水。

学生也是一样，其责任和本分就是好好学习、天天向上。只要好好学习，没有多少学生考不出好成绩。一些学生在上中学时刻苦学习，成绩很好。但进入大学后，他们开始荒废学业，几年后不得不为此付出沉痛的代价。《人民日报》、共青团中央等媒体和机构的微信公众号上曾刊发了一篇文章，标题是《沉睡中的大学生：你不失业，天理难容》，批评那些舒服地坐在"象牙塔"里虚度光阴、葬送自己前程的大学生。文章中说，一些学生上课时睡觉、玩手机，下课后看连续剧、玩游戏。图书馆里没有他们的身影，运动场上没有他们的身影，公益场上更没有他们的身影。他们退化的不是肌肉，而是最基本的生存能力和责任感。他们进入社会后就会发现，该学的知识和技能都没有学，因此错失了很多机遇！

朋友关系。朋友关系的道就是朋友有信。也就是说，朋友之间要有信义，讲信用，诚实相待，相互关心，相互帮助，相互提高。当有困难的时候，要诚心帮之；当有过错的时候，要劝其改之；当有好事的时候，要助其成之。

俗话说，"在家靠父母，在外靠朋友"。进入社会后，要想成就一番事业，靠单打独斗是难以成功的，需要很多人的帮助和支持。可以说，我们的同学、战友、同事、合作伙伴、服务对象、客户、消费者等都是我们的朋友。如果能够获得这些朋友的大力支持，我们的事业何愁不一帆风顺，何愁不成功？

那么，该如何与这些朋友好好相处呢？就是要讲诚信。《吕氏春秋》中说："交友不信，则离散郁怨，不能相亲。"意思是，人与人在交往时如果没有诚信，那么他们之间的关系就会疏远、相互怨恨，无法亲近。孔子说："以势交者，势倾则绝；以利交者，利穷则散。故君子不与也。"意思是，以权势交友的，如果权势没有了，交情也会随之断绝；以利益交友的，如果利益没有了，交情也会随之结束。所以，君子不会交这样的朋友。《庄子》中说："君子之交淡若水，小人之交甘若醴；君子淡以亲，小人甘以绝；彼无故以合者，则无故以离。"庄子认为，君子的交谊像水一样清澈，小人的交情像酒一样甘醇；君子之交因淡泊而心地亲近，小人之交因过于甜蜜而往往断绝。但凡无缘无故接近相合的，也会无缘无故地离散。究其实，小人之间的交往，包含着浓重的功利因素，他们把"友谊"建立在相互利用的基础上，表面上看起来"甘若醴"，一旦对方满足不了自己的功利需求，关系就会断绝，双方只讲利益。所以，要找有信誉的君子交往、合作，勿亲近无信的小人。

要想结交君子，自己就要先成为君子。《易经》中说："方以类聚，物以群分。"这句话告诉我们，善人会跟善人在一起，恶人都是一丘之貉。唯有善才能如吸铁石一样吸引善。真正会交朋友的人不会阿谀奉承，讨他人欢心。只要增进自己的德行，与人相处时如沐春风，善友自然就会聚在自己身边。中华传统文化中有一个词叫"感召"，意思是彼此有感觉而吸引。鲜花因其香而招来蜜蜂，大粪因其臭而招来屎壳郎；喜欢打麻将的人会招来牌友，爱喝酒的人会招来酒友。《诗经》中说："窈窕淑女，君子好逑。"要想找淑女为伴，自己就要成为君子。如果自己不是君子，怎么会赢得淑女的芳心呢？同样，要想找君子为伴，自己要成为淑女。如果自己不是淑女，怎么会被君子追求呢？因此，希望交到真诚有信的朋友，最好的办法是自己先要做到诚信。

第三个方面：身体

为什么有的人身体健康，而有的人疾病缠身？《黄帝内经》等优秀传统中医文化经典告诉我们，饮食、起居、劳作、心态等都有其道。

《黄帝内经》中说："上古之人，其知道者，法于阴阳，和于术数，食饮有节，起居有常，不妄作劳，故能形与神俱，而尽终其天年，度百岁乃去。今时之人不然也，以酒为浆，以妄为常，醉以入房，以欲竭其精，以耗散其真，不知持满，不时御神，务快其心，逆于生乐，起居无节，故半百而衰也。"意思是，上古时代的人，懂得养生之道，能够取法于天地阴生阳长的变化规律，遵循正确的养生保健方法，饮食有节制，作息有一定的规律，不过度劳累或者毫无节制地消耗体力和精力，所以身体的精气神旺盛，身心合一，活到天赋的自然年龄，到百岁才离开人世。现在的许多人就不是这样，饮酒无度，使反常的生活成为习惯，醉酒后行房事，因恣情纵欲而致阴精竭绝，因满足嗜欲而致真气耗散，不懂得保持精气的充足，不善于统驭调养自己的精神，而专求一时的快乐和满足，违逆生命健康之道，起居作息毫无规律，所以到半百之年就衰老了。

很多人生病后的第一反应是考虑该怎样治疗，很少会考虑为什么会生病。很多得了大病的人，也会觉得自己很不幸、很倒霉。得了病真的是一种不幸吗？疾病是无缘无故落在自己身上的吗？事实上，没有无缘无故生病这件事。有这种想法，说明对病因的认识不够深入，一旦了解了，就会发现任何病都不是无缘无故得的，都是逆道的结果。

下面以睡觉为例来说明上述道理。现在，不少人有一种认知误区，认为每天只要睡足八个小时就可以了，什么时候睡都行。所以，一些人会在半夜两三点睡觉，早上九十点起床。这是违背生命规律的做法，也一定会对健康造成损害。《黄帝内经》中说，要"法于阴阳"。天地间最大的阴阳是白天与黑夜，晚上早睡以养阴，白天活动以养阳。子时（从二十三点到凌晨一点）胆经开了，如若不睡，会大伤胆气，由于脏腑功能皆取决于胆气，胆气一虚，全身脏腑的功能都会下降，代谢力、免疫力纷纷下降，人体的机能会大大降低。丑时（从凌晨一点到三点）肝经最旺，丑时不眠，肝不能很好地排毒，久而久之易患各类肝病。早晨一定要早起，春夏秋季要在六点之前起床，即使在冬天，起床时间也不要超过七点，因为人在寅时（从凌晨三点到五点）肺经旺的时候起床，能够使肺气得以舒展，以顺应阳气的舒长，来完成新陈代谢，肃降浊气，这样有助于养肺和顺应太阳的天势升起人体阳气，使人一天阳气充足。早晨五点至七点是人体大肠经最旺的时候，人体需要把代谢的浊物排出体外，此时如果不起床，大肠得不到充分的活动，无法很好地完成排浊，使浊物停留在体内而形成毒素，危害人体血液和脏腑百骸。当人不能顺应自然规律时，身体就会慢慢变差，因为身体的阴阳已经开始与大自然的阴阳脱节。因此，必须起居有常，符合昼夜阴阳之道。

再以人的情绪来说明。常见的就是生气。气不是生完就没有了，当它没办法被转化、排泄的时候，就会伤害我们的身体，而且情绪对健康的影响很大。《黄帝内经》中说："余知百病生于气也，怒则气上，喜则气缓，悲则气消，恐则气下，寒则气收，炅则气泄，惊则气乱，劳则气耗，思则气结。"元代医学家朱丹溪也指出，"气血冲和，万病不生，一有怫郁，诸病生焉"。中医认为，天地万物是由气构成的，人体也是由气组成的。当机体气机畅通时，气血阴阳处于平衡状态。如果气机紊乱，疾病也会随之而来。适度的情绪反应，对身体没有太大的影响，但是如果过强或过久，则会导致脏腑功能失常，气血运行失调，从而引发各种疾病。因此，任何疾病都不是偶然找上自己的，都是因为逆道而行，给自己的身体种下了得病的种子，一年、两年、十年……日积月累，逐渐显现出疾病的症状。

健康与否，除了取决于先天的遗传因素外，还取决于是否按道而行。没有哪个病是别人强加给自己的，无论是患高血压，还是患糖尿病、癌症等，都是长期逆道而行的结果。每一次逆道而行都是对健康的伤害，只是暂时没有发生质变，自己感觉不到而已。等感觉到、有症状、发生质变后，后悔也就晚了。所以，要想让自己的身体健康，就要顺道而行。

第三章　解　惑

对于"善有善果，恶有恶果"，有些人会质疑："为什么有的人做了善事，却没有获得善果？而有的恶人也没有获得恶果，甚至还过得很好？"之所以有这些疑问，是因为他们对因果规律的认识和理解有偏差。解开这个疑问，需要从因和果两个层面、多个角度，全面、准确地把握。

一、万事俱备，还需"东风"

《三国演义》里有一句我们都很熟悉的名言，就是"万事俱备，只欠东风"，意思是，一切都准备好了，只差东风没有刮起来。比喻该做的都已经做好，只差最后一个条件。换句话说，差一个条件都不行。

这句话出自《三国演义》中火烧赤壁的故事。孙、刘联军实施火攻能够成功，说明任何结果的产生，仅有内因是不够的，还需要各种必要的外因。正所谓"巧妇难为无米之炊"。只有内因和外因都具足，才能产生结果。

马克思主义关于内因与外因关系的原理告诉我们,事物的产生、发展和灭亡都是内因和外因共同作用的结果。马克思在《〈政治经济学批判〉序言》中讲到社会形态的灭亡时说了一段话:"无论哪一个社会形态,在它们所能容纳的全部生产力发挥出来以前,是绝不会灭亡的;而新的更高的生产关系,在它存在的物质条件于旧社会的胞胎里成熟以前,是绝不会出现的。"意思是,每一种社会形态的灭亡或新生产关系的产生,都是结果,这种结果的出现,都需要必要的条件。

"善有善果,恶有恶果"也是一样,种下善或恶的种子,能否获得善果或恶果,同样要看外因和内因。只要内外因具足,就会结出善果或恶果。暂时没有结果,并不是因果规律没有起作用,而是外因还不具足。

我们来看个实例。2008年,汶川发生地震。由于一次偶然的机会,刚刚高考结束的四川德阳女孩覃玲与谭正华"萍水相逢"。谭正华从覃玲口中了解到,由于地震,覃玲家的房屋被毁,一家人只能寄住在邻居家。覃玲的父亲残疾,母亲多病,家里还有两个妹妹,全部的希望和压力都落在她的身上。谭正华说,自己出生在新都一个农民家庭,他从覃玲身上似乎看到了自己的影子,当时就决心帮助这个女孩。高考成绩出来后,谭正华先指导她填报了志愿,即川北医学院临床医学专业,还为她筹集了7000元学费。在覃玲上大学的五年时间里,谭正华一直在帮助她们一家人,不仅给覃玲寄生活费,还资助她的两个妹妹读书。十一年后,覃玲成为华西医院的眼科医生。

2019年3月19日,正在开会的谭正华突然晕倒。恢复意识后,他被送到新都区医院,经检查被诊断为脑部动脉瘤。据谭正华回忆:"医生说已经出血了,情况非常危急,如果不控制好,会有生命危险,建议我马上转院。"随后,谭正华与在四川大学华西医院工作的覃玲取得联系,并将自己的病情告知她。覃玲得知"恩人"谭正华转院过来,立刻与医院协调此事。谭正华说,发病时妻子远在甘孜工作，父亲又不识字。整个救治过程中，覃玲和丈夫胡平就像亲人一样，帮助办理入院手续、签署"病危通知"、陪同检查，不断地安慰和鼓励他，并守在病床边上照顾他。经过医生紧急救治，谭正华脱离了生命危险。由于抢救及时，他没有做开颅手术，也没有留下后遗症，他感到非常庆幸。谭正华说："十一年前我只是帮助了覃玲读书。十一年后，她却救了我的命！我想把这个故事讲出来，激励更多的人做善事。"

就一般人的看法来说，谭正华的善行获得了覃玲善的回报。其内因是谭正华帮助覃玲一家人的善行，外因是谭正华患病且需要转院、覃玲从医等条件，遇到了这些外因，从而产生了这个善果。其实，谭正华在帮助覃玲一家人的同时，就已经收获了善果——获得了快乐。有助人为乐体验的人都知道，这种快乐十分珍贵！

因此，种下善或恶的种子（内因），要出现相应的结果是需要外因的；只要具备了必要条件，即便可能需要经过很长时间，也终会产生相应的结果。

二、"好人"未必真好

2021年，习近平总书记在中青年干部培训班开班式上说："对共产党人来说，'好好先生'并不是真正的好人。""奉行好人主义的人，没有公心、只有私心，没有正气、只有俗气，好的是自己，坏的是风气、是事业。"

习近平总书记的这些讲话非常深刻，说明了好与坏、善与恶不能仅仅看表面，表面现象很容易迷惑人。也就是说，善与恶不能完全以自己或世俗的想法和看法为标准，否则，就会造成善恶不分，甚至颠倒善恶。那么，应当如何把握呢？中央纪委国家监委网站上曾介绍过著名的家训《了凡四训》，对什么是善、什么是恶做了比较详细的阐述，系统讲解了善恶的标准。它可以被概括为一个总标准、两个辅助标准：总标准就是总的原则，看是不是利他；辅助标准就是在总标准的基础上，还要进一步看存心、看长远和大局，不能仅看表面和一时一事，否则就可能把善恶弄颠倒。

真正明确了标准，就会发现，一些人所认为的好人未必真好，恶人也未必真恶。

一个总标准就是看是否利他

在《了凡四训》中，有人问一位叫中峰的人：既然行善定有善果，造恶定有恶果，那么为什么现在某人行善，而他的子孙不兴旺？某人作恶，他的家道却很发达？"中峰云：'凡情未涤，正眼未开，认善为恶，指恶为善，往往有之。不憾己之是非颠倒，而反怨天之报应有差乎？'众曰：'善恶何至相反？'中峰令试言其状。一人谓：'詈人殴人是恶，敬人礼人是善。'中峰云：'未必然也。'一人谓：'贪财妄取是恶，廉洁有守是善。'中峰云：'未必然也。'众人历言其状，中峰皆谓不然。因请问。中峰告之曰：'有益于人，是善；有益于己，是恶。有益于人，则殴人、詈人皆善也；有益于己，则敬人、礼人皆恶也。是故人之行善，利人者公，公则为真；利己者私，私则为假。又根心者真，袭迹者假；又无为而为者真，有为而为者假。'"

这段话的意思是，中锋说："有的人被世俗的偏见所蒙蔽，本来是善的却被认为是恶的，而恶的却被认为是善的，这是常有的事情。本来是自己看错了，怎么反而抱怨因果规律错了呢？"大家又说："善就是善，恶就是恶，怎么会被弄反呢？"中峰听了之后，便叫他们把所认为是善的和恶的事情说出来。其中一个人说："骂人、打人是恶，恭敬人、礼貌待人是善。"中峰说："未必是这样的。"另一个人说："贪取不义之财是恶，廉洁清正是善。"那些人都把自己平时所看到的种种善恶行为讲了一些，中峰认为他们说得都不一定对！那几个人就问究竟怎样才是善、怎样才是恶。中峰告诉他们说："利他是善，自私自利是恶。如果对别人真有好处，即便是骂他、打他也是善；如果是自私自利，即便是恭敬人、礼貌待人也是恶。所以，一个人做的善事，能使别人得益，就是公，公就是真；只为自己谋利益，就是私，私就是假。另外，出自诚心的善行是真，只是做做样子的就是假；为善不求回报的是真，为了某个目的、有所企图的就是假。"

就像现在有不少家长抱怨：自己把全部的爱都给了孩子，含在嘴里怕化了，捧在手里怕碎了，可孩子却十分冷漠，不知道疼爱父母，甚至忤逆、打骂父母；从小让孩子吃最好的、穿最好的、用最好的，可孩子就是不听话、不争气、不成器；等等。在不少家长看来，给予孩子爱却没有获得回报，自己很痛苦、很纠结。为什么会出现这些问题？仔细分析后，不难得出原因。

好孩子是教出来的，并不是让他吃最好的、穿最好的、用最好的，就能使他成为好孩子。娇惯、溺爱孩子，是家长的一种本能，但这不是真正爱孩子，而是一种放纵，实际上是一种负面的教育，是在害孩子。在溺爱的环境里，孩子不可能健康成长。就像树木，如果想让它成材，就不能任其生长，必须舍得动用刀锯进行修整；就像庄稼，如果怕它被日晒雨淋，而把它种在屋里，就不能收获粮食。作为家长，包括爷爷奶奶、外公外婆等，整天围着孩子转，百般呵护，要什么都满足他，没有教会他尊老爱幼、自立自强等做人的基本素养，这样只会培养出自私自利的孩子。他从小就知道自己是所有家人的中心，家长都是为他服务的，因此，他自私自利、不会做人就是很自然的事情。孩子没有学会做人做事的基本道理，本身就已经被家长害了，因而他对家长很冷漠，不知道疼爱家长，这都是家长酿成的恶果。家长不反省自己，相反还抱怨孩子，这不是将因果倒置了吗？

需要特别注意的是,《了凡四训》中提到这样一句话:"又根心者真,袭迹者假;又无为而为者真,有为而为者假。""根心"的意思是出自真心。当看到别人需要帮助时,发自内心地伸出援手,这就是出自真心。比如,看到一个老太太倒在地上,就赶快跑过去把她扶起来,这就是真善。"袭迹"的意思是注重形迹、做做样子给别人看,并不是出自真心,就像我们通常所说的形式主义、做表面文章、干"眼皮子活"。比如,一个人从来都不主动打扫办公室,但有一天他看到领导来了,就赶快拿起扫把扫地。他并不是真心想干活,而是做样子给领导看的,是想赢得领导的好感,这就是假善。

"无为而为",就是做一件事纯粹是为了帮助别人,是自然而然地去做的,并不是为了获得回报。比如,一个人看到一辆车向正在马路上玩耍的小孩驶过来,便急忙跑过去把小孩抱走。他抱走小孩纯粹是为了孩子的安全,并没有其他的目的和想法,这就是真善。"有为而为",就是有目的、有所图、有算计,甚至做过后始终记在心上,念念不忘。比如,别人都向灾区捐款,自己本不想捐,但怕别人说闲话,影响自己的形象,不得已也跟着捐了,这就是假善。

第一个辅助标准是看存心如何

《了凡四训》中说:"今人见谨愿之士,类称为善而取之;圣人则宁取狂狷。至于谨愿之士,虽一乡皆好,而必以为德之贼;是世人之善恶,分明与圣人相反。推此一端,种种取舍,无有不谬。天地鬼神之福善祸淫,皆与圣人同是非,而不与世俗同取舍。凡欲积善,决不可徇耳目,惟从心源隐微处,默默洗涤。纯是济世之心则为端,苟有一毫媚世之心即为曲;纯是爱人之心则为端,有一毫愤世之心即为曲;纯是敬人之心则为端,有一毫玩世之心即为曲。"

那些看起来谨慎小心、个性软弱的"好人",大家可能都喜欢他们。然而,圣人则可能喜欢那些狂放却讲原则、明是非的人，因为不讲原则和缺乏是非观的所谓好人，做事会随波逐流，所以圣人认为这种人是在败坏社会道德。这样看来，世俗的善恶观与圣人的善恶标准截然不同。仅仅举这样一个例子，就能说明一些世俗之人对善恶的种种取舍并不正确。自然的规律是给善人以福、给恶人以祸，这与圣人的观点一致，而与世俗之人的判断取舍不完全一样。所以，想积善行，不可做表明文章，要一点一点地把自己的内心清洗干净，让内心更光明。一个人纯粹是为了帮助别人，其心就是正的，如果他存在一丝讨好他人的行为，其心就不正；一个人纯粹是为了爱护他人，其心就是正的，如果他有一丝怨恨他人的行为，其心就不正；一个人纯粹是在恭敬别人，其心就是正的，如果他有一丝玩弄他人的行为，其心就不正。

"纯是济世之心则为端，苟有一毫媚世之心即为曲；纯是爱人之心则为端，有一毫愤世之心即为曲；纯是敬人之心则为端，有一毫玩世之心即为曲。"这段话需要正确理解。

所谓"媚世之心"，就是谄媚、讨好、巴结的心态。比如，对方有错误和缺点不敢指出来，虚夸别人，违反规定送礼物，满足他人过分和无理的要求，助人为恶，纵容他人犯错误，对方做一点好事就大肆宣传等，其目的是不得罪人、讨好人。

《论语》中说："乡原，德之贼也。"意思是，没有是非观或不讲原则、言行不一的老好人，就不是好人，是道德败坏的人。在《孟子》中，万章问孟子："一乡皆称原人焉，无所往而不为原人，孔子以为德之贼，何哉？"意思是，万章问孟子："一个地方的人都称这个人是好人，这个人到哪里大家都说他是好人，但孔子认为他是道德败坏的人，为什么？"孟子回答说："非之无举也，刺之无刺也，同乎流俗，合乎污世，居之似忠信，行之似廉洁，众皆悦之，自以为是，而不可与入尧舜之道，故曰德之贼也。"孟子讲得很清楚，乡原这种人，一个地方的人都称他为好人，他很善于掩饰自己，一般人看不出来。你要去批评他，却拿不出根据；说这个人是坏人，也拿不出证据来。然而，他不讲原则和缺乏是非观，随顺于流俗，而自己又善于掩盖。你看他平时好像也讲忠信，处事好像还挺廉洁，看不出他有什么毛病，实际上他是在刻意装扮自己，迎合大众的口味，博得大众的喜欢。所以，这种人的言行绝不是在遵循尧舜之道，所以说他是道德败坏的人。

所谓"愤世之心"，就是抱怨、憎恨、嫌弃的心态。比如，抱怨单位和组织号召为灾区或贫困户捐款捐物，抱怨别人带头捐得太多，帮助别人后又抱怨别人的过失、怨恨别人不争气，抱怨、嫌弃别人向自己求助，等等。

假如一个乞丐到一家商店里乞讨，商店的老板看到后，拿出2元钱甩给乞丐，说："给你，赶快走吧！"谁能说这个老板有爱人之心？这就是愤世之心，充满了傲慢、嫌弃和抱怨。

所谓"玩世之心"，就是玩弄他人、蔑视社会的心态。比如，做好事是为了哗众取宠、博得别人的称赞；或者表现出居高临下的姿态，好像自己是救世主；或者看到别人做好事，产生嫉妒、攀比心理，于是自己也去做，想超过、压倒对方；或者做好事是为了获得更多的回报；等等。

中国有个著名典故"不食嗟来之食"。之所以不食，不是因为不饿，而是因为没有被对方尊重，甚至被对方蔑视，自己宁愿饿死，也不愿意成为他人眼中的"可怜虫"。越是处于弱势的人，内心往往越敏感和脆弱。因此，做善事不能光凭自己的感觉，因为很多时候，不恰当地帮助别人反而会伤害其自尊心。就像有个人问："明明我是好意，为什么对方不领情呢？"其原因可能是他不恰当的帮助刺痛了对方的心。有时候，为善并不需要做太多的事情，懂得尊重人、理解人就够了。

第二个辅助标准是看是否有利于长远目标和大局

《了凡四训》中说:"鲁国之法,鲁人有赎人臣妾于诸侯,皆受金于府,子贡赎人而不受金。孔子闻而恶之曰:'赐失之矣。夫圣人举事,可以移风易俗,而教道可施于百姓,非独适己之行也。今鲁国富者寡而贫者众,受金则为不廉,何以相赎乎?自今以后,不复赎人于诸侯矣。'子路拯人于溺,其人谢之以牛,子路受之。孔子喜曰:'自今鲁国多拯人于溺矣。'自俗眼观之,子贡不受金为优,子路之受牛为劣;孔子则取由而黜赐焉。乃知人之为善,不论现行而论流弊,不论一时而论久远,不论一身而论天下。现行虽善,而其流足以害人,则似善而实非也;现行虽不善,而其流足以济人,则非善而实是也;然此就一节论之耳。他如非义之义,非礼之礼,非信之信,非慈之慈,皆当抉择。"

春秋时期的鲁国有个规定,凡是鲁国人被别的国家抓去做俘虏或奴隶,若有人出钱把这些人赎回来,就可以向官府领取赏金。孔子的学生子贡很有钱,虽然他也赎回了人,却不肯接受赏金。孔子听到后很不高兴地说:"这件事子贡做错了,大凡圣贤人无论做什么事情,都可以实施教化,目的在于让风俗变好,引导百姓做好人,而不是单纯地契合自己的情况。现在的鲁国富人少,穷人多,若收了赏金就认为是贪财,那么谁还肯去赎人呢?从今以后,再也没人到诸侯那里赎人了。"子路见到有个人掉进水里,就把他救了上来。那个人送了一头牛答谢子路,子路接受了。孔子知道后很高兴地说:"从今往后,鲁国会有很多人愿意去拯救溺水的人了。"用世俗的眼光来看这两件事,会认为子贡不接受赏金是好的,子路接受牛是不好的。但是,孔子反而称赞子路,责备子贡。由此可见,做任何事情,不能只看眼前的好坏,而要看是否会产生后遗症;不能只论一时的影响,而要看长远的是非;不能只论个人的得失,而要看对大众的影响。现在看虽然是善,但如果流传下去产生了不好的影响,看起来是善,实际上不是；现在看虽然不是善，但如果流传下去产生了好的影响，看起来不是善，实际上是！这里只不过是拿一个例子来说说罢了，其他例子还有很多。例如，看上去是义的事情并不一定真的是义，看上去礼貌待人的人并不一定真正有礼貌，看上去守信的人不一定真正守信，看上去是慈悲的行为却不一定是慈悲。类似的例子很多，需要对照标准，认真判断和取舍。

《了凡四训》中提到"他如非义之义，非礼之礼，非信之信，非慈之慈，皆当抉择"，那该怎么判断和抉择呢？除了看是否合法、合理以外，还要"不论现行而论流弊；不论一时而论久远；不论一身而论天下"。

所谓"非义之义"，就像帮助哥们打架，窝藏犯了罪的朋友，帮盗窃的朋友销赃，借钱给朋友赌博，花钱请朋友嫖赌，等等。所谓"非礼之礼"，就像过分恭维自己的领导、老板，过分恭敬有钱人，过分夸奖他人，在酒桌上过分劝酒，请客时点过多的饭菜，等等。所谓"非信之信"，就像履行不合法的合同或承诺，为了守信而损害别人的利益，为了守小信而忘了大义，等等。《孔子传》中讲到了一件事。一个地方官员训练军队准备叛乱，却被孔子发现了，他威胁孔子，要孔子承诺不讲出去，孔子答应了。结果他走了后，孔子说要赶紧去通知国君。孔子的学生在旁边劝孔子说："夫子，你刚才已经答应人家不讲出去。"为了守信，使国家和人民遭殃，这个信要不要守？是守信重要，还是百姓的生命安危重要？所以，这个时候宁可背负不守信的骂名，也要解国家和人民的危难，这才是真正的讲诚信。所谓"非慈之慈"，就像有的家长害怕自己的孩子将来吃亏而教孩子打人、占便宜，纵容孩子不守规矩，放纵孩子浪费食物，对坏人坏事无原则地退让，等等，这些都不是真正的慈爱。

《了凡四训》中就说到，吕文懿公辞掉宰相的官位，回到家乡，因为他做官清廉公正，百姓都敬佩和爱戴他。有一个乡人喝醉酒后，大骂吕公。但是吕公并没有发怒，而是对他的用人说："这个人喝醉了，不要和他计较。"于是他就关上家门，不予理睬。过了一年，这个人犯了死罪被捕入狱，吕公懊悔地说："如果当时同他计较，将他送到官府处理，可以借小的惩罚而收到警戒的效果，他可能就不至于犯下死罪了。我当时只想厚道待人，哪知道反而助长了他的恶性，以至于此。"这就是存善心反倒做了坏事的例子。

《了凡四训》还讲到，即便是善事，其中还有阴有阳，有半有满，有大有小，有难有易等。什么是有阴有阳呢？凡是做善事让人知道的叫作阳善，做善事而别人不知道的叫作阴德。什么是有半有满呢？一个人做了善事，内心却并不刻意惦念，他所做的善事就是圆满的。如果做了件善事就念念不忘，虽然一生都很勤勉地做善事，也只不过是半善而已。什么是有大有小呢？立志做善事，目的是利于国家、民族和天下的百姓，那么做的善事纵然小，功德却很大。假如只是为了利于自己，那么做的善事虽然多，功德也很小。什么是有难有易呢？孔子的弟子樊迟问孔子什么是仁，孔子说先要从难的地方下功夫。在最难舍、一般人不容易舍的地方做起，所以上天赐给他们的福气也大。

因此，《了凡四训》上讲，既然善与恶有标准，如果不知道考究其中的道理，就自夸做了善事，哪里知道有时候不是在做善事，而是在做坏事。各种不同的情况，到底是恶还是善，必须加以分辨。如果把善当成恶、把恶当成善，当然就会看不明白结果，就会困惑。

三、权者反于经，然后有善者也

《公羊传》中说："权者反于经，然后有善者也。"经，是指常道、原则；权，是指权变、灵活变通。意思是说，权变有时看上去不符合原则，但最后能够获得一个好的结果。不懂得权变，机械、教条地去做，反而会获得不好的结果。佛家文化里有一句话，叫"慈悲为本，方便为门"。意思是，人应该以慈悲、仁爱为本。如何在日常生活中落实、实现慈悲和仁爱呢？那就要以适当、灵活的方式为门径，也就是说具体的方式要善巧方便。

孟子说："爱人不亲，反其仁；治人不治，反其智；礼人不答，反其敬。"意思是，你用仁爱之心对待别人，而别人跟你不亲近，就要反省自己的仁爱有没有问题；你管理团队却管不好，就要反省自己的智慧有没有问题；你非常礼貌、恭敬地对待他人，对方反而不接受、不搭理你，就要反省自己的恭敬有没有问题。换句话说，爱人、治人、礼人要想有好的结果，不仅需要智慧，还需要正确的方法。

毛泽东在解放战争时期曾提出过一个重要论断，就是"政策和策略是党的生命"。政策就是做什么，策略就是怎么做，两者同样重要。政策是目标和任务，是原则性的，但即便再好的政策，如果不落实或者落实不到位，也没有用。那么，如何才能把政策落实好呢？就是要讲究策略。策略就是具体的方法，没有适当的、正确的方法，再好的政策也可能无法落实，或者因落实的方法不恰当，效果大打折扣，甚至适得其反。就像中国的民主革命，为什么采取农村包围城市的策略，而不是直接攻打大城市？这就是革命的策略问题。因为当时敌强我弱，直接攻打大城市，非但无法取得胜利，还会把革命的力量拼光；所以先在敌人力量薄弱的农村发展，随着力量的壮大，逐步造成农村包围城市的战略态势，最后夺取全国的胜利。

做好事也是一样，有一个怎么做的问题，需要根据对象和具体情况采取相应的、适当的方法，不能随心所欲、一厢情愿，不能简单地盲干，更不能没有原则和底线。否则，就有可能办不好事，或者好心办坏事、事与愿违、弄巧成拙，甚至使自己受到伤害。因此，一些表面上看"好心没有获得好报"的问题，实则是方法有问题。

所以，不可机械教条、简单盲目地为善。就像有人落水，如果你不习水性，最好的做法一定不是跳入水中救人，而是呼叫他人、拨打110、就地寻找适当的救生工具等。否则，好事不仅做不成，还会出现更大的麻烦。

　　同时，做好事也并非多多益善，需要把握一个度，否则就会走向反面，就如西方一些国家的高福利政策催生了一系列问题一样。西方一些福利国家推行"从摇篮到坟墓"的高福利制度，居民从一出生就能够享受政府的各种补贴，例如全民教育、免费保健、失业补助、免费医疗等。但是，高福利政策改变了人们的生活方式，使更多的人失去了责任感。原因在于，高福利政策让很多人不愿意储蓄，更喜欢享受、过度消费，这也带来了整个社会的危机。高福利国家的一些国民越来越不愿意工作，由于福利政策给予无业者和失业者的社会保险同在职人员的收入相差无几，依赖社会保障不但可以维持基本生活，而且不用纳税，其结果是不愿意工作的懒汉越来越多。这已经不是理论问题，而是现实问题。

　　中国有一句俗语，"升米恩，斗米仇"。意思是说，如果别人在危难的时候，你给他相应的帮助，他会感激你；可是如果给他的帮助太多，就会让其形成依赖，一旦停止帮助，反而会让他忌恨你。从前，有相距不远的两户人家，其中一家比较富裕。有一年，天灾导致土地收成不好，穷的一家生活十分困难，甚至有时到了揭不开锅的地步。富的一家有余粮，就给穷人家送去了一升米，救了急，穷的一家非常感激。熬过最艰难的日子后，穷人就前去感谢富人，富人慷慨地说："我这里还有剩余的粮食，你再拿去一斗吧。"穷人把粮食拿回家后，家人说："一斗米能做什么？根本就不够做明年的种子。他们太吝啬了，既然有余粮，就应该多送我们一些！"这话传到了富人的耳朵里，他很生气，心想：我白白送给你们那么多粮食，你们不仅不感谢，还把我当成仇人一样忌恨。于是，本来关系不错的两家人，从此成了仇人。

　　生活中的确会有这样的事情发生。当你好心帮别人的时候，第一次帮他，他会对你心存感激；第二次，他的感恩心理就会淡化；到了若干次以后，他就会理直气壮地认为这都是你应该做的，甚至当没有了这种帮助时，他会对你心存怨恨。像这类事情，尽管是被帮助的人缺乏感恩之心，甚至忘恩负义，但帮助他的人在方法上未必没有问题。

俗话说，"救急不救穷，救困不救懒"。"救急""救困"是说，人生在世，谁都会遇到紧急情况，当他人突然遇到困难，比如操办红白喜事、孩子上学、生重病等，需要帮忙的时候，我们应该提供力所能及的帮助。"不救穷""不救懒"，不是说不帮助穷人、懒人，而是说要采用正确的方法帮助他们摆脱穷困。也就是说，对于好吃懒做的人，不能一味地给他们钱，这样做解决不了根本问题，而是要教他们转变观念和挣钱的方法，比如教他们手艺、技术，或者帮他们找一份工作，等等。正所谓"授人以鱼，不如授人以渔"，这样做才是真正帮助他们。否则，可能会助长其懒惰、依赖、贪婪等不良心理和习性。

在新中国成立初期，人们的生活过得非常艰苦，盲人的处境更是难上加难。老舍家旁边有一座寺庙，里面住了四十多位盲人。每次老舍路过时，都感觉于心不忍。老舍明白，给他们供给一日三餐显然不是长久之计，他开始替他们未来的生活做起了打算。他花了两年时间，自掏腰包给那些会吹拉弹唱的盲人买来了乐器，组织了一支盲人乐团，并为他们写乐谱、歌词，一起排练。初见成效后，他又开始找合作单位和场地，带着他们四处演出，并说服对方支付一定的劳务报酬。盲人们的生活慢慢有了起色。老舍给了盲人们生活的能力、勇气和信心，他的善行的影响不是一时的，而是长久的。

对于盲人来说，养活自己比常人困难得多，但不是不能养活自己。如果仅仅供给他们一日三餐，他们很可能会习惯于被施舍，失去自食其力的能力，甚至一旦停止供养，他们很可能会抱怨。所以，老舍"授人以渔"的做法，是大智慧。

稻盛和夫在其《六项精进》中谈到了"真心帮助别人，结果反而自己倒霉"的问题。比如，为了帮朋友解困，你去充当朋友的贷款连带保证人，你本以为做了善事，想不到惹了麻烦，以至于连自己的财产也丧失殆尽。还有，朋友有困难开口借钱，你借给他了，他却迟迟不还，导致你陷入困境。"不是说善有善果吗？怎么我做善事却获得了恶果？"稻盛和夫认为这种说法不对。在那样的场合，只凭感情和同情，就慷慨解囊，或者做他的贷款连带保证人，这本身就有问题。稻盛和夫说，作为经营判断的基准之一，善有"大善"和"小善"之分。朋友手头紧，找上门来求你帮忙，仅仅由于他来求你，你就同情他，不假思索地出钱相助，表面上看是你帮了他，实际上是害了他，使这位不负责任的朋友变得更不负责任。此人之所以债台高筑，原因在于他做事马虎，花钱大手大脚，缺乏计划。如果你可怜他而借钱给他，反而会助长他马虎和挥霍的坏习惯。迁就朋友的不合理要求，这是"小善"，你关爱和同情他的方式不对，是帮了倒忙，会使他越陷越深。俗话说，"孩子再可爱也要让他经风雨、见世面"。乍一看，对孩子的这种"大善"近乎无情。朋友找上门来向你借钱，或者央求你做他的贷款连带保证人，这时，你首先要问清楚事情的来龙去脉，并认真调查，如果是由于他做事不检点，乃至挥霍浪费才导致今天的结果，那么你应该果断地拒绝他，并明确地告诉他，这个钱不能借，还要劝导他正视眼前的困难，接受教训，重新振作起来。如果你唯唯诺诺、有求必应，借钱给他，或者同意做他的贷款连带保证人，这似乎是一种"善行"，但这种"小善"会把你自己牵连进去，弄得自己也很狼狈。在需要作出判断的时候，不能感情用事，判断的基准为看是"大善"还是"小善"，这才是问题的关键。

稻盛和夫还谈到了自己的做法："在战争时期，有个人曾帮过家父的大忙。有一天，这人的儿子来找我，想从我这里借点钱。由于我听说过他父亲对我父亲有恩，于是就把钱借给了他。但是，我既没有让他写借条，也没有问他还款的计划。我根据那人的性格判断他不可靠，表面上看，我是借钱给他，实际上是送钱给他，我压根儿没有打算让他还钱。后来，我也没有催促他还钱，而他从此也没了消息。但是，由于我一开始就不准备让他还钱，所以从来没有为此而烦恼。但是，以对方必须还钱为前提，我才肯借钱给对方，这种情形一次也没有。因此，做了好事没有获得好报，反而被人背叛的事，一次都没有在我身上发生过。有一次，公司一位员工的父亲遇到了麻烦，他们父子俩在深夜一起来到我家。那时我刚四十岁出头。我仔细地询问了事情的原委，最终拒绝了他们的请求：'伯父，我把钱借给您是会害了您的。我也许不了解您现在困难到哪个地步，但我还是不能答应把钱借给您。伯父，您要挺身接受现在面临的苦难，必须承受得住，这样才行。'另外，我也觉得自己有些冷酷，但当时的决断没有错。那位员工现在已是京瓷的干部，从事海外营业方面的工作。他爸爸从那以后也重新振作了起来。他还跟别人说，应该感谢我，多亏那时我对他的帮助和鼓励。"

所以，善良不是一味地迎合和满足别人。有些人做不到也硬着头皮答应别人，甚至不懂得拒绝别人不合法、不合理的请求，没有原则和底线。其实，这并不是真正的善良，而是讨好，害怕自己拒绝后把关系搞僵了。真正的善良一定有原则和底线。

四、冰冻三尺非一日之寒

东汉思想家王充在《论衡》中说："寒不累时则霜不降，温不兼日则冰不释。"意思是，寒冷不持续一段时间就下不了霜，温暖不持续一段时间就化不了冰。无论是自然界还是人类社会，很多现象（结果）的产生需要量变的积累，甚至是长时间量变的积累。也就是说，从因到果需要一个量变积累的过程，这个过程有时需要很长时间，在短时间内看不到明显的结果。

马克思主义关于量变与质变关系的原理告诉我们，量变和质变是事物发展变化的两种状态，量变表现为不显著的微小变化，质变是事物根本性质的变化。量变和质变是辩证统一的关系，量变是质变的必要准备，没有一定的量变，就不会发生质变；量变达到一定的程度必然会引起质变。

也就是说，不能仅仅看显著的结果，而忽略了不显著的结果。可以说，显著的结果是质变，不显著的结果是量变，显著的结果都是不显著的结果积累而成的。

比如，在吃饱饭之前，你吃的每一口饭对吃饱这个结果都是量变，吃下去每一口饭产生的结果都是微小的变化，甚至觉察不到对自己的影响，但都会减弱你的饥饿感和饥饿程度，为你补充一点点能量。一口一口地吃下去，积累到一定程度，你就会出现肚子饱这样一个显著的结果。比如，你到北京去，朝北京的方向每走一步，都会有结果，那就是离北京近了一点，只要坚持一步一步地走，到达北京只是时间问题。再如，一个人得了癌症，这是个显著的结果，但这个结果绝不是一下子形成的，它往往是几年、十几年、几十年通过一点一点微小的变化积累起来的，你每一次生气、熬夜、暴饮暴食等，都会给身体带来微小的损害，只是自己没有觉察到而已。

"善有善果，恶有恶果"也是一样，种下善或恶的种子，能否获得善果或恶果，也需要量变的积累。暂时没有结果，并不是因果规律不起作用，而是量变积累不足，还没有到质变的程度。

东汉思想家王符在《潜夫论·慎微》中说："有布衣积善不怠，必致颜闵之贤；积恶不休，必致桀跖之名。非独布衣也，人臣亦然，积正不倦，必生节义之志；积邪不止，必生暴弑之心。非独人臣也，国君亦然，政教积德，必致安泰之福；举措数失，必致危亡之祸。故仲尼曰：'汤、武非一善而王也，桀、纣非一恶而亡也。三代之废兴也，在其所积。积善多者，虽有一恶，是谓过失，未足以亡；积恶多者，虽有一善，是谓误中，未足以存。'"意思是说，如果平民百姓能坚持做善事，一定会成为像颜回与闵损（两人都是孔子的学生）那样贤良的人；而不断地做坏事，必定会像夏桀（夏朝的暴君）和盗跖（春秋时期的大盗）那样背上骂名。不仅仅是平民百姓，为人臣子也是一样，不断地维护公正道义，一定会形成正义的气节；不停地为非作歹，一定会养成残暴杀戮的习惯。不仅仅是为人臣子，当国君的也一样，以道德和教化来统治国家，一定会带来国泰民安的福气；而推行的政策经常有失误之处，一定会导致国家危亡。所以，孔子说："商汤（商朝的国君）和周武王（周朝的国君）并不是由于只做了一件好事，就当上了国君；而夏桀（夏朝的暴君）、商纣王（商朝的暴君）也不是由于只做了一件坏事而导致亡国。夏商周三个朝代的灭亡与兴盛，都是在于累积。如果善事做得多，偶尔做了一件坏事，也只能算是失误，不足以导致灭亡；而坏事做多了，偶尔做了一件善事，也只能算是歪打正着，不足以求得生存。"

唐代大诗人白居易在《策林·辨兴亡之由》中说："臣观前代邦之兴，由得人也；邦之亡，由失人也。得其人，失其人，非一朝一夕之故，其所由来者渐矣。天地不能顿为寒暑，必渐于春秋；人君不能顿为兴亡，必渐于善恶。善不积，不能勃焉而兴；恶不积，不能忽焉而亡。"意思是，我观察过去国家兴盛，原因在于得人心；而国家灭亡，原因在于失人心。无论是得人心还是失人心，都不是一朝一夕所致，而是长期量变积累的结果。天地不会一下子寒冷或酷热，必然要经过春天或秋天；政权也不会一下子灭亡，必然经过善或恶的不断积累。不经过善的长期积累，不可能一下子就兴盛起来；不经过恶的长期积累，也不可能一下子就灭亡。

就像朝代的更替，有的皇帝荒淫无度、荒废朝政，但并未倒台，不是没有恶果，而是有很多方面不显著、微小的恶果在积累。如果接任的君主继续荒淫无度，这个朝代就必然会灭亡，只是个时间问题。小恶果积累到一定程度就会变成大恶果。

周朝历时长达八百年，统治时间是历史上所有朝代之最。那么，周朝是什么时候开始逐步走向衰落的呢？周王朝实行的是分封制，让所有诸侯都依照周公制定的周礼行事，凡事不能突破礼制。周昭王时期，鲁国发生叛乱，公子姬沸杀死兄长鲁幽公姬宰，并且不顾周礼自立为国君。在恪守周礼的时代，这是一种大逆不道的行为。然而周昭王对这件事情不闻不问，导致那些想要篡权的公子更加大胆。果然，这件事情以后，诸侯国发生篡位的情况更加频繁，也使各诸侯国频频陷入内乱。楚国一直游离于周朝统治之外，最初由于势力弱小而被周王室看不起。但是，经过几百年之后，楚国的势力越来越强大。周昭王穷兵黩武，为了重新树立周王室的威严，他不顾国家的状况和民众的生息而兴兵伐楚，在楚地烧杀抢掠，得罪了楚地的百姓。之后，楚国的老百姓在周昭王渡江的船上做了手脚，导致官兵全部被淹死在汉水中，周昭王也没有幸免。周王室元气大伤，开始走下坡路。周穆王时期，北方的戎狄部落势力越来越强大，周穆王准备对戎狄发动战争，以炫耀周王室的兵威。本来戎狄部落已经臣服于周王室，并且定期向周王室缴纳贡品，但周穆王不顾大臣们的反对，独断专行，兴兵攻打犬戎。结果，周朝不仅没有获得任何好处，还使戎狄这个盟友变成了仇敌。此后戎狄部落不再向周王室进贡，并且一直在找机会报复周王室。到周幽王统治时期，他搞出了烽火戏诸侯的闹剧，完全失去了诸侯的信任。此外，周幽王还任用佞臣虢石父为卿，遭到国人的抱怨。再加上他废了申后与太子，导致申后的父亲申侯很愤怒，遂串联缯国与西夷犬戎进攻周幽王，最后他在骊山下被杀，西周灭亡。周王朝开始衰败就是从周昭王和周穆王开始的，正是由于他们穷兵黩武、好大喜功，把周王室带入了危险的境地。再加上后世昏君当政，周王室在负面因素不断的量变积累中一步一步走向了衰亡。

坤卦《文言》中说："臣弑其君，子弑其父，非一朝一夕之故，其所由来者渐矣，由辨之不早辨也。"意思是，大臣杀害君王，子女杀害父母，不是一朝一夕的事，而是长时间积怨渐变而来的，原因是察觉到了这些问题但没有早日治理。西汉思想家、政治家、教育家董仲舒在《春秋繁露》中说，春秋二百四十年之中，"弑君三十六，亡国五十二，细恶不绝之所致也"。"细恶"，是指小的过恶，小恶不断，最终酿成大祸，以致亡家亡国。《道德经》中说："合抱之木，生于毫末；九层之台，起于累土；千里之行，始于足下。"这些都说的是结果的发生需要一个量变积累的过程。不管是善还是恶，都是积少成多、积小成大。

明代有一个专权的宦官叫刘瑾，他6岁时被太监刘顺收养，后来入宫当了太监，侍奉太子朱厚照，即后来的明武宗。朱厚照继位后，刘瑾数次升迁，爬上司礼监掌印太监的位子。他时常引诱朱厚照，导致朱厚照沉溺于骄奢淫逸，他则趁机专擅朝政，几乎成了明朝的"副皇帝"，国家大事尽在其掌握中。为了专权，他每次都趁皇帝玩得正高兴的时候前去汇报政事。朱厚照压根儿没心思搭理，挥手让刘瑾看着办。于是，刘瑾得以光明正大地独断专行。他还结党营私，疯狂地打压、清除那些不依附于自己的官员，上至内阁大学士，下至各部郎官、言官，凡是当时公认的忠正之士，全部被其贬斥。锦衣卫沦为他的爪牙，狱中关满了囚徒，忤逆者甚至被杖责至死。凡是不顺从他的朝廷高官都因此家破人亡，甚至有些大臣被迫害致死后，其妻儿老小都被拘押顶罪。

除了迫害异己，刘瑾最爱干的事就是敛财。官员凡是进京、出使，都要按规矩送上厚礼"孝敬"他。后来，刘瑾干脆直接下令，要求各地巡抚入京得向他行贿，不照办的都被迫害或免职；表现好的官员，连犯法之事都视若无睹，甚至还公开拿钱抵罪。正德五年（1510），安化王朱寘鐇以清君侧为名，起兵造反，他在檄文中痛斥刘瑾的罪行。也许是朱寘镭叛乱让朱厚照体会到了人心不可违，他决定弃卒保车。在朱厚照的批准下，刘瑾被迅速捉拿、抄家。在会审之后，刘瑾被押到闹市凌迟处死、悬头示众，其罪状也被昭告天下。正所谓"多行不义必自毙"。刘瑾为害多年，最终落了个被凌迟处死的下场。

所以，看问题不能单纯地就事论事，也不能只看到眼前的状况。有的人心态比较浮躁、眼光比较短浅，做一点善事就总想着马上见到回报，如果暂时没有回报，就认为"善有善报"是假的；有的人做了一些坏事，暂时没有受到相应的惩罚，就认为"恶有恶报"也是假的。其实，很多显著的、有形的结果的产生，需要量变的积累。

五、日间不做亏心事，半夜敲门心不惊

因与果的联系，其结果往往表现为有形的和无形的两种形式。因此，对善果、恶果的理解不能过于狭隘或简单，不仅要看到有形的，还要看到无形的，这样才能看得清楚，看得明白。

不能仅仅把善果理解为获得钱、权、名、利等有形的东西，同样，也不能仅仅把恶果理解为没有获得或者失去钱、权、名、利等有形的东西。也就是说，不能仅仅把果理解为获得或失去有形的钱、权、名、利等，获得或失去无形的东西也是果。

但是，在世俗的认知中，我们往往把果理解为获得或失去有形的钱、权、名、利等，而忽略了无形的结果。比如，落水的张三被李四搭救，张三向李四的单位送锦旗表示感谢，单位也表彰了李四。就此事来看，李四的善行使他获得了有形的善果，很清楚、明白了。应当说，仅仅把果理解为获得或失去有形的钱、权、名、利等，是因为在现实生活中，大部分的因果联系都是看得见、

说得通的。但是，需要明确的是，仅仅把因果联系看成是有形的，也是不准确、不全面的。比如，就上面的例子中李四救人这件事来说，除了获得张三的感谢、李四所在单位的表彰这些有形的结果外，李四由此也受到了外界的称赞和尊重，李四内心的价值感和成就感获得提升以及因助人而获得快乐等，这些都是无形的结果。

俗话说，作恶之可怕，不在于被人发现，而在于自己知道；行善之可嘉，不在于别人称赞，而在于自己安详。比如，一个贪官贪了很多钱却没有被法律制裁，我们不能把此事理解为没有果。他时刻受到良心的谴责，整天提心吊胆，吃不下饭，睡不好觉，有的贪官甚至由于压力太大而自杀；他长期压力过大，导致自己的健康出了问题；他不廉洁，搞歪门邪道或徇私舞弊，导致家风不好，家庭成员或子孙因此而走上歪门邪道，这些都是果。再如，一个人人品好、工作认真，被评为先进，或者被提拔，这些都是有形的果。除此之外，他的威信、学识和能力因此而提高，大家都开始尊重他，这些都是果。做了好事，别人都不知道，不是没有果，自己高兴了，德行提高了，身体健康了，等等，都是无形的果。一个人干工作不认真、偷奸要滑，不是没有果，其受到良心的谴责、口碑差，能力和学识得不到提高等，都是无形的果。

中国有一句俗语，"日间不做亏心事，半夜敲门心不惊"。意思是，只要不做亏心事，即便半夜有人敲门，也不会惊慌。后又有"不做亏心事，不怕鬼敲门"的说法。害怕"鬼敲门"，就是无形的结果，原因是做了亏心事。人生在世，但求问心无愧，为人只有行得正、坐得端，才能坦然自若，保持内心的安宁、平和，一觉睡到天明。反之，为人奸诈狡猾，坑蒙拐骗，作恶多端，做了亏心事，良心也会受到谴责，睡觉也不能安稳，甚至每时每刻都备受煎熬，害怕有人找他算账。这不就是无形的果吗？

六、吉者百福所归，凶者百祸所攻

这句话出自《素书》，意思是做善事的人会遇到来自方方面面的好事；做坏事的人会遇到各种各样的厄运。也就是说，有来自对方的回报，也有来自其他人或其他方面的回报，不能仅仅理解为都是来自对方的一对一式的回报。就像"张三帮助了李四，李四感谢张三"，这就是一对一式的回报。事实上，张三帮助了李四，而张三获得的回报未必都来自李四。

当然，在现实生活中，有很多回报是来自对方的。一个初春的夜晚，大家已经熟睡，一对年迈的夫妻走进一家旅馆，可是旅馆已经客满。前台服务员不忍心让这对老人深夜再去找旅馆，就将他们引到一个房间，说："也许这里不是最好的，但至少你们不用再奔波了。"老人看到屋子整洁干净，就愉快地住了下来。第二天，当他们结账时，这位服务员却说："不用了，因为你们住的是我的房间。祝你们旅途愉快！"原来，他在前台过了一个通宵。老人十分感动，其中一位老人说："孩子，你是我见过最好的旅店经营人，你会获得报答的。"服务员笑了笑，送两位老人出门，转身就忘了这件事。有一天，他接到一封信，里面有一张去纽约的单程机票，他按信中所说的地址乘机来到一座金碧辉煌的大楼。原来，那个深夜，他接待的是一个亿万富翁和他的妻子。富翁买下了一栋大酒店，并深信这位服务员会管理好这栋大酒店。这就是著名的希尔顿酒店及其首任经理的传奇故事。

回报除了来自对方，也会来自其他方面。就拿做善事来说，获得的回报往往是多方面的。归纳起来，可以有以下几个方面。

（一）获得快乐。有个成语"助人为乐"，但其实助人不仅可以使他人获得幸福和快乐，也能使自己获得幸福和快乐。美国著名心理学家马斯洛研究发现，人的需求分为五个层次，即生理需求、安全需求、爱和归属感需求、尊重需求及自我实现需求。它们依次由较低层次到较高层次排列，当最高层次的需求满足时，获得的快感最强烈，这个层次就是自我实现需求。当帮助别人时，我们非常容易感受到自己存在的价值，从而获得最高层次的满足。全国道德模范郭明义说："我经常接触孤儿院的孤儿、上不起学的孩子、生活困难的职工，和他们相比，我就感觉自己非常富足，我就非常想去帮助他们。雷锋的道路就是我的人生选择，雷锋的境界就是我的人生追求。给人温暖就是给自己幸福，每做一件好事，就有一股幸福感涌上心头，越做越有劲！"通过为他人服务，实现自己的人生价值，赢得他人的尊重；帮助了他人，服务了社会，快乐了自己。这就叫"赠人玫瑰，手留余香"。我们帮助别人，别人获得了快乐，自己也由于别人快乐而有一种幸福感。可以体会一下，在公共汽车上为老人让座，自己做了一件好事，心里就很高兴。相反，不让座，你会觉得坐着很不舒服，因为会受到自己良知的谴责。人的痛苦和烦恼都来自自私与计较，经常助人的人没有私心，也不会与人计较，他们少了许多痛苦和烦恼。

（二）**赢得尊敬**。经常做善事的人，别人都会尊敬他们。很多人都听说过特蕾莎修女的故事。她在印度加尔各答建立了"垂死者关爱之家"，经常收养一些奄奄一息的病人、被遗弃的婴孩、垂死的老人，然后到处去找吃的喂他们，找药给他们治病，求医生来帮助他们……1979年，特蕾莎获得诺贝尔和平奖，她身穿一件只值约1美元的印度纱丽走上领奖台。当她得知诺贝尔奖颁奖大会的宴席要花7000美元时，她恳求大会主席取消宴席。她说："你们用这些钱只宴请135人，而这笔钱够15000人吃一天。"宴会被取消了，她拿到了这笔钱，同时还拿到了40万瑞士法郎的捐款。那个被许多人仰慕的诺贝尔奖牌也被她卖掉了，所得售款连同奖金全部被她捐给了穷人。特蕾莎在印度去世后，她的祖国塞尔维亚希望把她的遗体送回国安葬，印度总理特意为此打电话给塞尔维亚领导人，期望把她安葬在印度。她的去世被印度人视为"失去了母亲"。印度为特蕾莎举行了国葬。出殡那天，她的遗体上覆盖的是印度国旗。就在她的遗体被12个印度人抬起来时，在场的印度人全部下跪，包括当时的印度总理。遗体被抬过大街时，大街两旁大楼上的印度人都下楼跪在地上，向这位"爱的天使"表达最崇高的敬意。我们每个人都希望赢得别人的尊重，希望别人喜欢自己。想想看，你是喜欢有道德、有修养的人，还是喜欢自私自利的人？你是尊重有道德、有修养的人，还是尊重自私自利的人？毫无疑问，你会尊重和喜欢有道德、有修养的人。那么，我们为什么不做一个有道德、有修养的人呢？

（三）**赢得口碑**。经常帮助他人的人，会被称为好人、善人，也会赢得良好的口碑和形象。中央电视台《感动中国》节目从2002年以来每年评选一次"感动中国年度人物"，推出了一系列具有鲜明时代特征和广泛社会影响力的模范人物，推动形成崇德尚义、见贤思齐的良好风气，被称为"中国人的年度精神史诗"。每一位感动中国人物都以他们善的力量震撼着我们的心灵，深深地打动着每一位中国人，让每一个中国人眼眶里噙满泪水，心里充满力量。每一位感动中国人物，都以他们的善举赢得了良好的形象和口碑，受到了社会的广泛尊重。

（四）**获得健康**。无论是中医还是西医都认为，心理因素对人的健康有着极其重要的作用。道德感是人的一种社会性高级情感，通过大脑皮层给生理机制带来良性影响，有益于身体健康，有助于延年益寿。心中有爱，充满正气和正能量，就会少得病。总是斤斤计较，自私自利，心胸狭窄，看这个不行，看那个也不顺眼，身体怎么可能健康？著名电影制作人邵逸夫通过邵逸夫基金会与教育部合作，连年向中国内地的教育事业捐赠巨款，建设教育教学设施6013座，包括图书馆、教学楼、艺术楼、体育馆等，仅仅全国大中小学的"逸夫楼"就有144座，捐赠遍布全国31个省、自治区、直辖市，受惠学校达千余所。邵逸夫还慷慨解囊捐助受灾地区，如2008年为汶川地震灾区捐款1亿港元，2013年为四川雅安地震灾区捐款1亿港元。邵逸夫一生慷慨，去世后遗产超过200

亿港元全部捐给慈善机构。2008年，他获民政部授予的"中华慈善奖终身荣誉奖"。然而，邵逸夫一生节俭，在饭店吃饭，也要把吃剩下的两个包子打包带走；他一生勤劳，每天工作16个小时，拍摄了上千部电影；他一生敬业，一直工作到104岁。2014年，邵逸夫在家中安然逝世，享年107岁。邵逸夫说："我的财富取之于民众，应回到民众。"人一旦拥有了善心，就懂得感恩，内心没有贪婪郁结，自然活得通透自在。这也许就是这位百岁老人给予世人的启示：仁者多寿，善者多康。

（五）提升德行。经常做好事就会慢慢形成习惯，德行和人格就会在不知不觉中提升。形成习惯的过程就是提升德行的过程。有一句话说："为善，如春园之草，不见其长，日有所增；为恶，如磨刀之石，不见其损，日有所亏。"意思是做善事就像春天花园中的草，虽然看不见它生长，但是每天都在增长；而做坏事就像磨刀用的磨石，虽然看不见它在磨损，但它每天都在削减。

（六）提升能力。古人说，"宝剑锋从磨砺出"。尽忠于自己的职责本分，多干活、干好活，不仅是重要的职业道德，而且可以出好成绩，同时也会让人在工作中经受磨炼和增长见识，不断提升自己的能力和水平，为自己未来的发展铺平道路。曾荣获"全国劳动模范"荣誉称号的青岛前湾集装箱码头有限公司的许振超认为，爱岗就要敬业，敬业就要精业。他参加工作30多年来，对工作总是尽职尽责，兢兢业业，一丝不苟，甘于奉献。他以"干就干一流，争就争第一"的精神，立足于本职工作，练就了"一钩准""一钩净""无声响操作"等绝活。2007年，"振超团队"连续6次打破集装箱装卸作业世界纪录。许振超作为一名普通的码头工人，长期踏实、勤奋地工作，最终成为一名"桥吊专家"，被誉为新时期产业工人的杰出代表。许振超的脱颖而出，没有什么秘诀，用他的话说就是多干、多练。因此，敬业的人总是能在工作中学到比别人更多的经验，而这些经验是自己向上发展的踏脚石，即使以后从事其他工作，这种敬业精神也必会助自己一臂之力。

（七）感召贵人。孟子说："爱人者，人恒爱之；敬人者，人恒敬之。"要想遇到贵人，最好的办法就是先做别人的贵人。愿意帮助他人的人，一旦他遇到困难，他人也愿意助其一臂之力。媒体曾报道过，辽宁一位司机冒着生命危险把着火的大货车开出闹市。一辆大挂车在焊接维修时突然起火，火势凶猛，现场瞬间浓烟滚滚。司机孙刚在判断大火难以扑灭之后，作出了震惊所有人的决定。他回到了火炉一样的驾驶室，立马驾车驶离居民区。直到开出了四五千米，确定四周无人之后，他才弃车而逃。就在他下车几分钟后，油箱突然爆炸。虽然孙刚很害怕，但他并不后悔，他说："咱不能连累别人。"后来，我们才知道，那辆货车是他卖了房子又借钱买的，是他的全部家当、一家老小的依托。对于孙刚的表现，网友们纷纷赞叹。一家汽车厂商感动于他的善良，当即决定送他一辆崭新的挂车，那是当时的最新款车，比原来的车还要贵十多万元。然而，孙刚却将开着新车挣来的第一笔钱四千多元，加上好心人捐给他的几千元，都捐给了当地的一家敬老院。而那家敬老院的故事，同样让人感动。敬老院的负责人全女士和丈夫数十年如一日，近乎免费地照顾着三十多位孤寡老人。你看，所有的善意和爱心，兜兜转转，又都回报给了那些善良的人。

（八）成就事业。郑州的谷神燃气具大世界，因谷殿明一家人坚持"天天学雷锋"而声名远播。谷殿明是一位农民，最早怀揣着一千元钱和梦想，到郑州做小生意。他说："我虽然是做小生意，但对缺斤短两、假冒伪劣非常反感。"1997年香港回归，国家喜逢盛事，时任郑州谷神燃气具大世界有限公司总经理的谷殿明就琢磨着干点儿实在的好事庆祝一下，于是他自封为"雷锋班长"，走街串巷深入社区一千五百多个家属院，免费为郑州市民维修灶具，向社会打出了"天天学雷锋"的大旗，还成立了免费修灶具学雷锋小分队。他说："老百姓不管在哪里买的煤气灶，拿到我这儿来，维修换配件一分钱都不要。凡是老弱孤寡行动不便的，打个电话立即上门。"二十多年来，他在河南、河北、陕西三省免费维修的燃气具达到六十一万台。由于坚持学雷锋，谷殿明和他的家庭获得了很多荣誉：郑州市劳动模范、五一劳动奖章、河南省关心下一代楷模、全国最美家庭、中国好人等。同时，谷殿明和他的公司也获得了良好的口碑和丰厚的利润。不少市民宁愿跑远路也要到他的店里消费。一位市民说："不在他那里买的东西都免费修，他的东西俺放心！"深受谷殿明言传身教的影响，谷殿明的儿子谷玉桥在接任公司新掌门人之后，时时牢记父亲的嘱咐，把雷锋精神融入企业管理和经营中，将生意越做越好。2020年，谷玉桥也获得了"全国雷锋式人物"荣誉称号。

（九）**远离祸患**。古人说，"人为善，福虽未至，祸已远离"。修养提高了，经常做一些善事，就会越来越受到他人的尊重，朋友也会越来越多，也就在不知不觉中远离了祸患。

在新中国成立前的旧天津，有钱的大户人家时常会遭到强盗的抢劫，但有一户有钱人家却从来没有遭遇过强盗。强盗为什么不抢这个有钱的大户人家呢？老百姓都说，是因为他家的大门上挂着"善人匾"。每到冬天，这户人家都会开一个粥厂，每天给贫苦的乡民们每人施舍一碗粥。乡民们为了表示敬重，就给他家挂了"善人匾"。这样，强盗若想抢他家，乡民们也不会答应。

（十）**改变命运**。经常做好事的人，大家都喜欢和尊重他，都愿意亲近他。这样，他的人际关系就会越来越和谐，身边就会出现越来越多的贵人。在一个弘扬中华优秀传统文化的公益论坛上，来自甘肃的胡斌在交流的时候说，自己过去不会做人，不学习、玩游戏、打骂父母、侮辱老师，曾经被十三所学校开除，离家出走到社会上成了"不务正业"的人。后来他有幸学习了中华优秀传统文化，知道自己错了。为了提升自己的德行，他就去养老院做了志愿者。养老院中的爷爷奶奶对他特别好，帮他找工作、介绍对象，给他好吃的。后来有几位老板找他，要给他安排工作，而且给的工资很高。这让他真正懂得，原来做好人果真能获得好报，他这才知道什么叫作价值和尊严，才知道人可以活得这么光明正大和有尊严！中华优秀传统文化让他明确了人生的目标，懂得了人生的价值和意义，找到了人生的幸福。如今他已成为一名弘扬中华优秀传统文化的老师，彻底改变了自己的命运。想想看，那些老板为什么愿意请他到自己的公司上班呢？因为谁都愿意要一个好人做员工。你看，他的命运不就转变了吗？在以前，哪个公司敢要他？一个人如果在家里帮助父母做家务，不忤逆父母，与父母的关系立即就会改善。一个学生如果能够遵守学校的规矩，认认真真学习，老师还会批评他吗？一个人如果经常帮助同事，不斤斤计较，同事还会讨厌他吗？所以，改过从善，命运很快就会改变。一个有道德、有修养的好人，哪个单位不愿意要他，哪个领导不愿意重用他，他的事业怎能不一帆风顺？一个人经常做好事，自身的价值感会越来越强，每天都会感到很充实、快乐，人际关系会越来越和谐，越来越被他人喜欢和尊重，愿意帮助他的人会越来越多，做事会越来越顺利，因而命运也会越来越好。

相反，做了恶事，除了会受到被伤害者给予的回怼和报复，还会收到来自方方面面的恶果，比如法律的惩处、内心的恐惧、良心的谴责、口碑和形象变差、不被他人尊重、人际关系紧张、周围人的疏远、痛苦和烦恼不断、健康受损，等等。所以，经常为恶的人，其人生之路将会越来越窄、越来越难。

七、祸之福所倚，福之祸所伏

中华优秀传统文化特别注重辩证、全面地看待问题。善行有真和假，同样地，善恶之果也有真和假。由于一些因果联系比较复杂，如果只看眼前和表面，就难以看清楚，因此，只有辩证地看待结果，才能够看明白。

那么，判断是善果还是恶果，同样也要像《了凡四训》上所说的，"天地鬼神之福善祸淫，皆与圣人同是非，而不与世俗同取舍"。如果能辩证地看，就会发现有些善果和恶果与世俗的看法不一样。只要是对当事人真正有益的，就是善果；对当事人真正有害的，就是恶果。换句话说，表面上看是善果，未必就是真正的善果；表面上看是恶果，也未必就是真正的恶果。也就是说，人获得了钱、权、名、利，不一定都是善果，如果违背法律、道义，那也是恶果。

明代文学家杨慎在其《韬晦术》中说："福无妄至，无妄之福常随有无妄之祸，得福反受祸，拒祸当辞福，福祸之得失尤宜用心焉。"意思是，一个人的福不会违背规律、不合情理地降临，违背规律、不合情理获得的福，通常都会伴随着无妄之灾，获得这种福反而会招惹灾祸。不想遭遇灾祸就要远离这种不该得的"福"，祸和福的得失更加需要用心去观察和思考。西汉思想家刘安在其《淮南子·人间训》中说："众人皆知利利而病病也，唯圣人知病之为利，知利之为病也。"意思是，普通人只知道有利的都是好的，不利的都是不好的，只有圣人才知道有利的未必都是好的，不利的也未必都是坏的。

比如，一个人偷东西未被抓，或者赌博赢了钱，从表面上看，恶行未获得恶果，还占了便宜，但是，这反而会促使他继续偷、继续赌，时间长了、次数多了，必然会有更大的恶果降临。因此，看似是占了便宜，实则是获得了恶果。如果偷东西被抓，赌博输了钱，当然属于恶有恶报；但是，如果当事人碰了壁，能够明白此路不通而悬崖勒马、迷途知返，尽管获得了恶果，又会转化为善果，避免在犯罪的道路上越走越远。这就是俗话说的"因祸得福"。

在现实生活中，被提拔重用，或者发了大财，从一般意义上讲是个好结果，但要看受益者是谁。如果受益者有德行，那就是个好结果，因为他可以利用被提拔的职务、获得的钱财更好地服务于国家、社会和人民；如果他没有德行，那就不是个好结果，因为没有德行，他就驾驭不了获得的职位和财富，这些职位和财富反而成了其走向衰败的因。

　　清代有名的大贪官和珅是文秀才出身，最开始只是三等侍卫，后时来运转，得乾隆赏识，升任御前侍卫和副都统。和珅勾结太监，了解到了乾隆皇帝的喜怒好恶，于是"对症下药"，把乾隆皇帝伺候得十分周到妥帖。后来，他接连升任户部侍郎兼军机大臣、内务府大臣、步军统领、崇文门税务监督。也就是说，他一人兼管财政、京畿军事防卫，并担任实际上的宰相。乾隆皇帝甚至不顾小小的崇文门税务监督这个职位名分低微，把这个肥差送给和珅，可见对他十分宠信。和珅从户部侍郎升为户部尚书，从副都统升为都统，内务府大臣之上加衔领侍卫内大臣，军机大臣之上加议政大臣、御前大臣，兼理藩院尚书、四库全书馆正总裁，取得了皇帝之下独一无二的最高权力。乾隆皇帝还把自己的女儿许配给和珅之子，两人结成儿女亲家。嘉庆二年（1797），已身为太上皇的乾隆皇帝仍不忘下旨将和珅改任刑部管部大臣，兼户部管部大臣，嘉庆三年（1798）和珅晋升为公爵。

　　嘉庆四年（1799）正月初三，太上皇死了。次日，嘉庆皇帝命和珅与户部尚书福长安轮流看守殡殿，不得擅自出入，实施软禁。很快，弹劾和珅的奏章被源源不断地送到嘉庆手中。嘉庆皇帝宣布和珅的二十条大罪，立即下令抓和珅入狱。嘉庆皇帝本来想将和珅凌迟处死，但由于皇妹也就是和珅的儿媳妇求情，并且参考了刘墉等大臣的建议，改为让和珅在狱中自尽。

　　和珅被一步一步快速地提拔，你说是好事还是坏事？对和珅来说就不是好事，因为他德行差，这反而让他一步一步走向了死亡。如果和珅没有被提拔，还只是一个一般的官吏，可能还走不到这一步。

　　《易经》中说："地势坤，君子以厚德载物。"意思是，君子的品德应如大地一样厚实，这样才能承载万物。一个人的地位越高，越考验他的品德。如果一个人身居高位，而且品德没有问题，就能让他人心服口服，各安其事。如果他品德不够好，却在很高的位置上，那么他不仅坐不稳位置，还会惹上灾祸。比如一个员工很能干，业绩完成得很好，老板就会偏爱他，给他加薪、升职。然而，如果这个员工面对领导的偏爱，开始傲慢起来，变得刚愎自用、自以为是，人际关系就会越来越差，业绩严重下滑，老板也就不再继续看重他了。由此可知，升职加薪并不一定是好事，如果他德不配位，可能就是他毁灭的前兆。这就叫"德不配位，必有灾殃"。如果一个人品德低下却身处高位，那就一定会有灾祸降临。

《淮南子·人间训》中说："天下有三危：少德而多宠，一危也；才下而位高，二危也；身无大功而受厚禄，三危也。故物或损之而益，或益之而损。"意思是说，天下有三种危险：缺少德行而受宠多，这是第一种危险；才能低下而地位高，这是第二种危险；没有大功劳却获得了丰厚的俸禄，这是第三种危险。所以，有时候看是损失的，结果却是受益；有时候看是受益的，结果却是损失。

再看看扶起摔倒的老人反而被讹诈这件事。被讹诈固然不是好的结果，但如果能通过被讹诈这件事，进一步增长提防被讹诈甚至待人处世的经验、见识、能力和水平，这也是一种收获。我们在生活、学习和工作中，也要经常总结经验和教训。经验很重要，需要继续发扬；教训也很重要，需要认真吸取，避免再犯错误。孔子说："三人行，必有我师焉。择其善者而从之，其不善者而改之。"意思是，别人的言行举止，必定有值得我学习的地方。他有优点，就向他学习；发现他的缺点则引以为戒，并加以改正。这样才能不断进步。

凡事都有两面，对一些所谓的"好心得恶果"事件，如果都能辩证地看，从中拓展见识、经受磨炼、提高能力等，坏事就会变成好事。就像互联网上一篇文章写的："感谢欺骗我的人，因为他增进了我的见识；感谢遗弃我的人，因为他让我学会了自立；感谢绊倒我的人，因为他强化了我的能力；感谢斥责我的人，因为他增长了我的智慧；感谢伤害我的人，因为他磨炼了我的心志。"这也正是"不经磨炼怎能成长，不经风雨怎见彩虹"的道理，同样也符合马克思主义辩证关系的原理。

八、小人朝为而夕求其成

对因与果的联系既要看当前，也要看长远。也就是说，有的行为可能很快就会获得明显的结果，可以在短时间内看到、知道；而有的行为并不一定很快可以获得明显的结果，有的甚至需要很长时间。之所以需要很长时间，其原因或者是条件还不具备、不成熟，待条件具备、成熟后，结果才能出现；或者需要量变的积累，积累到一定程度才能发生质变。

比如，熬了一夜，第二天能感知到的结果是犯困、不舒服等，但不仅仅只有这些结果，还有暂时感觉不到的结果，那就是对身体深层次的损害。如果长期熬夜，久而久之，对身体深层次的伤害就会随着量变的积累慢慢发生质变而显现出来。

但是，在现实生活中，有些人对因果之间的联系往往只看当前，在短时间内，看不到善有善果、恶有恶果，就怀疑因果规律不准确。东汉哲学家、文学家徐干在其《中论·修本》中说："小人朝为而夕求其成，坐施而立望其反，行一日之善而求终身之誉。誉不至，则曰：'善无益矣！'遂疑圣人之言，背先王之教，存其旧术，顺其常好，是以身辱名贱，而不免为人役也。"意思是，小人早上为一善，晚上就希望获得结果；坐着施舍，站起来就希望获得回报；做了一天善事，就希望终身获得赞誉。如果没有人赞誉，就说"行善没有好处"，因而怀疑圣贤的说法，背弃先王的教诲，依然按照原有的做法，顺从其平时的习性，所以身败名裂，最终不可避免地获得恶果。

在一些因果联系中，因与果间隔的时间很短，很直接、明了，就事论事地看，是没有问题的。我们来看看清代大商人胡雪岩拾金不昧的故事。胡雪岩13岁时，有一天在放牛回家的路上，看到一个包袱，打开一看，里面居然有很多银子。但是，胡雪岩并没有选择将其据为己有，而是守着包袱，在原地等待失主。等了很久，他才看到一个人慌慌张张地走过来。这个人就是失主。胡雪岩将包袱还给了他。失主非常感动，坚持要送胡雪岩银两，被胡雪岩拒绝了。这个人是钱庄老板，他十分欣赏胡雪岩拾金不昧的品质，将其带到身边培养。胡雪岩凭借良好的品德和自身的努力，进步很快，事业越做越大。

胡雪岩因拾金不昧，获得老板重用的结果，是为善的回报，大家都能看懂。但是，在现实生活中，也有不少因果联系在短时间内、就事论事地去看，很难看清楚。也就是说，在短时间内，为善得不到善果，为恶得不到恶果。这就需要放到宏观层面上长期地看，因为因果联系还包括宏观层面的必然性和必然趋势。如果在短时间内看不明白、解释不通，就在更长的时期内去看，"善有善果、恶有恶果"没有任何问题，真正的好人定会获得好结果，真正的恶人都没有好下场，只是时间未到而已。

我们来看一个网上流传甚广的故事。十年前，贫穷的大学生郝武德为了付学费，挨家挨户推销商品。到了晚上，他感觉很饿，但口袋里只剩下一块钱。他在大街上犹豫徘徊了半天，终于鼓起勇气，敲响了一户人家的门，准备讨点儿饭吃。然而，当一位年轻貌美的女孩子打开门时，他却失去了勇气。他没敢开口讨饭，却只要了一杯水喝。女孩看出来他饥饿的样子，于是给他端来了一大杯鲜奶。他将奶喝下，问道："我该付您多少钱？"女孩却说："不用付钱。"他怀着感恩的心，向女孩鞠了一躬，真诚地说："那谢谢您了！"当郝武德离开时，他不但觉得自己强壮了不少，而且对人生的信心也增强了。他本来已经陷入绝望，准备放弃一切。十年后，有个女人病情危急，当地的医生都已束手无策，家人将她送进大都市的医院。当医生郝武德来到病人的床前时，一眼就认出了她是当年送他奶喝的女孩，他决心尽自己最大的努力挽救她的生命。从那天起，他特别留意她的病情，并查阅了大量的文献，还向全世界的同行咨询。经过不懈努力，她终于起死回生，战胜了病魔。出院时医护人员将账单送到她的病房，开始她都不敢打开账单，因为她觉得可能需要一辈子才能还清这笔医药费。最终她打开账单，看到账单边缘有一行字："一杯鲜奶足以付清全部的医药费！"签署人是郝武德医生。她的眼中顿时噙满了泪水。

姑娘的善行，在相隔十年后，获得了郝医生善的回报。在有些人看来，姑娘的善行获得郝医生回报之前的十年时间里，她的善行并没有获得善报，好像是"打水漂了"。然而，放在更长的时间维度里看，她肯定能获得回报。

《菜根谭》中说："为善不见其益，如草里冬瓜，自应暗长。"行善后的回报没有马上表现出来，就像草丛中的冬瓜一样，即使我们看不见，它也会不停地生长。同样，有些作恶的人和不法之徒，总是心存侥幸，做了坏事、恶事企图蒙混过关，千方百计想躲避惩罚。这些人无疑是打错了算盘。

还有一些行为在短时间内就事论事地看，甚至出现了相反的结果。比如，有的尽管是善行，却遇到了恶缘，因而出现了不好的结果。就像扶起摔倒的老人却被讹诈，就当时的情况看，好心获得了不好的结果（其讹诈的结果如何，暂且不论）；但是，从长期看，这样善良宽厚的人，他们的人际关系、事业、家庭等一定都很好。同样，一些恶人欺行霸市、坑蒙拐骗、偷盗等，从短时间内看，虽然获得了一些"好处"，甚至还很"风光"，吃香的、喝辣的，但从长期来看，最终没有好下场。所以，从长期看，这与"善有善果，恶有恶果"的必然性并不矛盾。就像马克思主义揭示的"资本主义必然灭亡，社会主义必然胜利"这个规律一样，事物在发展过程中可能会有曲折，但从长期看，这个规律是没有问题的。

稻盛和夫在《活法》一书中说，因果法则难以被人看清并轻易相信，是因为我们只在很短的时间里来衡量和判断事物。思想、言行的结果表现出来还需要相应的时间，在两三年这个短暂的时间单位里难以看出结果。但是，如果用20年、30年这么长的时间跨度来看，原因和结果非常吻合。稻盛和夫从开创事业到去世，其间经历了60多年，在这60多年间，他见证过许多人的盛衰历史。如果用30年、40年的时间跨度来看，几乎所有人都在各自的人生中获得了与其日常言行和生活态度相吻合的结果。从长远来看，诚恳、不吝惜善行的人，不会永远时运不济，而懒惰、敷衍了事的人不可能荣华一世。确实，做了坏事的人也许会暂时得势，而努力做善事的人也许会暂时命运不济。但是，随着时间的推移，这些将慢慢获得修正，几乎所有人终将获得与各自言行和生活态度一致的结果，逐步趋近于与其相称的境遇。原因和结果竟可以如此用等号连接，真是令人惊讶。短期来看不一定如此，但从长远的角度来看，善因通向善果，恶因招致恶果，因果关系非常符合逻辑。

"种瓜得瓜，种豆得豆"，历史和现实反复验证了这一颠扑不破的真理！有些结果的产生需要时间证实，随着善与恶的不断积累和事物的不断变化，时间必将会给出答案，不应"朝为而夕求其成，坐施而立望其反"。所以，将因果规律放在宏观层面和更长的时间内看，就很容易理解了。

九、人贵有自知之明

《道德经》中说："自知者明。"意思是，能够真正认识自己的人是明智的。为什么这么说呢？因为只有真正认识了自己，才能取长补短、扬长避短。但是，在现实生活中，有不少人总是认为自己比别人好，甚至完美无缺，像一朵花一样，看不到自己的缺点、不足和问题，不能客观、正确地认识自己。

没有自知之明的人，总是认为自己是个好人，觉得自己付出得多，而获得的地位、职位、待遇、名利等回报不足,并往往将其归因于自己运气差、没有背景、太实在、太善良、不会拉关系等,感觉这个社会不公平,进而认为"好人没有好报"。

中国有一句名言:"人贵有自知之明。"把人自知称为"贵",可见人是多么不容易自知;把自知称为"明",又可见自知是一个人高明的体现。古希腊德尔斐神庙前竖立着一块巨大的石碑,上面刻着这样一句箴言:"认识你自己。"古希腊人把它奉为"神谕",是最高智慧的象征。

《论语》中记载,孔子问子贡:"女与回也孰愈?(你和颜回哪一个强?)"子贡回答:"赐也何敢望回?回也闻一以知十,赐也闻一以知二。"意思是,"我怎么敢和颜回相比?颜回知道一件事情的情况能够类推而知道十件事情的情况;我了解一件事情的情况,只能类推而知道两件事情的情况。"子贡虽不及颜回闻一知十,但他以自知之明的人格魅力名传千古。

《韩非子》中记载,"楚庄王欲伐越,杜子谏曰:'王之伐越,何也?'曰:'政乱兵弱。'杜子曰:'臣患智之如目也,能见百步之外而不能自见其睫。王之兵自败于秦、晋,丧地数百里,此兵之弱也。庄𫏋为盗于境内,而吏不能禁,此政之乱也。王之弱乱非越王之下也,而欲伐越,此智之如目也。'王乃止。故知之难,不在见人,在自见。故曰:'自见之谓明。'"意思是,楚庄王想要讨伐越国,庄子劝谏说:"大王为什么要讨伐越国呢?"楚庄王回答:"因为越国政治混乱,士兵战斗力差。"庄子说:"臣担心人的智慧就像眼睛一样,眼睛能看到百步之外的地方,却看不到自己的睫毛。大王曾经兵败给秦国、晋国,丧失了几百里土地,这是因为士兵战斗力弱。庄𫏋在楚国境内做强盗为害百姓,官吏却不能将其拿获,这就是政治混乱的表现。大王政治之乱,兵力之弱,似乎也不在越国之下,却想讨伐越国,这就说明大王的智慧也像那眼睛一样(看得到别人,却看不到自己)。"于是,楚庄王打消了讨伐越国的想法。由此可见,一个人高明不在于他能够正确地评价别人，而在于能够正确地评价自己，因此，能够正确认识自己才算得上明智。人要正确地认识自己，做到自知，往往比较难。人之不自知，正如"目不见睫"。

为什么要强调"自知"呢？其一，一个人只要没有达到圣人的境界，身上就会或多或少有一些缺点和不足。只有不断地改正这些缺点和不足，才能提高道德修养，进而趋吉避凶。其二，一个人要做到"自知"确实不容易，不仅要懂得做人的准则，还要时刻反省自己，并且能够从谏如流。

我们要先明白做人的准则。不对照做人的准则，就很难发现自己在做人方面的过错和差距。2013年中共中央开展的"党的群众路线教育实践活动"，其总要求之一就是要"照镜子"。该怎样"照镜子"呢？就是要把党章和廉政准则作为标准，对照检查自己在宗旨意识、工作作风、廉洁自律等方面的差距。2019年，中共中央开展的"不忘初心、牢记使命"主题教育活动，同样要求在主题教育中对照党章党规，全面查找各种违背初心和使命的问题。

做人的准则，概括起来有两个方面：第一是不能违反法律和规章制度，这是做人的底线。一个人遵守了这个底线，还不能说他就是个好人，因为这是对做人最起码的要求。第二是要有道德。中华民族几千年形成的传统美德就是道德标准，也就是我们现在通常讲的"四德"：个人品德、家庭美德、职业道德和社会公德。一个人尽管不违反法律和规章制度，但如果缺德，肯定不是个好人。

因此，凡是不合法、不合规、不合理、不合道德的言行，都是过错。认真对照做人的准则，就会发现自己还有很多不足和过错，自己远远没有自己想象的那么好。

如果不信，就回头看看自己平时有多少类似下面这些的言行：

个人品德方面：在背后说人坏话，说假话骗人，花言巧语，咒骂人，说脏话，挑拨离间，当面一套背后一套，扬人隐私，诽谤他人，说话霸道，制作、传播黄色信息，传播负能量，散布小道消息，吹嘘自己，经常抱怨、指责，谄媚、巴结他人，贬低别人，看不起不如自己的人，嫉妒比自己贤能的人，看不到别人的优点，对别人说三道四、指手画脚，忘恩负义，自以为是，做事霸道，讥笑残疾人，幸灾乐祸，猜疑，邪淫，懒惰，喜欢占便宜，遇事先考虑自己的得失，借喜忧事滥发通知敛财，不守规矩，乱发脾气，不务正业等。

家庭美德方面：不奉养、不关心、不尊敬父母，训斥父母，忤逆父母，不出去工作在家啃老，对孩子生而不养、养而不教，娇惯溺爱孩子，兄弟姐妹争财产，不做家务，找情人，嫖娼，浪费食物、衣物、水、电等。

职业道德方面：上班迟到、早退，旷工，在上班时间玩手机、打游戏，刁难、怠慢服务对象，办事不公道，工作马虎，偷奸耍滑、拈轻怕重、推诿扯皮、不敢担当，下班时不关电灯、电脑、空调，浪费公款、公物等；作为领导不以身作则，独断专行，以权谋私，徇私枉法，贪污，挪用公款，用公款吃喝，公物私用，拿公款报销私人费用，行贿，受贿，违法乱纪，争权夺利，诿过揽功，拉帮结派，吹吹拍拍，钩心斗角，讨好上司，报喜不报忧等。

社会公德方面：随地吐痰，随手扔垃圾，大声喧哗，打架斗殴，酗酒闹事，开车随意鸣笛，在公共场所抽烟，翻越栏杆，横穿马路，闯红灯，遛狗不牵绳，让狗随地拉屎、撒尿，乱停车辆，乱摆乱放，乱涂乱画，乱搭乱建，损坏公物、绿植，不排队，不给老弱病残让座，穿着过于裸露等。

行业道德方面：商户制售假冒伪劣产品，偷工减料，以次充好，违规使用农药、激素，违规使用添加剂，缺斤少两，不遵守合同，传播虚假广告，恶意欠款，过度包装，偷税漏税，污染环境，不正当竞争等；医务人员开大方，用贵药，过度用药，滥检查，收红包，吃提成（回扣）等；教师违规办辅导班，让学生购买规定以外的学习资料，收学生家长的好处费，歧视成绩差的学生，体罚或变相体罚学生，该教的不教，该管的不管等。

从传统文化要求的做人的道德标准来看，以上言行都属于缺点、不足或错误，都属于恶。看看自己有多少这类言行。有可能是经常有这些言行，只不过有此类言行多了、久了，见怪不怪、习以为常；或者认为这些言行都是小毛病，有一些也无所谓。

有些人可能会说，我浪费的东西是自己花钱买的，不是偷的、抢的、占的，怎么会是恶呢？这是一种错误的认知。需要明白的是，是不是花自己的钱，不是善与恶的标准。花自己的钱，也不是浪费的理由。每一件物品都凝聚了他人的心血，如果不能物尽其用，不仅浪费了社会资源，而且糟蹋了他人的劳动成果。

有些人做点好事后就要求获得回报，一旦没有获得回报，就耿耿于怀；有些人并不是心甘情愿地做好事，而是被迫地或出于完成单位安排的任务而做好事；有些人做好事是另有所图，并不是发自内心；有些人做一件好事后就将其挂在嘴上，恨不得让所有的人都知道，而在背后却做了很多坏事。通常情况下，我们在公众场合往往能约束自己的言行，但一些人在私下场合就开始放纵。《礼记·大学》中说："小人闲居为不善，无所不至，见君子而后厌然，掩其不善而著其善。"意思是，品德低下的人在私下里什么坏事都敢做，一见到品德好的人便躲躲闪闪，掩盖自己所做的坏事而表现出好人的样子。想想看，是否敢把自己私下里做的事拿出来在众人面前晒一晒？《朱子治家格言》中说："善欲人见，不是真善；恶恐人知，便是大恶。"意思是，做了好事而想他人看见，就不是真正的善人，做了坏事而怕他人知道，就是真正的恶人。当然，个人正常的隐私除外。被称为"千古第一完人"的曾国藩，在其修身十二法里，有一条是"无不可对人言之事"。这就是把"慎独"做到了极致，所说所做都光明正大，没有说不出口的。

想知道自己是不是好人，方法很简单。可以私下里做个试验，在纸上画个功过格，学习明代思想家袁了凡在《了凡四训》中的做法，按照善恶的标准，"所行之事，逐日登记；善则记数，恶则退除"，看一天、一月、一年下来是负数还是正数。

仅仅知道做人的准则还不够，还要不断地对照准则进行反省，就像曾子说的："吾日三省吾身：为人谋而不忠乎？与朋友交而不信乎？传不习乎？"当今社会很多人之所以看不到自己的问题，是因为已经习惯了两眼向外看，心向外求。《了凡四训》中说："吾辈身为凡流，过恶猬集，而回思往事，常若不见其有过者，心粗而眼翳也。"意思是，作为普通人，我们的过错和身上的不足像刺猬身上的刺一样多，但是在回首往事的时候，常常看不到自己的过失和不足。是什么原因呢？因为"心粗而眼翳也"。也就是说，我们的心太粗疏了，眼睛被蒙蔽了，结果看不到自己的过错。比如，很多人有一个问题，就是太傲慢，总是挑别人的缺点和毛病，觉得自己很高明，甚至动不动就批判圣贤，对圣贤的教诲不屑一顾，自己不懂还自以为是，傲慢到了极点却不自知。

要想自知，还有一个很重要的办法，就是多听听别人的意见和建议，尤其是不同的意见。很多时候，人并不是不知道自己的问题，而是不愿意看到、听到别人说自己的问题，更不愿意承认自己的问题。《弟子规》告诫我们，"闻誉恐，闻过欣。直谅士，渐相亲""闻过怒，闻誉乐。损友来，益友却"。意思是，如果听别人说自己有缺点就生气，听别人称赞自己就高兴，那么不好的朋友也就是小人就会来了，而好朋友也就是那些贤人君子就会离你而去。如果听到别人称赞自己就会心里不安，听到别人指出自己的缺点就高兴，那么，那些贤人君子就会越来越亲近你。也就是说，当听到别人说自己的优点时，你不是得意忘形、沾沾自喜，反而惶恐不安，这是因为生怕自己没有这些优点，只是徒有虚名，或者认为自己做得还不够好；当别人批评自己的过错时，你不生气，不发脾气，反而打心眼里高兴，虚心地接受、诚恳地检查自己，这是因为懂得"良药苦口利于病，忠言逆耳利于行"的道理，这是一种谦虚、明智的态度，也是一种美德。有了这种美德，你的身边一定会有一批高尚、有益的朋友，因为"物以类聚，人以群分"。这样的人，自然会不断地获得他人的帮助，因此他会不断地进步，不断地获得成功。

在《战国策》中，有一篇文章是《邹忌讽齐王纳谏》：邹忌修八尺有余，而形貌昳丽。朝服衣冠，窥镜，谓其妻曰："我孰与城北徐公美？"其妻曰："君美甚，徐公何能及君也？"城北徐公，齐国之美丽者也。忌不自信，而复问其妾曰："吾孰与徐公美？"妾曰："徐公何能及君也！"旦日，客从外来，与坐谈，问之客曰："吾与徐公孰美？"客曰："徐公不若君之美也！"明日，徐公来，孰视之，自以为不如；窥镜而自视，又弗如远甚。暮寝而思之，曰："吾妻之美我者，私我也；妾之美我者，畏我也；客之美我者，欲有求于我也。"于是入朝见威王，曰："臣诚知不如徐公美。臣之妻私臣，臣之妾畏臣，臣之客欲有求于臣，皆以美于徐公。今齐地方千里，百二十城，宫妇左右莫不私王，朝廷之臣莫不畏王，四境之内莫不有求于王。由此观之，王之蔽甚矣。"王曰："善。"乃下令："群臣吏民能面刺寡人之过者，受上赏；上书谏寡人者，受中赏；能谤讥于市朝，闻寡人之耳者，受下赏。"令初下，群臣进谏，门庭若市；数月之后，时时而间进；期年之后，虽欲言，无可进者。燕、赵、韩、魏闻之，皆朝于齐。此所谓战胜于朝廷。

意思是说，邹忌身高一米八几，而且神采焕发、容貌英俊。有一天早晨，他穿戴好衣帽，照着镜子，对他的妻子说："我与城北的徐公相比，谁更美？"他的妻子说："您很英俊，徐公怎么能比得上您呢？"城北的徐公被认为是齐国的美男子。邹忌不相信妻子的话，于是又问他的小妾："我和徐公相比，谁更美？"妾说："徐公怎么能比得上您呢！"第二天，有客人来拜访，邹忌和他坐下来谈话，邹忌问客人："我和徐公相比，谁更美？"客人说："徐公不如您美啊！"又过了一天，徐公前来拜访，邹忌仔细地端详他，还是觉得自己不如他美；再照着镜子看自己，更是觉得自己与徐公相差很远。晚上，他躺在床上想这件事，终于明白了："我的妻子说我美，是偏爱我；我的小妾说我美，是惧怕我；客人说我美，是有事想求助于我。"于是邹忌上朝拜见齐威王，说："我确实知道自己不如徐公美，可是我的妻子偏爱我，我的妾害怕我，我的客人有事想求助于我，所以他们都说我比徐公美。如今齐国有方圆千里的疆土，一百二十座城池。大王宫中的妻妾及身边的近臣，没有一个不偏爱大王的；朝中的大臣没有一个不惧怕大王的；国内的百姓没有一个不对大王有所求的。由此看来，大王您受到的蒙蔽太严重了！"齐威王说："说得真好。"于是齐威王下了一道命令："所有的大臣、官吏、百姓，能够当面批评我的过错的，可得上等奖赏；能够上书进谏我的，得中等奖赏；能够在公共场所指责议论我的过失，并能传到我耳朵里的，得下等奖赏。"政令刚一下达，许多大臣都来进献谏言，宫门外像集市一样聚集了很多进谏的人；几个月以后，还不时地有人进谏；一年以后，即使想进言，也没有什么可说的了。燕国、赵国、韩国、魏国听说了这件事，都到齐国来朝见齐威王。这正是身居朝廷之中，不必用兵而战胜了他国。

邹忌就很有自知之明，没有被别人的吹捧冲昏了头脑；齐威王能够从谏如流，因发现并改正很多问题和过错，而使国家富强起来。

不少人总是喜欢听好话、奉承话，而且有的人听到好话、奉承话，便会信以为真，进而飘飘然，往往就会作出错误的判断，因而走了弯路，甚至误入歧途。只有真正了解自己的长处和优势，甚至短处和不足，才能扬己所长，避己所短，补己所短，才能准确地给自己定位以及确定自己的目标。

因此，不能反省，或者反省的能力弱，或者听不得不同的意见，就难以有自知之明，就很难准确地发现并改正自己的问题。如果不能发现自己的问题，总是认为自己好得不得了，抱怨这个世界不公，认为社会、单位、他人对不起自己，就很难获得相应的回报。

十、不要低估别人的善良

《道德经》中说："知人者智。"意思是，能够真正了解别人是一种智慧。为什么这样说呢？因为只有真正了解别人，才能见贤思齐，见不贤而内自省，才能正确评价和对待别人。但是，在现实生活中，有不少人总是低估别人的善良，习惯于挑别人的缺点和问题，很少看到别人的优点、长处、付出和努力。

有的人总是认为别人没有自己善良，甚至有的人看别人身上都是缺点和问题。也有的人认为，别人付出得少，而获得的待遇、职位、名利、地位、尊重等却很多，是因为他们运气好、有背景、会拉关系等，感觉不公平，以至于认为"坏人获得了好报"。

别人未必不善良，关键是别人的善良，你没有看见，或者对别人的善良不屑一顾，或者认为别人有善行是另有所图，或者认为别人的善行是很另类的做法，甚至是多管闲事，或者是由于自己的傲慢、粗心而没有感觉到罢了。

你和他人开车相向而行，由于路窄，他的车先倒了回去，给你让路；坐电梯时，他让你先上，或者问你去哪一层并帮你按了楼层的按钮；他走进电梯，当听到你匆匆的脚步声时，会按住电梯等你；他走过弹簧门，回头看到你在不远的后面，就一直拉着门等你过去；他开车经过有水的路面时放慢了车速，怕把水溅到你身上；你在路中间行走时，他开车在你后面，始终没有鸣笛；走在路上时，你的物品掉了，他大声喊你，甚至帮你捡起来；他把你顺手扔到地上的矿泉水瓶子默默地捡起来放到垃圾箱里；你的孩子在路边玩耍，他提醒你看好孩子、小心车辆；你一直玩手机，他提醒你长时间看手机会伤身体；他开车过马路时，看到你正准备过马路，于是主动停车，让你先过去；你休息的时候，他蹑手蹑脚，怕弄出声音打扰到你……他人这样的善，你感觉到了吗？

实际上，只要我们留心，就随处可以发现很多人在默默地传递着善良和爱。

在火车站，乘客在自动取票机前排着长队。车快开了，但是有个女孩却还没有取到票。她跑到队伍前面，跟排在最前面的小伙子说："可以让我先取吗？我要乘坐的车快开了！"小伙子说："好，你先取吧！"然后他默默地走到队伍的末尾，重新排队。

在拥挤的地铁上，一个小孩子说累，想坐着，姥姥却让外孙坐在自己腿上，并凑到外孙耳边跟他说："这些叔叔阿姨上一天班很累了，有座位让他们坐吧。"

老奶奶带着小女孩要过马路，看见有汽车过来便打算退回去，没想到汽车慢慢停了下来，让她们先过。老奶奶带着女孩走过马路，并示意女孩谢谢车主。于是小女孩对着汽车鞠了一躬，向司机挥了挥手，说了声"谢谢"。

一对老夫妻一直悄悄资助一个贫困学生。这名学生在大学毕业后，想寻找帮助自己的两位老人。学校征询两位老人的意见，老人不愿意与他见面，而是转交给他一封祝福信："孩子，不见面是不愿意你思想上有负担，只希望你健康成长，做个善良的人。"

一名老人在路口突然倒地，当时正下着雨，过路的市民纷纷出手相助，有的撑伞为老人遮雨，有的试着与老人沟通，有的帮老人垫上纸盒隔水，有的拨打了120急救电话。最终老人因送医院抢救及时，脱离了危险。

经历了10多个小时的降雨，北京朝阳区劲松中街积水严重，劲松电影院附近积水最深处将近1米。此时，多辆汽车因熄火被迫停在水里，几个光着膀子的小伙子非常热心地帮助车主把已经熄了火的汽车从积水中缓缓推出来。有一处窨井盖被冲开，一位环卫工人正蹲守在井的旁边，提醒路人绕行。

一天傍晚，刮起了大风，一位女士看到路边有一位老人在卖菜。她走过去，说要将菜全部买下来。老人一脸惊喜，女士对老人说："天太冷了，这样您就可以早点回家了。"

一位老板与客户谈业务，吃午餐时，菜点得多了些，于是，在离开时老板将有些还没怎么吃的菜打包。在回公司的途中，老板刻意将汽车开得很慢。在见到一个流浪汉时，他停车把打包的菜送给了这个流浪汉。

像这样的善事太多了，每时每刻都在发生，只不过很多人没有看到罢了。

所以，千万不要低估别人的善良，更不要拿自己那颗不善良的心来揣度别人的善良，否则就会得出"别人都没有自己善良"的结论，进而认为"坏人获得了好报"。殊不知，别人获得好报都有原因，只不过我们不知道而已。

这个社会上善良的人很多，只不过有些人没有看到。一些人总是习惯于找别人的问题和不足，看别人往往就会一叶障目、一丑遮百俊。所以，一旦看到别人遇到了好事，这些人就会感觉这个社会不公平。

十一、好人一定不长寿吗

孔子说："仁者寿。"但是，在民间有一种很流行的说法："好人不长寿，坏人活千年。"这该如何解释？难道孔圣人骗人不成？

孔子所说的"仁者寿"，意思是，善心善行能使人健康长寿，因为仁者所达到的境界正是中医对健康养生的要求。心怀仁德之人，有宽广的心胸、良好的心境、平稳的心态，不被欲望缠身，不患得患失，淡泊名利，精神内守，气血顺畅，五脏安和，自然有利于健康长寿。孙思邈在《千金要方》中说："百行周备，虽绝药饵，足以遐年；德行不充，纵服玉液金丹，未能延寿""道德日全，不祈善而有福，不求寿而自延，此养生之大旨也。"意思是说，德行好，虽然不服用补品良药，也足以延寿；德行不好，纵然服用仙丹妙药，也不能延长寿命。提升道德修养，不求福，自会有福；不求长寿，自会延长寿命，这才是养生的要旨啊！明代名医孙志宏亦指出，如果不讲究道德修养，既不能延寿，也不能得福，所以养生首先必须修德。他在《简明医彀》中说："德为福寿之本，若其刚恶而不肯好德，柔弱而怠于修德，则祸极随之，而绝福寿根源矣。"所以，养生专家无不强调，养生必须与道德修养相结合，认为"仁者多寿，善者多康"。坦然平和的心态、乐善好施的仁心，是实现健康长寿最好的"营养剂"，比那些不惜重金觅得的"养生秘方"要胜过千百倍。心怀慈悲之人，会以爱待人，宽容仁厚，不役于物，不伤于情，不忧不惧，所以能够长寿。因此，养生先养心，养心唯修仁。

民间流传的"好人不长寿，坏人活千年"这种说法，其实是老百姓表达的一种爱憎情感。好人寿命再高，一旦他离世，大家总是会心怀惋惜；坏人即便多活一天，大家都会感觉上天太过慈悲，让其活得太久。当我们看到有的好人命短、有的坏人长寿时，我们就会觉得这是不合理的事，于是心里就感觉不平衡，进而发出这样的感慨。

需要特别说明的是，"仁者寿"只是相对个体自身而言的，在先天遗传因素和身体素质一定的情况下，做到仁爱厚道就能更健康、更长寿。比如，一个人在正常情况下可以活到70岁，如果能做到善良宽厚，将来可能活到90岁；相反他如果常常损人利己，甚至恶贯满盈，也可能活不到50岁就死了。不是说仁爱的人一定都比恶人健康长寿。人与人之间的健康与寿命没有可比性，因为每个人的先天遗传因素和身体素质与其后天的生活、习惯、环境等都不一样，人的寿命除了受到后天的心态、饮食、运动和生活习惯等因素影响外，还受到先天遗传因素的影响。退一步讲，即便是把一些人与另一些人比较，从统计资料中可以看出，长寿的基本都是善良宽厚的人。

从现代科学的角度看，"仁者寿"的思想已被越来越多的科学研究成果所证明。

美国的霍金斯博士是一位知名医生，他医治了来自世界各地的很多病人。他研究发现：人的意念振动频率如果在200赫兹以上，就不会生病。凡是生病的人一般都有负面的意念，他们喜欢抱怨、指责、忌恨别人，如果不断地指责别人，就会消减自己的能量。振动频率也就是我们常说的磁场。霍金斯博士说，只要看到病人，就知道这个人为什么会生病，因为从病人身上找不到爱，只有痛苦、怨恨、沮丧包附着他的全身。霍金斯博士还说，他做过上百万次的实验，在全球调查过不同的人，答案都是一致的。只要一个人意念的振动频率低于200赫兹，他就很容易生病，200赫兹以上就不容易生病。意念的振动频率在200赫兹以上，通常的表现是喜欢关怀别人，有慈悲心、爱心，宽容柔和等。相反，喜欢嗔恨、发怒，动不动指责、怨恨、嫉妒、苛求他人，凡事自私自利，只考虑自己，很少考虑他人的感受，这些人的意念振动频率很低。低意念振动频率也是导致癌症、心脏病等各种疾病的原因。

霍金斯博士从医学的角度告诉我们，意念真的不可思议，它对人的健康有很大的影响。你的思想是因，与你的思想相一致的人生和境遇就是果，因会吸引来果。懂得积极正面地运用自己的思想，你的心脑合一、身心开放后，振动频率就高了。只要有一颗真诚、善良、友好、无我、为大众做好事的心，就能自如地收发信息。人体就像一个很敏感的信息场，时刻都在与外界交换信息和能量。

爱是宇宙中最强大的磁场，因为它与宇宙和谐一致。爱是人身上正面的磁场，你只有施予爱，才会吸引到爱。所以，不要只爱自己的那个小我，要爱自己的父母、亲人、朋友、同事乃至所有人，乃至宇宙万物、一花一草。你施予的爱越多，积聚在宇宙中的爱的磁场就会越大，同时你收获的爱也就越多。宇宙中有一个强大的法则，就是吸引力法则，你的思想是有磁场、能量和吸引力的。

现代的众多科学研究同样证实，行善能延长人的寿命。美国的研究人员在以"社会关系如何影响人的死亡率"为课题的研究中发现，一个乐于助人且与别人和睦相处的人，其预期寿命会显著延长。相反，心怀恶意、损人利己、与他人相处不融洽的人，其死亡率比正常人高出1.5至2倍。不同民族、收入高低、体育锻炼以及生活作风等，都不能影响这个具有普遍性的结论。

美国耶鲁大学和加利福尼亚大学的研究人员连续9年跟踪调查了加利福尼亚州阿拉米达县的近7000位居民，密西根大学的调查研究中心则对2700多人进行了14年的跟踪调查，共同得出"人的善恶观念会影响寿命长短"的结论。研究人员发现，一个善良的人之所以长寿，从心理学的角度看，是因为乐于助人可以激发别人对他的友爱和感激之情，他的内心也会从中获得温暖，缓解在日常生活中的焦虑；而且，经常行善还有益于身体免疫系统。反之，一个心怀恶意、损人利己的人，其寿命通常比较短。比如，一个人的心脏病常常发作又对他人怀着敌意，其心脏冠状动脉堵塞的程度就会更严重。再如，视别人为敌的人，情绪往往一触即发，暴跳如雷，容易使血压升高，甚至容易患高血压。至于做贪污受贿和盗窃之类勾当的人，因做贼心虚，易失眠、烦躁，精神压力很大，这种人的寿命通常会缩短。

付出与回报之间有神奇的能量在转换。美国凯斯西储大学生命伦理学前教授、石溪大学教授史蒂芬·波斯特和小说家吉尔·奈马克，从现代科学和医学的角度出发，深度研究了人的种种付出与回报之间究竟存在什么样的关系。研究人员制作了一个详细的测量表，并长期追踪了一些乐于付出的人，分门别类地对每一种"付出"带来的"回报"进行了物理统计和生理分析，从而找出了"付出"产生的"医疗作用"和"快乐指数"：宅心仁厚、乐善好施的人，他们的善行确实对自己的身心健康产生了巨大而深远的影响。其自身的社会能力、判断能力、正面情绪以及心态等都会获得全面提升。即便给别人一个会心的微笑，传递一个友好幽默的表情，都会引起唾液中免疫球蛋白浓度增加。在综合了四十多所美国主要大学的一百多项研究成果后，他们结合长期追踪得到的数据，得出了令人惊讶的结论：付出与回报之间存在着神奇的能量转换秘密，即一个人在付出的同时，回报的能量正通过各种形式返回给他，只不过在大多数情况下，自己浑然不知……

从这些科学研究来看，善有善果、恶有恶果不仅是道德价值取向，而且是人类生存和发展的规律。也正如《黄帝内经》中讲的，只要"正气存内，邪不可干"，生命就自然会健康、福寿。

十二、知者不以变数疑常道

中华优秀传统文化中所讲的因果规律，是一种社会规律，是我们在长期的生活、生产实践中对宇宙万物相互联系的正确认识和总结。因果规律并不意味着同样的原因必然会引起完全一样的结果，它只是一种必然性和必然趋势，因各种原因的情况不同，具体的因果联系会表现出千差万别的变化。个别时候还会表现出特殊情况，而这种特殊情况本身就是规律的一部分。所以，不可因一时一事的不同就否定这种必然性。就如春天也有倒春寒的时候，夏天也有降雪的时候，秋天也有极寒的时候，冬天也有不结冰的时候，但没有人怀疑一年四季春夏秋冬的规律性变化。

东汉著名哲学家、文学家徐干在《中论·修本》中说："世之治也，行善者获福，为恶者得祸；及其乱也，行善者不获福，为恶者不得祸，变数也。知者不以变数疑常道。"意思是，在天下太平的时候，做善事的人就能获得福报，做恶事的人就会惹上灾祸；在天下混乱的时候，做善事的人不能获得福报，做恶事的人得不到惩罚，这是很反常的事情。但是，有智慧的人不会由于不正常的偶然现象而怀疑规律性的东西。徐干还说："言盛阳布德之月，草木犹有枯落而与时谬者，况人事之应报乎！故以岁之有凶穰而荒其稼穑者，非良农也；以利之有盈缩而弃其资货者，非良贾也；以行之有祸福而改其善道者，非良士也。"意思是，在夏天生长的季节，个别草木也会枯萎死掉，与生长的季节不相应，何况是为人处世的回报！如果由于年成有丰年、荒年就荒废农事，绝不是个好农夫；如果认为收益有盈亏，就放弃经营，就绝不是个好商人；如果认为做好事能获得福报，也会招致灾祸，从而改变其原来善良的做法，就绝不是个贤士君子。

需要说明的是，徐干所说的"及其乱也，行善者不获福，为恶者不得祸"，都指的是有形的福与祸。从无形的结果来说，在行善的同时，可以获得快乐、价值感和成就感以及赢得尊重和口碑等；为恶的同时，也会受到社会道德和自己良知的谴责，给自己的形象和口碑抹黑，并伴随着恐惧、不安等。

晚清政治家、战略家、理学家、文学家曾国藩在致其诸弟的家书中，也说了同样的道理："吾未见业果精而终不得食者也。农果力耕，虽有饥馑必有丰年；商果积货，虽有雍滞必有通时。士果能精其业，安见其终不得科名哉？即终不得科名，又岂无他途可以求食者哉？然则特患业之不精耳。"意思是，我没有见过学业精深而始终不能谋生的。农夫如果努力耕种，纵然会遇到荒年，也一定会遇到丰收的年景；商人如果购进了货物，虽然有时会滞销，也一定有畅销的时候。读书人如果能精通学业，怎么能见到他最终也得不到功名呢？即使他最终得不到功名，又岂能没有其他途径来谋生？所以，关键是怕学业不精深罢了。

为了更好地说明问题，徐干和曾国藩都举了农民种地、商人经商、士子读书的例子。农民种地会遇到丰年、荒年，那么农民为什么还要种地呢？因为只要播种，通常都会有收获，这是常道，是规律；因为天灾等外因会造成荒年，但只是个别情况，因此农民不会由于有荒年就不种地。所以，徐干说，由于有荒年就荒废农事，绝不是个好农夫；曾国藩说，纵然有荒年，也一定有丰收的年景。经商会有盈利，也会有亏损，那么商人为什么还去经商呢？因为只要经商，通常都会获得利润，这是常道，是规律；因为各种原因造成亏损是有的，但只是极少数情况，因此商人一般不会由于亏损了而不去经商。所以，徐干说，由于有可能亏损而放弃经商，绝不是个好商人；曾国藩说，货物虽然有时会滞销，但一定会有畅销的时候。同理，读书人有考取功名的，也有得不到功名的，那么为什么都去读书呢？因为只有读书学习，才能考取功名，这是常道，是规律；努力学习了但由于各种原因考取不上功名的也有，即使考取不上功名，有了一定的学问，也能通过各种途径谋生，所以，不会由于有考取不上功名的情况而不读书学习。所以，曾国藩说，关键是怕学业不精深。同样，做善事有获得福报的，也有获得不好的结果的，那么为什么还要做善事呢？因为只要做善事，通常都会获得福报，这是常道，是规律；由于遇到逆境这个外因而暂时获得不好的结果的情况也有，但这只是个别情况。所以，徐干说，由于有个别情况就改变其原来善良的做法，绝不是个贤士君子。

比如，扶起摔倒的老人，却被这位老人讹诈，就事论事看，好心却获得了不好的结果，这只是个别和特殊情况。之所以说是个别情况，是因为在现实生活中，扶起摔倒的老人反而被讹诈是极少数情况，恐怕连千分之一、万分之一的概率都没有，在大街上搀扶摔倒的老人的情况很常见，所以没有媒体报道；

而由于扶起摔倒的老人反而被讹诈，却是十分罕见的情况，所以媒体会纷纷报道，甚至予以炒作，这给我们的感觉就是被讹诈的现象很多，好像只要扶老人就会被讹诈一样。之所以说特殊，是因为好人遇到了逆缘、恶缘。换句话说，是遇到了道德低下的人这个外部条件。这与"善有善果"规律的必然性并不矛盾。从长期和宏观的角度看，这个人如果长期坚持这样的善行，他的人际关系、家庭和事业都会很好。就如一个农民不因有荒年而放弃种地，他终会收获粮食而不会挨饿。

徐干在《中论·夭寿》中说："自尧至于武王，自稷至于周召，皆仁人也，君臣之数不为少矣。考其年寿不为夭矣，斯非仁者寿之验耶？又七十子岂残酷者哉？顾其仁有优劣耳，其夭者惟颜回。据一颜回而多疑其余，无异以一钩之金，权于一车之羽，云金轻于羽也。天道迂阔，暗昧难明，圣人取大略以为成法，亦安能委曲不失、毫芒无差跌乎！且夫信无过于四时，而春或不华，夏或陨霜，秋或雨雪，冬或无冰，岂复以为难哉！所谓祸者，已欲违之而反触之者也，比干、子胥已知其必然而乐为焉，天何罪焉？天虽欲福仁，亦不能以手臂引人而亡之，非所谓无庆也。"意思是，从尧帝到周武王，从后稷到周公、召公，都是仁爱之士，君主与臣子的数量都不少，考察他们的年寿都不算短命，这不是仁者长寿的验证吗？孔子有七十多位贤明的弟子，难道都是悲惨不幸的吗？贤德之人的年寿也有长短，而颜回早逝只是个例。仅以颜回这个个例就怀疑其他七十多人，就等于用一丁点儿金子与一大车羽毛比重量，而得出黄金轻于羽毛一样。世间万物纷繁复杂、若明若暗，难以明辨秋毫，圣人只是取其大略概要，来认识把握，而不是毫厘不差地作定论。我们相信天地的规律莫过于一年四季春夏秋冬的变化，然而春天也有植物不开花的情况，夏天也有降霜的时候，秋天有时也下雨加雪，冬天有时水却没能结冰，难道可以说老天专给我们灾难吗？这里所说的受祸的人（贤臣）是明知君主违背天道而决心以死劝谏君主的人，比干、伍子胥就是明知君主违背天道必亡的道理而情愿为真理献身的人，天地的规律有什么罪呢？天地的规律虽然是要降福于仁德之人，但也不能拉着人的手臂去趋福而避祸啊！这不是我们所说的没有善果。徐干认为，孔子所说的"仁者寿"是一种"常道"，不能由于颜渊仁而早夭这一"变数"就否定"常道"存在；比干、伍子胥由于重道义而坚持自己的信念，苦谏获罪而受戮，这是"已知其必然而乐为焉"。在徐干看来，既然我们不会对自然界出现的反常现象予以非难，那么对于人世间的祸福所表现出来的特殊性也应如此。所以，徐干认为，在观察事物和分析问题时，不应该被个别的特殊性所遮蔽，而必须考察同类事物的正常情况，依据事物之道理来立论。

此类论述还有很多。比如，《新唐书》中说："为善者得吉常多，其不幸而罹于凶者有矣；为恶者未始不及于凶，其幸而免者亦时有焉。而小人之虑，遂以为天道难知，为善未必福，而为恶未必祸也。"意思是，行善事者常多吉祥，但不幸而遭灾祸的也有；作恶者未尝不遭凶祸，但幸免于祸者也有。因而无德小人便认为吉凶祸福没有规律，行善未必得福，而作恶也未必遭祸。再如，宋代大儒程颐说："天之报应，皆如影响，得其报者是常理也；不得其报者，非常理也。然而细推之，则须有报应，但人以狭浅之见求之，便谓差互。"因果联系的规律就像形体与影子、声音与回响一样，种下什么就会收获什么，这是常理；种下了却得不到，这不是常理。然而仔细地推敲、长期地观察，善定有善果，恶定有恶果，但一些人只是用狭隘、肤浅、短暂的眼光来看，便会得出错误的结论。

在现实生活中，的确有一些人只是看到眼前的一些个别现象，就以为没有常道和规律，逆道而行，结果必然吃亏。还有一些人抱着侥幸心理，做一些损人、损社会、损国家之事，最终也没能摆脱各种有形或无形的恶果，实在是无知之极。所以，古人告诉我们，"世虽有侥幸之事，断不可存侥幸之心"。

因此，用个别和特殊现象否定规律的存在，从理论上看是不科学的，从实践上看也是行不通的。

十三、我们对规律的认识有限

我们之所以不能正确地认识一些事物和现象，大体有两个方面的原因：一是受到认识上常有的一些弱点的影响。对于这方面的认识，在汉语中有不少大家都很熟悉的词语描述，比如"眼见为实"，不相信自己没有亲眼所见、亲身经历的现象；"目光短浅"，只看到眼前而看不到长远；"以偏概全"，看到一点就把它当成全部和整体；"一叶障目"，只看表面而看不到本质和规律；"二元对立"，非黑即白、非此即彼，不能多角度、辩证地看待；等等。这些道理在前面都已做了详述。

二是我们的认知能力受到社会和科技发展的制约。宇宙万物的规律没有边际，而人对规律的认知能力，无论是从广度上还是从深度上，都非常有限。就像很多因果联系，不像1+1=2那么简单，并且社会规律比自然规律更加复杂，有的现象往往是众多错综复杂的原因和条件长期作用而产生的，靠我们日常的经验在短时间内很难看明白，即便是现代科学也无法一一解释清楚。

比如，一个人得了癌症，肯定有其原因。那么，原因到底有哪些？主要原因是什么？次要原因又是什么？内因是什么？外因又是什么？每一个内因或外因，分别起了多大的作用？根据科学研究和我们的常识，只能有一个大概和比较模糊的说法，而难以准确地说清楚。

再比如，任正非把华为打造成世界500强企业，内因到底有哪些？它可能包括华为人的勤奋、善良、能力、热情、思维方式、价值观、技术等。其外因又是什么？它可能包括政府的支持、贵人的帮助、合作者的支持，等等。每一个内因和外因又分别发挥了什么作用？就连任正非自己恐怕也很难具体说清楚。

因果联系的复杂性，决定了很多因果联系很难被定量。也就是说，从因到果，需要多少个因，这些因发生了多少次、多长时间，其影响程度有多大等，没有办法具体计量。比如，暴饮暴食容易得肠胃病，那么，暴饮暴食多少次、多长时间、达到什么程度，才会使肠胃病变？社会规律不属于自然科学，不能用研究自然科学的方法来研究。

尽管不好给因果联系定量，但可以给它定性，比如热的、冷的，大的、小的，长的、短的，善的、恶的，好的、坏的，真的、假的，美的、丑的，等等。凭这些可以定性的东西，我们就能在长期的社会生活、生产实践中，根据反复出现的现象，总结出一些必然性、规律性的东西。比如，一年有春夏秋冬四季，春天生，夏天长，秋天收，冬天藏；一年有二十四个节气；熬夜、生气容易损害身体健康；等等。

因果联系是客观规律，一切事物都逃不出因果规律，即便我们的生活也无时无刻不贯穿着因果规律。由于有些因果联系错综复杂，这种复杂性就成为我们准确认识事物的障碍，让我们看不清楚、弄不明白现实生活中的一些问题。正因为在我们的生活中还有大量看不清楚、弄不明白的问题，也就决定了科学研究存在的价值，从某种程度上说，就是不断地揭示事物之间的因果联系。随着科学和技术的不断发展以及人类认知能力的不断提升，再复杂的因果联系也会逐渐被破解。

我们举一个在医学界广受关注的例子，它涉及人体有无经络的争论。中医经络学说已经存在了几千年，如《黄帝内经》中说："夫十二经脉者，人之所以生，病之所以成，人之所以治，病之所以起""经脉者，所以决死生，处百病，调虚实，不可不通"。中医利用经络治病，就是根据中医经络理论，对与疾病相关的经络和腧穴，采取针灸、艾灸、推拿、按摩、导引等方式，以通经脉、调气血，使阴阳归于相对平衡，脏腑功能趋于调和，从而实现祛邪治病。但是，由于从解剖学的层面上无法证实经络存在，因此它在世界范围内一直饱受争议。正因为存在否定人体经络和腧穴的现象，所以也就割断了中医针灸等治疗手段与疗愈疾病之间的因果联系。

几十年前，中国有关部门调派中国科学院生物物理研究所的祝总骧教授牵头研究经络，并组建了北京炎黄经络研究中心。当时祝教授虽然做过多年的解剖学和生理学研究，但没有见过经络这个东西。祝教授想用生物物理学的方法去证明经络并不存在。意外的是，祝教授二三十年的研究不仅没能证明经络不存在，反而证明了经络是真实存在的。祝教授的研究室运用声学和电学理论与方法，几十年来在几万人身上做了测试，都能够准确地找到十四条经脉的循行线，而且与《黄帝内经》所记述的经脉循行线以及一千多年以前宋代铸造的针灸铜人模型上的经脉循行路线基本一致。几十年前那场关于中医经络的争论终于画上了句号。祝总骧教授用实验证明了经络真实存在，从此经络被重新写进了新版的中医教科书中，在专业学术上再也没有了类似的争论。国际权威期刊《循证补充和替代医学》(*Evidence-based Complementary and Alternative Medicine*)上曾发表论文称，以新奥集团生命科技研究院为主的研究人员首次清晰地观察到沿人体经络穴位迁移的连续荧光线，这项工作也为证实中医经络的存在提供了有力的佐证。

因此，我们必须明确，规律是客观的、绝对的、无限的，而人的认知能力是相对的、有限的，不能因人的认知有限，或者认知暂时有偏差，而否定规律的存在。比如天气预报，如果气象科学能够完全揭示天气变化，那么天气预报就不会出现不准确的问题；而出现不准确的问题，就如预报有雨而没有下，预报有大雨而只下了中雨等,只能说是我们对天气变化规律的认识还不充分,而不能说天气变化没有规律。宇宙万物皆有规律,问题只在于我们是否认识以及认识到什么程度而已。

十四、因果规律是中华优秀传统文化的基础和根据

中华优秀传统文化的精髓就是教人向上、向善、向内。向上、向善,才能趋吉避凶;向内,才能不怨天、不尤人,把握好自己的命运。从某种意义上说,整个中华优秀传统文化就是对因果规律的展开和说明。

《史记》中说:"为善者,天报之以福;为非者,天报之以殃。"为善是善因,天报之以福是善果;为非是恶因,天报之以殃是恶果。诸如此类的论述很多,它们无不告诉我们:种善因得善果,种恶因得恶果。

纵观古今中外的兴衰成败,没有能凌驾于"善有善果、恶有恶果"这个因果规律之上的,都是因果规律的实证:多少朝代的灭亡是统治者横征暴敛导致的?多少政党的垮台是其失去民心导致的?多少企业的倒闭是失去了消费者导致的?相反,任何朝代只有统治者勤政廉洁、服务于民,才能保持政权不亡;而统治者荒废朝政、贪污腐化,最终导致民怨沸腾,怎么可能不灭亡呢?企业只有时时处处满足消费者的需求,才有可能做大、做强、做久;而坑蒙拐骗、损害消费者的利益,企业怎么可能长久地发展呢?领导干部只有兢兢业业、作风正派、廉洁自律,才能获得群众的拥护;而独断专行、以权谋私、不以身作则、不务正业,群众怎么会说他好呢?一个人只有堂堂正正做人、扎扎实实做事、宽厚待人,才能赢得他人的喜欢和尊重;而那些自私自利、偷奸耍滑的人,谁会尊重他呢?

中国共产党的革命与建设实践也充分证明了这一点。为人民服务是善因,

获得人民拥护是善果；艰苦奋斗、自强不息是善因，取得政权和一系列重大成就是善果。正如中国共产党的十九大报告所指出的，中国共产党"为了实现中华民族伟大复兴的历史使命，无论是弱小还是强大，无论是顺境还是逆境，我们党都初心不改、矢志不渝，团结带领人民历经千难万险，付出巨大牺牲，敢于面对曲折，勇于修正错误，攻克了一个又一个看似不可攻克的难关，创造了一个又一个彪炳史册的人间奇迹"。

因此，可以说，因果规律是中华优秀传统文化的基础和依据，没有了这个基础和依据，整个中华优秀传统文化就说不通了。如果善没有善果、恶没有恶果，也就没有了公道。如果善没有善果、恶没有恶果，还怎么教育人们向上、向善，又有多少人愿意向上、向善？道德教育将失去根据，就成了空洞的口号和说辞。

如果我们怀疑或者否定"善有善果，恶有恶果"，内心就没有了敬畏和自律，作恶就不再畏惧，言行自然就会肆无忌惮，坑蒙拐骗、假冒伪劣就会多起来，社会必然堕落和混乱，道德沦丧。正因为有"善有善果，恶有恶果"的因果规律存在，我们才能根据这个规律预知自己日常的言行将会导致什么样的结果。所以，希望获得善果，就要说善话、做善事；不希望获得恶果，就不要说恶话、做恶事。

正因为我们相信"善有善果，恶有恶果"的因果规律存在，才会主动、自觉自愿地弃恶从善，进而达到趋吉避凶的目的。所以，一个有智慧的人会遵纪守法，不断提升自己的道德修养，只有这样做，才能获得善果——平安和幸福；一个兴盛的企业会千方百计地提高产品和服务质量，只有这样做，才能获得善果——做大、做强、做久。

第二篇
分　论

在中华优秀传统文化经典中，对因果规律的阐述很多，大致包括三个方面：一是善有善果、恶有恶果，强调种什么因得什么果。二是吉凶祸福皆是自己平时的一言一行和所作所为招致的，强调自己是决定性因素。三是只有自强不息、努力拼搏，才能取得成功，而颓废懈怠、自暴自弃则没有希望。明白了因果规律的这些道理，就不仅懂得了命运掌握在自己手中，而且能预知自己的所作所为将会导致什么结果。

第四章　种瓜得瓜，种豆得豆

在传统文化经典中，古圣先贤从不同的角度，对"种瓜得瓜，种豆得豆""善有善果，恶有恶果"的因果规律作了大量论述，反复说明"种下善因就会收获善果，种下恶因就会收获恶果"的道理，让我们懂得如何趋吉避凶。

一、积善之家必有余庆，积不善之家必有余殃

这句话出自《周易·文言传》，意思是，经常为善的人家，必然会遇到很多喜庆的好事；经常为恶的人家，必定会遭遇很多祸殃。其实，这句话讲的就是善有善果、恶有恶果的因果规律，积善是善因，必有余庆就是善果；积不善是恶因，必有余殃就是恶果。

积善之家为什么必有余庆？道理很简单，因为积善之家有良好的家教和家风，子孙知道怎么做人，有道德修养，当然会有余庆。积不善之家为什么必有余殃？道理也很简单，因为积不善之家的家教和家风不好，子孙不会做人，自

私自利，不懂规矩，没有底线，甚至作恶多端，当然会有余殃。我国最早的系统、完整的家庭教育专著《颜氏家训》中说："修善立名者，亦犹筑室树果，生则获其利，死则遗其泽。"意思是，修养善行、树立美名的人，就像是盖房子、种果树一样，活着的时候能受益，去世之后也能惠泽子孙。这正如古语说的"莫道善恶无人见，远在儿孙近在身"。

东汉名臣杨震"暮夜却金"的故事，至今广为传颂。杨震为官清正廉洁，自重自律，成就了流芳百世的"清名"。在荆州刺史任上，杨震曾荐举才华出众的王密为昌邑县令。数年后，杨震调任东莱郡太守，路经昌邑县。夜里，王密前往馆驿拜见杨震，并拿黄金十斤相赠。杨震说："故人知君，君不知故人，何也？"王密说："暮夜无人知。"杨震正色道："天知、神知、子知、我知，何谓不知？"王密羞愧地离去。据史料记载，杨震为官十几年，生活十分简朴，不修豪华的府宅，常以素菜为食，出门的时候坚持步行，不乘坐官府配备给他的马车。有人见他做了大官，家里还是那样清苦，就劝他为子孙置办些产业。杨震却说："让以后的世人称他们是清官的子孙，我把这个留给他们，不也是很丰厚吗？"杨震不但严格要求自己，而且治家严谨。在他的影响下，子孙大都博学清廉，多个子孙都以"清白吏"而誉满天下。据史书记载：自震至彪，四世太尉，德业相继，代代"能守家风，为世所贵"，成为"东京名族"。

明朝有一位叫王稳的官员，历任唐王府长史、广平府同知、汀州知府等职务。在王稳做汀州知府期间，有一次，他管辖之外的邻郡遇到了一场大旱灾，导致很多百姓缺衣少食。尽管不属于自己的辖区，但王稳毫不犹豫地打开本府的粮仓，为邻郡的灾民发放粮食。有人反对他这样做，但王稳不为所动。在王稳的及时救助下，饥饿的百姓终于渡过了难关。后来，王稳的家族又出了一位叫王宗沐的玄孙。王宗沐为官清正，体恤民情，颇有祖上王稳的遗风，自他开始，在浙江临海便出现了一个"父子四进士，一门三巡抚"的王氏家族。此后，在王家的后辈及族人中，有多人在朝中为官。

清康熙年间，张英曾官至文华殿大学士、礼部尚书。张英老家桐城的老宅与吴家为邻，后来因吴家要建房，双方发生争执，将官司打到县衙。在这期间，张家人写了一封信给在北京当大官的张英，要求张英出面干涉此事。张英收到信后，在给家里的回信中写了这样几句话："千里修书只为墙，让他三尺又何妨；万里长城今犹在，不见当年秦始皇。"家人阅罢，明白了其意思，主动让出三尺。吴家见状，深受感动，也让出三尺，这样就形成了一条宽六尺的巷子。张英的儿子张廷玉为康熙年间的进士，官至保和殿大学士、军机大臣。他有这样的官场作为，应该说是得益于父辈、祖辈淡泊清廉的家风教育。张英、张廷玉父子二人为官数十年，清正廉洁，人品端正，均官至一品大学士，是历史上著名的贤臣良相。同时，二人还是史家公认的学者大儒。早在明代，张氏家族在桐城就已经是很有声望的大家族。据张英为其父所作的传记载，从张英的曾祖父起，张家就多出循良官宦。张英的曾祖父曾任陕西左参政，其祖父张士维为正议大夫、广东按察使。其父张秉彝赠大学士衔，他乐于施济，"遇人之急不啻身受"，遇到灾年时，"设粥糜以济饥者，全活甚众"。从明至清三百余年间，张氏一门在科举考试中取得了非凡的成就，先后有二十余人中进士。此外，该家族还在学术、诗文及艺术创作等方面成就卓著。

晚清著名的政治家、军事家左宗棠认为，世上没有谁可以无缘无故地崛起，也没有谁会无缘无故地衰落。中国姓氏、宗族万千，为什么有些家族能崛起，有些家族却衰落了呢？左宗棠在《周易》中找到了答案，那就是"积善之家必有余庆，积不善之家必有余殃"。家族成员如果做了很多有益于社会的好事，其后人从小生长在这样善良的环境里，将来走上社会就会向上、向善，愿意帮助他们的人也就多；反之，家族成员如果做了许多恶事，社会关系紧张，其后人从小生长在这样负面消极的环境里，人格就会不健全，将来厌恶他们的人也就很多。这两类家族，置身于同一个时代，差别显而易见：积德累善、有益于社会的家族就会崛起，无德有恶、有害于社会的家族就会衰落。左宗棠认为，世上最大的悲剧是后人"蠢而多财"。从小捧着金饭碗长大，本事没有学会多少，却滋生了许多不良嗜好，每天坐吃山空，自己没本事，守不住财富，只要父辈一死，就会倾家荡产。面对后代"蠢而多财"与"贤而寡财"两个选项，左宗棠选择了后者。他认为，后代"蠢而多财"，必然导致"蠢而寡财"；"贤而寡财"，就总是有希望"贤而多财"。因此，在世时散财行善，内可以正家风，外可以广人缘，这才是治家的苦口良药，是真正的发家强族之道。左宗棠的祖父左人锦是国子监生，虽然家境并不十分宽裕，但继承了先人的慈善家风，在县城修建"族仓"，以应对灾荒年月。在左宗棠的记忆里，祖父为了帮助邻里乡亲和睦，救济村里贫困的人家，总是不遗余力。1848年，湘阴遭遇洪灾，全城被淹，左宗棠发起义务捐赠倡议，募集了五千多两白银，办成粥厂义务救灾，这次花光了他家里的全部积蓄。他还劝长子左孝威不要考进士，因为他知道儿子天资不够出众，之所以17岁就中举，很可能是湖南主考官冲着自己的面子给的。儿子水平不高，如果靠关系上位，只会堵死寒门子弟上升的通道，一方面自己于心不安，另一方面为儿子才不及位担忧。这既是对社会负责，也是对后代负责。所以，左宗棠曾给子侄写下一副楹联，要求刻在湘阴左氏公祠门上，作为族训："要大门闾，积德累善；是好子弟，耕田读书。"意思是，要想成为显门旺族，需要积德行善；要想出好儿孙，需要劳动和读书。

清代重臣曾国藩的外孙聂云台是旧上海商会首任会长。他一生目睹了许多显赫世家的兴衰沉浮，将自己的所见所闻，融合历史的经验教训，写成了《保富法》一书，向我们说明了"积善之家必有余庆，积不善之家必有余殃"的道理。他指出，其人之居心以及对财物的取舍，与后代子孙的昌达有莫大的关系。聚敛的不义之财越多，对后代的不良影响就越大，其子孙也就越衰败。唯有深信因果规律,力行善事,放远眼光,宽大心量,才是保福保富的最好途径。

他在《保富法》中说:"我住在上海五十余年,看见发财的人很多,发财以后,有不到五年、十年就败家的,有二三十年即败的,有四五十年败完了的。我记得与先父往来的多数有钱人,有的做官,有的从商,都是煊赫一时的,现在多数已经凋零、家事没落了。有的是因为子孙嫖赌、不务正业而挥霍一空;有的是连子孙都无影无踪了。大约算来,四五十年前的有钱人,现在家产没有全败的,子孙能读书、务正业、上进的,百家之中,实在是难得一两家了。

"不单上海是这样,在我的家乡湖南,也是一样。清朝同治、光绪年间,中兴时代的富贵人,封爵的有六七家,做总督巡抚的有二三十家,做提镇大人的有五六十家,到现在也已经多数萧条了;仅剩下财产不多的几户文官家庭,后人还较好。就我所熟悉的来说,像曾、左、彭、李这几家,是钱最少的大官,后人比较多能读书,以学术服务社会:曾文正公的曾孙辈,在国内外大学毕业的有六七位,担任大学教授的有三位;左文襄公的几位曾孙,也以科学专业而闻名;李勇毅公的孙子辈,有担任大学教授的,曾孙也多是大学毕业;彭刚直公的后人,十年前也有在上海做官的。凡是当时的钱来得正路,没有积蓄留钱给子孙的心,子孙就比较贤能有才干。其余文官钱比较多的十来家,现在后人多数都已经萧条了;武官数十家,当时都比文官富有,有十万、廿万银两的,各家的后人,也是多数衰落了;能读书上进的,就很少了。"

聂云台在《保富法》中列举的实例还有很多,这些实例从正反两方面进一步说明和验证了"积善之家必有余庆,积不善之家必有余殃"的道理。

二、善不积不足以成名,恶不积不足以灭身

《周易·系辞下》中说:"善不积不足以成名,恶不积不足以灭身。小人以

小善为无益，而弗为也；以小恶为无伤，而弗去也，故恶积而不可掩，罪大而不可解。"意思是，人的善行不积累到一定程度，就不足以成就好名声；人的恶行不积累到一定程度，就不足以身败名裂。小人以为小善没有多大好处就不去做，小恶没有多大坏处就不改正，因此恶积累到了不能掩盖的程度，罪行大到了不能解脱的程度。如果把这段话正过来说就是，积善就会成名，积恶就会灭身。积善是善因，成名是善果；积恶是恶因，灭身是恶果。

社会上有一些人虽然满怀壮志，准备干一番大事业，却不能认真地做好当下的每件小事，所以才会一事无成。同样，不要以为做了一件小小的恶事就无所谓，要知道，积小恶就会成大恶，到了罪大恶极的地步，也就无法逃避，就要吃大亏。我们说一个人很坏，通常就说他恶贯满盈，贯就是古代把铜钱串起来，满盈就是仓库已满，再也装不下了，到了这时候就要遭殃。

这句话中的"积"字非常关键。由于做了一件事而功成名就或者身败名裂者固然有，但这并不多见。在很多时候，功成名就或身败名裂往往都是长期坚持、不断地积累，量变积累到了一定程度而发生质变的结果。比如，一个人被称为好人，往往不是由于他做了一件好事，而是由于他经常做好事，时间长了，大家都认为他是个好人；同样，一个人被称为坏人，也往往不是由于他做了一件坏事，而是由于他经常做坏事，时间长了，大家都认为他是个坏人。比如，有两个大学生毕业后同时被招到一个单位上班。刚到单位，大家相互之间并不认识，除了外表给同事留下不同的印象外，其他方面基本都一样。但是，过一段时间后，两个人在同事心目中的威信和口碑就发生了变化。一个人在单位威信高、形象好，被选为先进分子，被提拔，这是个显著的结果。这个结果不是由于短时间做了一两件好事而形成的，而是他平时一点一滴积累善行造就的。另一个人威信低、形象差，也不是一下子形成的，而是他平时的一言一行造就的。

近几年,张桂梅的大名几乎无人不晓,先后荣获"全国先进工作者""全国十佳师德标兵""中国十大女杰""精神文明十佳人物""十佳知识女性""中国十大教育年度人物""全国百名优秀母亲""最美乡村教师""全国优秀教师""全国三八红旗手标兵""全国教书育人楷模"、全国五一劳动奖章等奖章和称号。

张桂梅为什么有如此大的名气,获得如此多的荣誉?这绝非一时为善而成。1996年,丈夫去世后,张桂梅被从大理调到华坪教书,面对傈僳族、彝族、纳西族的学生,大山里的贫困超出了她的想象。有的家长带着一包钢镚和角票去交学费,有的学生只吃饭不吃菜,有的在前一天晚上把大米放进暖水瓶里做早点。她决定筹建免费女子高中,帮助山里的女孩子改变命运。但是,在贫困地区办免费的高中,在许多人眼里简直是异想天开。可张桂梅不这么想,为了改变这片贫困地区的面貌,她毅然踏上募捐之路,可以说是历尽艰难。2007年,张桂梅当选为党的十七大代表。在北京开会时,一篇标题为《我有一个梦想》的报道,把她想办女子高中的梦想在北京传开。随后,丽江市和华坪县各拿出100万元,帮助她办校。女高学生除了付自己的生活费,其他费用全免。2016年,华坪女高建设完成,学校有了食堂、宿舍和塑胶运动场,在校生有460多人。华坪女高连续多年不仅一本上线率保持在40%多,高考成绩综合排名也位居丽江市第一。至2022年,华坪女高已有2000余名毕业生考入大学。许多女高学生如今已大学毕业,她们成为教师、医生、军人、警察……张桂梅在参加党的二十大时说:"我不知道自己还能活多长时间,但只要活一天,我就会把教育继续振兴,让山里的孩子飞得更高、飞得更远。"

张桂梅因长期劳累而患有心脏病、肺气肿等疾病,多次被送往医院抢救才活过来。她行走困难,上下楼梯都是攥紧扶手,一步步地挪。可是每天早上5

点,她都会准时起床,第一个出现在校园里,每天至少3次巡校、查课……张桂梅没有财产,至今与学生一起住在女生宿舍里。她的钱都去哪儿了?张桂梅把全部奖金、捐款和大部分工资捐献给了山区的孩子们和其他需要的人。正是张桂梅的这种无私和拼命精神,不仅成就了二千多名孩子的大学梦,也让她获得了越来越多的荣誉,有了越来越大的名气,让人越来越佩服和赞叹。

三国时期,刘备曾告诫儿子:"勿以善小而不为,勿以恶小而为之。"也就是说,不要轻视小的善行,小的善行多了就是大善。因此,对再小的善也要尽心尽力而为,时间长了,终会瓜熟蒂落、水到渠成。同样,一个人做点儿小恶,虽不至于身败名裂,但如果继续肆无忌惮,日积月累,到恶贯满盈的地步,就会招来大祸。《慈悲道场忏法》中说:"莫轻小善,以为无福,水滴虽微,渐盈大器,小善不积,无以成圣。莫轻小恶,以为无罪,小恶所积,足以灭身。"

汉代的董卓利用汉末战乱,占据京城,废了少帝刘辩,立傀儡皇帝刘协为帝;杀了何太后,独揽朝政大权,导致东汉政权从此名存实亡。他还滥杀朝廷命官,掘皇室公卿大臣的坟墓,满朝文武无不遭殃。尚书丁管高声斥责董卓"敢为欺天之谋",却被董卓吩咐武士拉出去砍了。他还逼迫汉帝迁都,火烧洛阳,残杀俘虏,手段之残忍,相比纣王有过之而无不及。在几年时间里,董卓做足了坏事,可谓罪恶滔天。最后,董卓被朝中大臣联合其部下设计诛杀,满门抄斩,甚至连他的母亲都被拉到刑场砍了,不但自己遭殃,还连累了亲人。

唐代医药学家孙思邈在《福寿论》中说:"福者,造善之积也;祸者,造不善之积也。鬼神盖不能为人之祸,亦不能致人之福,但人积不善之多而煞其命也。"意思是,一个人的福是长时间做善事而获得的,灾祸也是长时间行不善之事而招致的。因此,老天不能带给人祸患,也不能带给人福运,但一个人坏事做多了就会招来要命的灾祸。所以,不管做了大恶还是小恶,都要知错就改、防微杜渐,慢慢地,恶的念头和行为就会越来越少,灾祸自然也就会越来越少。

三、作善降之百祥，作不善降之百殃

这句话出自《尚书·伊训》。其原文是："惟上帝不常，作善降之百祥，作不善降之百殃。尔惟德罔小，万邦惟庆；尔惟不德罔大，坠厥宗。"意思是，客观规律不分亲疏贵贱，做善事的就会获得各种吉祥，做恶事的就会遭遇各种祸殃。你为善，无论大小，天下的人都会感到高兴；你行不善，即使不大，也会导致败亡。作善是善因，降之百祥是善果；作不善是恶因，降之百殃是恶果。

《伊训》是商代大臣伊尹写给商王太甲的告诫。太甲是商代第五任君王，伊尹是开国老臣、五朝元老。伊尹告诫太甲要修德为善，不要荒淫无道，这样才能保持不败。早在商汤打败夏桀、各方诸侯前来朝贺的时候，商汤便向各方诸侯讲了"天道福善祸淫"的道理，收录在《尚书》的《汤诰》中。在《尚书·汤诰》中，商汤说："夏王灭德作威，以敷虐于尔万方百姓。尔万方百姓罹其凶害，弗忍荼毒，并告无辜于上下神祇。天道福善祸淫，降灾于夏，以彰厥罪。"商汤的意思是，夏王背弃道德，滥施淫威，对百姓施行暴政。四方百姓遭受他的残害，痛苦不堪，不断地向天地祷告。宇宙的规律是，赐福于善良的人，而惩罚那些淫邪的坏人，天降灾于夏朝，就是对其罪恶的惩罚。他指出，天道没有偏私，客观的规律是，善良的人能够获得福气，恶人就会遭遇祸殃，夏朝之所以灭亡，完全是逆道的结果。

正如《太上感应篇》所说的，对于恶人，"人皆恶之，刑祸随之，吉庆避之"。意思是，对于作恶的人，人人都会憎恶他，刑罚和灾祸都会随之而来，吉祥与喜庆都会远离他。"所谓善人，人皆敬之，天道佑之，福禄随之，众邪远之，神灵卫之，所作必成。"意思是，对于善人，人人都会尊敬他，天道规律会护佑他，福气、地位、财富会跟随他，各种邪僻之事都会远离他，所做之事都会成功。

在电影《中国飞侠》中，李安全和妻子带着女儿生活在北京。李安全是外卖员，妻子是保姆，虽然日子过得清贫，一家人倒也其乐融融。这家人平静似水的生活，是被医院开具的一张化验单彻底击碎的。女儿被检查出患有先天性心脏病，需要20万元手术费，他们在北京已经工作了三年，除去花销，存款只有5万元钱。女儿的病耽误不起，越早动手术，效果越好。为了多赚点钱，凑齐手术费，妻子不得不到广州的足疗店打工。李安全独自带着女儿生活在北京，白天送外卖，晚上跑代驾。即便两个人没日没夜、拼了命地赚钱，可相对于20万元的手术费，依然是杯水车薪。尽管生活艰难，但李安全却是个热心肠。取餐的时候，如果商家使用了劣质食物，他一定要求商家重新做一份才肯配送；遇到同行被欺负，他也会仗义帮助；见到路边有一对夫妻在吵架，男的要对女的动手，他也会上前劝说……一次，在送餐途中，李安全遇到一个6岁的男孩挂在窗外，生命危在旦夕。他二话没说，不顾危险前去营救，最后男孩被成功救了下来。媒体想要采访李安全，可他却不愿意接受采访，要着急去送餐，因为马上就要超时了。李安全的事迹被媒体报道以后，感动了无数人，大家纷纷捐款，很快凑齐了女儿20万元的手术费。

李安全的故事，发生在电影里，也经常发生在我们身边。2020年5月21日上午，四川省富顺县一小区内，一名5岁的女孩独自翻到6楼的窗户外侧，随时有掉落下来的危险。家电安装维修工胡云川驾车经过时，看到惊心的一幕，果断停车上前营救。胡云川从5楼的窗户翻出，顺着雨棚攀爬到6楼的窗外，将女孩抱进了屋内。事后，胡云川所在公司奖励了胡云川一套112平方米的房子，让他在这个城市有了一个家。当地政府也授予胡云川"见义勇为"称号，奖励给他4000元。

北宋时期，宋祁、欧阳修等人合撰了一部记载唐朝历史的纪传体史书《新唐书》，在"卷四·本纪第四"中说："夫吉凶之于人，犹影响也，而为善者得吉常多，其不幸而罹于凶者有矣；为恶者未始不及于凶，其幸而免者亦时有焉。而小人之虑，遂以为天道难知，为善未必福，而为恶未必祸也。武后之恶，不及于大戮，所谓幸免者也。至中宗韦氏，则祸不旋踵矣。然其亲遭母后之难，而躬自蹈之，所谓下愚之不移者欤！"意思是，吉致福、凶致祸，对于人就像影之随形、回响应声一样，行善事者常多吉祥，但不幸而遭灾祸的也有；作恶者未尝不遭遇凶祸，而幸免于祸者也有。因而无德的小人便认为吉凶祸福没有规律，行善未必得福，而作恶也未必遭祸。武后专权作恶，没有被诛杀，即所谓"幸免者"。到了中宗时期，韦氏就凶祸转眼临头。虽然她亲见了武则天的下场，却又自蹈覆辙，真是愚极而不知改悔啊！

　　为了更好地理解这段话，我们看一下当时的历史。公元705年，大臣张柬之、崔玄暐等人发动政变，逼迫武则天退位，拥立太子李显重新登上皇位，韦氏也重新成了皇后。武则天在这一年十一月病死。中宗李显无能，放纵韦后为所欲为，于是韦后公然干预朝政。更有甚者，她在上官婉儿的牵线搭桥之下，与武则天的侄儿武三思勾搭成奸，并结成同盟，中宗居然不闻不问。韦后一党越来越肆无忌惮，她的女儿安乐公主公开卖官鬻爵。一个叫燕钦融的人上书，指责韦后淫乱、安乐公主图危社稷，结果被后党在殿前残忍杀害。中宗虽然没有深入追究此案，但是也怏怏不乐。韦后一党由此感到忧惧。母女二人一合计，居然在中宗的食物里下毒，把他毒死了。韦后立十六岁的李重茂为帝，自己掌握实权。宗楚客等人密谋杀掉曾当过皇帝的安国相王李旦，劝韦后自立为帝。李旦的儿子临淄王李隆基与太平公主决定先下手为强，发动兵变，攻入宫中。韦后仓皇逃窜，跑到飞骑营，一个飞骑兵杀掉了韦后，把她的首级献给了李隆基。安乐公主正在对镜画眉时，军士冲入将她斩杀。韦氏一门被灭族，武氏也基本被杀光，韦后的尸体被陈于街市上示众。曾经不可一世的韦后和安乐公主因其罪恶行径就这样悲惨地收场。

秦朝的赵高是中国历史上第一个宦官丞相，也是历史上有名的大奸臣。秦始皇嬴政死后，赵高隐瞒秦始皇的死讯，要挟丞相李斯并与他狼狈为奸，欲拥立胡亥为帝，伪造秦始皇的诏书害死长公子扶苏和其追随者、军方高级将领蒙恬。胡亥接位后，赵高和李斯掌权。赵高为了独揽大权，又耍阴谋，害死李斯。为了证明自己的权力，在一次会议上，赵高指鹿为马，还问群臣："你们说这是鹿还是马？"此时，群臣都很震惊，有的沉默，有的迫于赵高的淫威只好说是马。当然也有说实话的，但事后都被赵高一一诛杀。最后，赵高又杀死了傀儡胡亥。不过恶有恶报，恶贯满盈的赵高最终被子婴杀死，且被诛杀三族。

四、得道多助，失道寡助

这句话是孟子的一个著名论断。意思是，符合仁义道德，就能获得广泛的支持和帮助；而违背仁义道德，就得不到支持和帮助。得道是善因，多助是善果；失道是恶因，寡助是恶果。

这句话出自《孟子·公孙丑下》，其原文是："天时不如地利，地利不如人和。三里之城，七里之郭，环而攻之而不胜。夫环而攻之，必有得天时者矣，然而不胜者，是天时不如地利也。城非不高也，池非不深也，兵革非不坚利也，米粟非不多也，委而去之，是地利不如人和也。故曰：域民不以封疆之界，固国不以山溪之险，威天下不以兵革之利。得道者多助，失道者寡助。寡助之至，亲戚畔之；多助之至，天下顺之。以天下之所顺，攻亲戚之所畔，故君子有不战，战必胜矣。"

意思是：有利的天气、时令，不如好的地理环境；好的地理环境，不如人心所向、团结一致。一座方圆三里的内城，有方圆七里的外城，四面包围起来攻打它，却不能取胜。采用四面包围的方式攻城，必定是获得了有利于作战的天气条件，可是不能取胜，这是因为有利于作战的天气条件比不上有利的地理环境。城墙并不是不高，护城河并不是不深，武器装备并不是不精良，粮食供给也并不是不充足，但是，守城一方还是弃城而逃，这是因为地理环境再好，也比不上人心所向、上下团结。所以，要使人们定居下来不能靠疆域的边界，巩固国防不能靠山河的险要，震慑天下不能靠武器的锐利。能施行仁政，帮助和支持他的人就多；不施行仁政，帮助和支持他的人就少。帮助和支持他的人少到了极点，连亲戚和朋友也会背叛他；帮助和支持他的人多到了极点，天下人都会归顺他。凭着天下人都归顺他的优势，去攻打那些连亲戚和朋友都背叛的君主，所以不战则已，战则必胜。

在孟子看来，能否施行仁义道德，就决定了民心向背，不仅关系到战争的胜负，还关系到政权的兴废存亡。所以，孟子说："三代之得天下也以仁，其失天下也以不仁。国之所以废兴存亡者亦然。"意思是，夏、商、周三代获得天下是由于仁德，他们失去天下是由于不仁。国家之所以兴盛或衰落、存在或灭亡，道理也是如此。

大禹治水三过家门而不入，为治水成功立下汗马功劳，获得舜的重用并将部落首领之位禅让于他，这是夏王朝的开端。而夏朝最后一个君王夏桀，是历史上有名的暴君，他穷奢极欲、暴虐嗜杀、残忍至极。夏桀的名字叫作履癸，桀既不是姓，也不是名，而是谥号，所以后世通称履癸为夏桀。他在继承父亲似发的王位时，不仅周边诸侯国不来朝贡，连夏朝内部也民怨四起，夏朝的统治摇摇欲坠。在国势如此危急的情况下，夏桀居然还不思进取、贪图享乐、贪恋美色，而且宠信奸邪小人，残害忠臣良将，鱼肉、奴役百姓。当时，夏桀把自己比作太阳，百姓私下里指桑骂槐地说："太阳什么时候死啊，我跟你同归于尽！"由此可见，对夏桀的荒淫残暴，百姓已经是恨之入骨，天天盼着夏桀快点死去。夏王朝周边的商国的首领商汤在伊尹等贤臣的辅助下，起兵讨伐夏桀，历经400多年的夏朝至此灭亡。夏桀是中国第一位亡国之君，也被后世视为暴君的代名词。

商汤是一位贤明的君主，他施行仁政，使国力不断强盛。在打败夏桀后，他成为商朝的开国君王。有一次，商汤外出，在一处茂盛的林子里看见一个农夫正在张网捕鸟，东南西北四面都挂上了网。商汤见了以后，非常感慨地说："要是如此张网，鸟儿就会被捉尽！这样做实在太残忍了。"于是他叫人撤掉了三面的网，只留下一面，并对那个农夫说，对待禽兽也要有仁德之心，不能捕尽捉绝。那个农夫深受启发，就照商汤的做法，收去三面的网，只留下一面。各诸侯听说这件事以后，都称颂商汤是一位有德之君！这就是"网开一面"的成语故事。

商朝最后的君王商纣王荒淫无度，以酒为池、悬肉为林，通夜饮酒作乐。后世用"酒池肉林"形容酒肉极多、生活奢侈。纣王暴虐无道，先是大兴土木建鹿台，把国库耗空；然后亲佞疏贤，杀戮忠良，比干被剖心，商容被贬为庶民，箕子被囚，微子出走，使统治集团分崩离析；再加上重赋税、征苦役和施以暴政酷刑，招致民怨沸腾。《史记·殷本纪》记载，商纣王还设置了叫作炮烙的酷刑，极其残忍，是在架立的铜柱下面烧旺炭火，强制人在铜柱上行走，脚烫滑落，即跌入炭火被烧死；或者强制人抱着烧红的铜柱，活活被烙死。最后，立国近600年的商朝被周部落推翻。

周原来只是商朝的一个诸侯国，周文王在姜尚的辅佐下，对内实行仁政，敬老爱幼，礼贤下士，深受百姓的拥戴，国势大振。《新序》中记载，有一次，周文王建造灵台，要挖个池沼，但在挖地的时候却挖到了一具死人的遗骨。官吏就把这件事报告给文王，文王命令给他改葬。官吏说："这是一具无主之骨。"文王说："有天下者，天下之主也；有一国者，一国之主也。"意思是，拥有天下的人就是天下的主人，拥有一国的人就是一国百姓的主人。文王又说："寡人固其主，又安求主？"意思是，"我就是他的主人，还要到哪里去求他的主人呢？"所以，他命令官吏把尸骨安葬。天下的人听到这件事，都说文王真是太贤德了，他的恩泽都能够泽及朽骨，又何况对人呢？结果天下的人都纷纷归服。

公元前1046年，周武王率领军队，又联合诸侯国力量，逼近商都，此时的纣王却依然在饮酒作乐。当臣下把周军在牧野誓师的消息告诉他时，他这才慌了手脚，赶忙召集大臣商量对策。这时，由于商军主力正在东南地区征伐东夷，一时调不回来，纣王只好临时把都城中的大批奴隶武装起来，开赴前线。当周、商两军在牧野摆开阵势准备厮杀时，商纣王临时武装的奴隶在阵前倒戈，拿着武器和周军一起杀向商纣王，纣王大败。到了这个时候，纣王终于知道自己大难临头，于是，他先把玉石和其他宝贝围在腰上，又在鹿台上大吃了一顿，然后放一把火，投火自焚而死。就这样，商朝灭亡，重蹈了夏桀亡国的覆辙。

西周在"成康之治"时期，天下安宁，但经过昭穆时代，周朝开始衰落。公元前781年，周幽王继位，任用好利的虢石父执政，朝政腐败，国人怨声四起，周朝的统治内外交困。公元前771年，西周覆亡，东周建立。周王室的势力逐步衰落，最后被秦取代，秦灭六国而一统天下。

《群书治要·新语》中说："治以道德为上，行以仁义为本。故尊于位而无德者绌，富于财而无义者刑；贱而好道者尊，贫而有义者荣。夫酒池可以运舟，糟丘可以远望，岂贫于财哉？统四海之权，主九州之众，岂弱于武力哉？然功不能自存，而威不能自守，非贫弱也，乃道德不存乎身，仁义不加于下也。故察于利而惛于道者，众之所谋也；果于力而寡于义者，兵之所图也。"意思是，治理国家要以道德为上，处理事情要以仁义为本。所以，对职位高但缺乏德行的人要贬黜，对富有财产但不讲道义的人要处罚；对地位低下但有修养和德行的人要使其尊贵，对家境贫寒但讲求仁义的人要使其富裕。商纣王的酒池可以用来划船，糟丘可以用来登高远望，这难道还能算是贫困吗？他拥有统领四海的权柄，主宰着九州的百姓，这难道能说是武力弱小吗？然而论功业却不能保全自身，论威势却不能守住社稷，这绝对不是由于贫困、弱小，而恰恰是自身缺乏道德、对百姓不仁义的缘故！所以，希望获得利益却不明白道理的人，必然是众人所谋取的对象；敢于使用武力却缺少仁义的人，必定是战争图谋的对象。

同样，《左传·哀公元年》中也有这样的话："国之兴也，视民如伤，是其福也；其亡也，以民为土芥，是其祸也。楚虽无德，亦不艾杀其民。吴日敝于兵，暴骨如莽，而未见德焉。天其或者正训楚也！祸之适吴，其何日之有？"春秋时期，陈国是小国，与楚国交好。吴人攻入楚国，召见陈怀公。陈怀公对亲谁远谁，拿不定主意，于是他就召集国人商议。陈国的大夫逢滑说："我听说，在国家将要兴盛的时候，爱护民众就像爱护受了伤的自己一样，这就是它的福；当它要衰亡的时候，就把民众当作粪土和草芥一样踩躏，这就是它的祸。楚国即使没有盛德，但也不至于把它的民众当作草芥；吴国则在对外用兵中一天天衰败，暴露的尸骨有如草莽一样多，更没有表现出德行。上天恐怕正是在给楚国一次教训吧！吴国遭遇祸殃，不会太久了。"于是陈怀公接受了逢滑的建议。

春秋时期，秦国与晋国之间发生了一场战争，史称韩原之战。公元前645年，秦穆公率军攻打晋国，秦晋两国的军队在韩原（今陕西韩城）交战，晋军战败，晋国国君晋惠公被俘。其背景是，公元前651年，晋献公去世，晋国大夫里克作乱，连杀二君。公子夷吾以割让黄河以西之地为条件请求秦国发兵，助其返回晋国继位。于是，秦穆公发兵送夷吾回到晋国即位，是为晋惠公。晋惠公继位后，却背约不肯割地，对此，秦穆公非常恼火。公元前647年，晋国发生饥荒，求助于秦国。秦国不念旧恶，卖给晋国大批粮食。公元前646年，秦国发生饥荒，向晋国求粮，却遭到晋国拒绝。以上事件使秦、晋之间的怨恨加深，于是爆发了韩原之战。由于晋惠公君臣忘义背德，不得人心，所以士气不振，一交战就溃败。而秦军将士同仇敌忾，所以大获全胜，并俘虏了晋惠公。这场战争的胜负，正反映出"得道多助，失道寡助"这个永恒的真理。

元末明初政治家、文学家刘伯温在其《郁离子》中记载了一个故事。济阳有个商人过河时船沉了，他抓住一根大麻杆大声呼救。有个渔夫闻声而至，商人急忙喊："我是济阳最大的富翁，你若能救我，给你100两金子。"当他被救上岸后，商人却翻脸不认账，只给了渔夫10两金子。渔夫责怪他不守信用，他却说："你一个打鱼的，一生都挣不了几个钱，突然获得10两金子还不满足吗？"渔夫只得怏怏而去。不料，后来这个商人又一次在原地翻船，大喊救命。那个曾被他骗过的渔夫说："他就是那个说话不算数的人！"因而没有人再去救他。

在这个故事里，渔夫见死不救固然不对，但也说明一个人若失了道，不守信用，或许获得了暂时的"好处"，但会失去别人对他的信任，一旦处于困境，便没有人再愿意出手相助。

五、出乎尔者，反乎尔者

这句话出自《孟子》，意思是，你怎么对待别人，别人也会反过来怎样对待你。出乎尔是因，反乎尔是果。

其原文是：邹与鲁哄。穆公问曰："吾有司死者三十三人，而民莫之死也。诛之，则不可胜诛；不诛，则疾视其长上之死而不救，如之何则可也？"孟子对曰："凶年饥岁，君之民，老弱转乎沟壑，壮者散而之四方者，几千人矣。而君之仓廪实，府库充，有司莫以告，是上慢而残下也。曾子曰：'戒之！戒之！出乎尔者，反乎尔者也。'夫民今而后得反之也，君无尤焉。君行仁政，斯民亲其上，死其长矣。"

意思是：邹国和鲁国发生了冲突。邹穆公问孟子："在与鲁国的这次冲突中，我的官员死了三十三个人，而老百姓却坐视不救。如果杀掉这些人，人数实在太多了；可是，如果不杀，他们将来还是这样眼看着长官战死而不去援救。你看应该怎么办呢？"孟子回答说："遇到水旱灾害、农产歉收的凶年，你的老百姓没有饭吃，年纪大、身体弱的都饿死了，堆在路旁的沟里；年纪轻、身体健壮的，有很多人就离乡背井，向外逃生。但是你官府的粮仓里粮食充足，财库里的钱也很充裕，有足够的力量帮助这些老百姓。可是你的官吏们并没有把老百姓的痛苦向上禀告，他们这样怠慢政事，结果残害了很多老百姓的身家性命。曾子曾经告诫说：'做事一定要谨慎啊！谨慎啊！你如何对待别人，别人也将如何对待你。'所以，今天老百姓这样做，正是他们在受难时官吏见死不救的一种回报。这还有什么好责怪、抱怨的呢？如果你以后能实行仁政，爱护老百姓，老百姓当然也就会爱戴他们的长官，当长官有难的时候，他们当然就会拼死相救。"

其实，古圣先贤也有很多类似"出乎尔者，反乎尔者"的表述，比如，宋末元初思想家邓牧说："善誉人者，人誉之；善毁人者，人毁之。"明代思想家、理学家、文学家、河东学派创始人薛瑄说："以诚感人者，人亦以诚应；以诈御人者，人亦以诈应。"

《孟子》中记载："齐宣王见孟子于雪宫。王曰：'贤者亦有此乐乎？'孟子对曰：'有。人不得，则非其上矣。不得而非其上者，非也；为民上而不与民同乐者，亦非也。乐民之乐者，民亦乐其乐；忧民之忧者，民亦忧其忧。乐以天下，忧以天下，然而不王者，未之有也。'"意思是，齐宣王在他的雪宫里接见孟子。齐宣王问道："贤人也有这样的快乐吗？"孟子回答："有。他们如果没有这样的快乐，就会抱怨他们的君王。没有快乐就抱怨君王，固然不对；作为百姓的上级，自己快乐而不能让老百姓快乐，也是不对的。把老百姓的快乐当作自己的快乐，老百姓也会把他的快乐当作自己的快乐；把老百姓的忧愁当作自己的忧愁，老百姓也会把他的忧愁当作自己的忧愁。以天下百姓的快乐为乐，以天下百姓的忧愁为忧，这样还不能使天下百姓归服拥戴，是不会有的事。"

在西汉经学家刘向编撰的《新序》中，记载了"臧孙行猛政"的故事。臧孙施行了很严苛的政治，受到子贡的批评。臧孙就把子贡召来向他请教："我没有奉公守法吗？"子贡回答说："你是守法的。"臧孙又问："我不廉洁吗？"子贡说："你也很廉洁。"臧孙接着问："我没有能力吗？"子贡又说："你也很能办事。"最后，臧孙问："那么，既然这三者我都能做到，为什么你还批评我呢？"子贡说："你虽然守法，但是好以法来损害人；你虽然很廉洁，但是由于廉洁而很骄慢；你虽然有能力，但是就会以此欺凌属下。"子贡又说："你没有听说过子产是怎么治国的吗？子产治国的时候，用仁爱礼义来引导人们，役使百姓从不违反仁义，所以政治非常宽松。当难以确定奖赏的多少时，就宁可从多；当难以判定惩罚的轻重时，就宁可从轻。由于实行了宽松的政治，子产治理郑国七年后，社会风气非常好，国家也没有需要用刑处罚的人，监狱都空了。子产过世后，这个国家的百姓听说此事，都痛哭流涕，非常悲伤。百姓说：'子产去世了，我们还能过上安稳的生活吗？我们该把安定的生活寄托在谁身上呢？如果能使子产重新活过来，用我们家任何人的命去换子产的命，我们都愿意。'子产活着的时候，被人们所爱戴；他去世后，人们都很悲伤，这是因为他施行了仁恕之道。而你现在遇到了什么情况呢？听说你有病了，百姓都非常欢喜地说：'臧孙病了，最好他能死去。'你的病好转后，百姓都非常恐惧地说：'臧孙的病又痊愈了，我们的命运真不幸啊，为什么臧孙没有死呢？'想想看，在你病了的时候，人们都非常欢喜；在你健康的时候，人们都很恐惧，可见百姓对你的怨恨有多深！你这样施政，怎么能不遭受批评呢？"

孟子说："君之视臣如手足，则臣视君如腹心；君之视臣如犬马，则臣视君如国人；君之视臣如土芥，则臣视君如寇仇。"意思是，君主（上级、领导）视臣下（下级、百姓）为手足，臣下就会视君主如心腹；君主视臣下为牛马，臣下就会视君主如陌生人；君主视臣下为泥土或野草，臣下就会视君主如仇敌。

清朝著名廉吏于成龙属于大器晚成的人。他在明崇祯年间参加过乡试并中贡生，但因父亲年迈需要照顾而没有出去做官。直到45岁时他才被清廷吏部任命为广西柳州罗城县知县。于成龙在广西罗城县任知县时，与罗城百姓同甘共苦，由原来的日食两餐减成一餐。在缴纳钱粮时，有的人常常会多带几个铜钱，顺手放到他的桌案上。于成龙发现后，坚决不收。百姓可怜于成龙清苦，凑集少许银钱，为他购买粮食。于成龙说："我一人，何须如许物？可持归易甘旨奉汝父母，一如我受也。"意思是，我一个人在这里，不需要这么多东西，把这些东西拿回去奉养你们的父母，就跟给我用一样。当时的罗城经济落后，盗匪多，治安差，治理起来很难。于成龙采用保甲法，把境内的老百姓按照居住区域，以十家为一保、十保为一甲的方式进行划分和管理。他对外防御盗匪，一有匪情，便有人敲锣打鼓，人们拿起棍棒等武器，齐心御匪；对内惩治违法犯罪行为。慢慢地，罗城的社会秩序有了明显好转，农业生产得以恢复。于成龙还在县城建学校，供学生读书；建养济院，收养孤寡老人。于成龙上任后的政绩，受到了上级官员的表扬。广西巡抚金光祖与两广总督卢兴祖向朝廷保举于成龙，其评语为："罗城在深山之间，猺狑顽悍，成龙洁己爱民，建学宫，创养济院，任事练达，堪列卓异。"随后，于成龙被朝廷批准为"卓异"。此后于成龙三次被举为"卓异"，做了福建布政使。于成龙到任不足半年，便被调往直隶当了巡抚，一年后再被升为两江总督，累加兵部尚书，直至病死在两江任上。康熙在一份诏书中称赞于成龙："居官清正，实天下廉吏第一。"

民国时期，广东省仁化县出了个叫周文山的恶匪。此人凭着狠毒、狡诈，在湘、粤、赣三省边境奸淫烧杀、鱼肉百姓，遭他残害而家破人亡的不计其数。周文山不但抢劫老百姓的财物，还把掳来的年轻女子卖给他的同伙。周文山一共有7个老婆，皆非明媒正娶，都是他抢来的。周文山在这一带称霸了几十年，做尽了坏事。20世纪40年代末期，中国人民解放军迅速南下，广东、湖南、江西等省先后解放。随着大规模战争的基本结束，为了使乡亲们尽快恢复生产，部分解放军配合公安机关开始了大规模的剿匪行动。此时的周文山双腿患上了风湿病，根本无法走路，依靠几个土匪抬着滑竿到处跑。后来，他被解放军抓住，投进了监狱。在监狱中，他内心极度恐惧，加上疾病的折磨，还没有受完审便死了。

六、爱人者人恒爱之，敬人者人恒敬之

这句话出自《孟子》，意思是，爱别人的人，别人也总是会爱他；尊敬别人的人，别人也总是会尊敬他。爱人是善因，人恒爱之是善果；敬人是善因，人恒敬之是善果。

其原文是："孟子曰：'君子所以异于人者，以其存心也。君子以仁存心，以礼存心。仁者爱人，有礼者敬人。爱人者人恒爱之，敬人者人恒敬之。有人于此，其待我以横逆，则君子必自反也：我必不仁也，必无礼也；此物奚宜至哉？其自反而仁矣，自反而有礼矣，其横逆由是也，君子必自反也：我必不忠。自反而忠矣，其横逆由是也，君子曰：此亦妄人也已矣。如此，则与禽兽奚择哉？于禽兽又何难焉？'"

孟子的意思是，君子与一般人不同的地方在于存心不一样。君子的存心是仁爱、礼敬。仁爱的人爱别人，礼敬的人恭敬别人。爱别人的人，别人也会爱他；恭敬别人的人，别人也会尊敬他。假如这里有个人对我蛮横无理，那么君

子必定反躬自问:"我一定是不仁或无礼,否则他怎么会对我这样呢?"如果自己反省后做到了仁爱和礼敬,而那人仍然蛮横无理,那么君子必定再次反省:"我一定是没有尽到忠诚的本分。"如果自己反省后尽到了本分,而那人仍然蛮横无理,那么君子就会说:"这人不过是个狂人罢了。像这样的人与禽兽有什么区别呢?而对禽兽又有什么可责难的呢?"

袁了凡在其家训《了凡四训》中说:"君子与小人就形迹观,常易相混,惟一点存心处,则善恶悬绝,判然如黑白之相反。故曰:君子所以异于人者,以其存心也。君子所存之心,只是爱人敬人之心。"意思是,从表面上看,常常会把君子与小人混淆,唯有从内心深处去观察,存心的善与存心的恶差别很大,犹如黑与白,完全不同。所以,孟子说,君子与一般人不同的地方在于存心,君子所存的是爱人、敬人之心。袁了凡告诉我们,君子时时处处都保持一颗爱人、敬人之心。如果我们能像君子那样爱人、敬人,又有哪一个人会不爱戴、尊敬我们呢?

在2012年"感动中国"10周年颁奖典礼上,大家听到白方礼这个名字后立刻报以热烈的掌声。白方礼是一位受人尊敬和爱戴的平凡老人。在13岁那年,他从河北老家背井离乡独闯天津,起早贪黑靠蹬三轮车糊口,新中国成立后成为一名运输工人,退休后过着儿孙满堂的舒心日子。1986年,已是74岁高龄的白方礼回到家乡,看到一些孩子因家里穷上不起学,就与家人商量,决定把自己辛辛苦苦积攒的5000元钱拿出来交给家乡支持办学,并重操旧业蹬起已经停摆的三轮车,为孩子们源源不断地送去上学的费用。他每天起早贪黑,风里来雨里去。有人给他算了一笔账,在支教的15年间里,他蹬三轮车的累计里程相当于绕行地球十几圈!他把挣来的钱都捐给了贫困生,自己则省吃俭用,对自己苛刻到了极点。《"雷锋老人"白方礼》一文这样写道:"我实在无法忍心看一眼这位已是风烛残年的老人的生活,从头到脚穿的是不配套的鞋帽,吃的是冷馒头加一瓶白开水,那张他说在此住了10个年头的所谓'床',只不过是两叠砖上面搁一块木板和一件旧大衣。没有'屋',唯一的'屋'是一块摊开的塑料编织袋和四根木杆支撑的一个小棚棚。"他助学慷慨大方,自己吃穿用却抠抠搜搜,不舍得多花一分钱。别人扔掉的馒头他捡来吃掉,别人扔掉的鞋袜他捡来穿上,别人扔掉的还能使用的其他东西,他都捡来用,把省下来的钱都捐给教育事业。年近九旬的白方礼老人腿脚也没劲了,再也蹬不动三轮车了,他便靠给人看自行车又挣了500元钱。在一个飘着雪花的冬天,老人又一次来到天津耀华中学,把装有500元钱的饭盒交给了老师,说:"我干不动了,以后可能不能再捐了,这是我最后的一笔钱……"老人家话音未落,在场的所有人都哭了。2005年9月23日,93岁的白方礼老人安详地走了,人们自发地前来为老人送行,祝愿他一路走好。每年的清明节,位于天津憩园的白方礼墓碑前,堆放着满满当当的鲜花,他的铜像沐浴在春光下。尽管白方礼离开我们已很多年,但在许多人心中,他从未离开。

为什么白方礼老人获得如此的尊重?因为他爱别人胜过爱自己。这就是"爱人者人恒爱之,敬人者人恒敬之"的道理。

七、言悖而出者,亦悖而入

这句话出自《大学》,意思是,对别人说一些不合情理的话,别人也会用不合情理的言语回应。言悖而出是恶因,亦悖而入是恶果。

其原文是:"是故君子先慎乎德。有德此有人,有人此有土,有土此有财,有财此有用。德者本也,财者末也。外本内末,争民施夺。是故财聚则民散,财散则民聚。是故言悖而出者,亦悖而入;货悖而入者,亦悖而出。"意思是,所以,君子首先应当认真地修养德行。有了德行才能赢得人气,有了人气才能赢得各种机遇和资源，有了机遇和资源才能获得财富，有了财富才能使用。德行为根本，财富为枝末。如果本末倒置，人们就会相互争夺财富。因此，把财富都聚集在自己手中，人心就会离散；把财富给大家共享，就会赢得人心。所以，对别人说一些不合情理的话，别人也会用不合情理的言语回应；用不合情理的办法获得财富，财富也会不合情理地失去。

在现实生活中，几乎所有的吵架乃至打架事件，往往都是从"言悖而出"开始的。一方先出言不逊，另一方以同样的言语回应；一方首先骂人，另一方再骂回去。我曾经在一个超市旁的路上见到，一位司机正将汽车往停车位上倒，一位女士和她的电瓶车紧挨着停车位，汽车差点儿剐蹭到这位女士。女士不高兴了，对着驾驶员大喊："你是怎么倒车的！长眼了吗？没看到这里有人吗？"驾驶员吼道："你没长眼吗！没看到我在倒车吗？你就不知道挪一挪？"随后两个人大吵起来，声音越来越大，都想把对方的气势压下去。我们可能都遇到过类似的情况。之所以会发生这种情况，原因其实很简单，一方因不小心碰到或冲撞了对方，对方如果说"你是怎么搞的，没有长眼吗？"紧接着双方就会吵起来，甚至恶语相加、大打出手。如果双方中有一方说一句"对不起""请原谅""没关系"等善言善语，可能也就没事了，甚至握手言欢。

曾国藩考上进士、进入翰林院后不久，他的父亲也跟着他住到了京城。曾国藩的父亲生病后，他的同乡郑小珊主动登门给他的父亲看病。看完病后，他们坐在一起闲聊起来。不知道曾国藩跟郑小珊说了什么，郑小珊很反感，两个人当场吵了起来，随后郑小珊拂袖而去。事后，曾国藩静下心来，越想越觉得自己不对，后悔万分，在日记里反省道："恶言不出于口，忿言不反于身，此之不知，遑问其他？谨记于此，以为切戒！"后来，曾国藩去郑小珊府上赔礼道歉，郑小珊也是个豁达之人，当即原谅了曾国藩，于是二人和好如初。

《道德经》中说："多言数穷，不如守中。"老子告诉我们，要管住自己的嘴，言多必失。智者说话，是由于他有话要说；愚者说话，是由于他想说。何时说话，说什么话，每个人都应该掌握分寸，而最有分寸的说话方式就是得体和与人为善。我们会不会说话，能不能管住自己的嘴，总是在一点一滴的积累中影响着自己的命运。

人生中的祸患大多源自是非，而最容易生是非的就是自己的嘴，言语有可怕的杀伤力。所以，荀子在《荀子·荣辱篇》中说："与人善言，暖于布帛；伤人之言，深于矛戟。"不少人说话往往很随意，甚至口无遮拦，从来不顾及他人的感受。在言语上占尽便宜、出尽风头，看似赢了，实际上是不尊重他人，也表现出自己没有素养、自私自利的一面。殊不知，这样不仅会伤害他人，也会伤及自己，甚至招惹祸端。

《弟子规》中说："扬人恶，即是恶；疾之甚，祸且作。"意思是，宣扬他人的过失、讲他人的是非，这种做法很不好，本身就是一种过错，时间久了，就会"祸且作"，自己就可能会遭遇灾祸。为什么？俗话说，"病从口入，祸从口出""口开神气散，舌动是非生"。一个人如果说话不谨慎，往往会与他人结怨，种下祸根，当他人报复的时候，自己都不知道是怎么回事。

灌夫是汉代的一名将军，勇猛善战，疾恶如仇。但他有个缺点，就是脾气太直，说话不分场合，不讲求方式，这样的性格使他得罪了不少人。有一次，丞相田蚡迎娶燕王的女儿做夫人。太后下了诏令，让列侯和皇族都去祝贺。在宴会上，由于灌夫看不惯田蚡等人的行为，于是破口大骂，并说了很多田蚡的坏话，当众让田蚡难堪。田蚡非常恼火，与他人联合起来弹劾灌夫，加上太后是田蚡的姐姐，于是灌夫惨遭灭门之祸。"三寸之舌是祸福之门"，懂得谨言慎行，顾及他人感受，才是智慧之举。

有媒体曾报道，浙江一女士因出言不慎，最终因此付出了惨重的代价！事情发生在浙江温州的一家火锅店，一位女士让服务员加汤，服务员看了一眼说：

"锅里还有水啊。"说完这句话,服务员去给另一位顾客端锅底,随后回来给这位女士加汤。由于服务员来晚了,在他加汤的时候,女士很不高兴,说:"你怎么这么慢,服务态度这么差?把你们店的经理叫过来,我要投诉你!"女士狠狠地瞪了服务员一眼,服务员不高兴地回道:"不要把你的情绪带到我的工作中。"服务员并没有把经理叫过来。这时候大家原本以为没事了,然而没过多久,饭店的经理就来找服务员,说有人在微博上投诉他。服务员听后十分恼火,就找到女士,问:"你为什么在微博上投诉我?我有做得不对的地方你说一声。能不能把微博删掉?"无论服务员怎么说,女士就是不删除微博,还冷嘲热讽地骂道:"叫你加汤,加得那么慢,服务态度那么差,投诉的就是你!"服务员受到侮辱,非常气愤,一时间失去理智,去了开水间,用塑料盆接了开水,冲到女士身边,从头上浇下去!滚烫的热水从女士的头部流遍上身,肩膀、胳膊瞬间被烫得通红,女士不停地发出惨叫声。几分钟后,警方和救护车均赶到现场。警方将服务员抓走。而女士却因此付出惨重的代价,全身42%的皮肤被重度烫伤。类似这样因一些微不足道的小事而酿成大祸的例子还有不少。悲剧往往就是在一念之间发生的。可见,退一步海阔天空,得饶人处且饶人。

在生活中,有的人常说自己是"刀子嘴、豆腐心",意思是,尽管自己说话刻薄、不好听,但心地善良。其实,这是对自己任性和自私的一种自我辩护。俗话说:"恶语伤人心,良言利于行""恶语伤人六月寒,良言一句三冬暖""口能吐玫瑰,也能吐蒺藜"。不讲口德,说出伤人的话,往往就像往墙壁上钉了钉子,即使后悔时拔下钉子,也在墙壁上永远留下了坑洞。

有一名小学徒性格暴躁、说话难听,其师兄弟都不喜欢他。师傅知道后,下山买了一包钉子,告诉小学徒说:"下次你再发脾气的时候,就在房门上钉一颗钉子。"当天,小学徒就在房门上钉了很多钉子。这时,他也意识到了自己的问题,开始努力改正。之后的每一天,他在房门上钉的钉子都比前一天少。直到有一天，他没有往门上钉钉子。师傅告诉他，在接下来的每一天，如果他不发脾气，就拔下来一颗钉子。不久后，房门上的钉子都被拔光了。师傅对小学徒说："虽然钉子都拔光了，却留下了深深的洞，这就和你发脾气、说难听的话一样，每一次都会对周围的人造成伤害。不管你说多少句'对不起'，都无法弥补这些伤害。"

一些人经常埋怨自己财运不佳，遇到的贵人太少、小人太多，人际关系不好，命运不公等，其重要原因之一往往是不讲口德，随意伤害别人，而伤害别人的同时也伤害了自己。对他人和善一点，就是在为自己留路；管好自己的嘴巴，才能守住福气，把握好自己的人生和命运。

八、货悖而入者，亦悖而出

这句话出自《大学》，意思是，财货来路不正，总有一天会不合常理地失去。也就是说，以不正当方式得来的财富，也会以不好的方式败散，就像赌徒赢的钱，来得快，去得也快。货悖而入是恶因，亦悖而出是恶果。

古人把财富分为两种：第一种叫吉财，也就是通过辛勤劳动、遵纪守法所获得的正当收入，它带给人们的是吉祥和幸福，所以叫吉财；第二种叫凶财，也就是通过坑蒙拐骗、贪污受贿、偷税漏税、违法乱纪等不正当手段所获得的财富，它带给人们的往往是凶祸，所以叫凶财。古人认为，以不正当手段获得的财富，并不一定就是自己的，它往往为五家所共有。是哪五家呢？一是不肖子孙。如果你喜欢占便宜，走歪门邪道，没有好的家教和家风，子孙从小就会受到这种错误价值观的影响和教育，很容易变得骄奢淫逸、挥金如土，成为纨绔子弟，也就很容易把财富败散掉。二是官府。通过贪污受贿、坑蒙拐骗等违法乱纪手段得到财富，不知什么时候就会东窗事发、锒铛入狱，财富被没收，

"竹篮打水一场空"。三是医院。以不法手段获得财富，心里往往就会不安或惧怕，甚至整天提心吊胆，惶惶不可终日，唯恐出事，久而久之，就会得病，为了治病，必然花一大笔钱。四是盗贼。获取了不义之财的人很容易招来喜欢走歪门邪道、不劳而获之人，与这些人在一起，就容易被盗、被骗。五是灾祸。不义之财来得容易，所以不知道珍惜，大吃大喝、酗酒、飙车、嫖娼、包养情人、赌博、吸毒等，都会把钱财败散掉。所以，古人说，君子爱财，取之有道；取之无道，必受其害。

东汉时期的外戚、权臣梁冀，贪得无厌，残暴凶狠，穷奢极欲。梁冀贪到什么程度呢？据记载，梁冀送给一位富豪一匹骏马，要求借贷五千万钱，而这位富豪只借给了他三千万钱。梁冀大怒，于是派人到富豪所在的郡县，诬告富豪的母亲（曾是梁冀家看守库房的婢女）曾经偷盗其财产后逃跑。于是，富豪兄弟二人被逮捕下狱，遭严刑拷打至死，家产也被没收。汉顺帝永和六年（141），梁冀接替父亲梁商的大将军职位，先后立冲、质、桓三帝，专断朝政、大肆敛财近二十年。延熹二年（159），桓帝与中常侍单超等共谋诛灭梁氏，收缴梁冀的大将军印，梁冀与其妻被迫喝毒药自杀，满门老少皆被斩首，受牵连被处死及免职者达数百人。其家产全部被没收变卖，上缴国库。

西晋的大富豪石崇，其父亲石苞是司马懿麾下的大将，西晋的开国功臣。石崇作为将门之后，也称得上有勇有谋，参与了西晋灭吴之战，颇有功劳。他四十岁出头就做到荆州刺史，兼任南蛮校尉、鹰扬将军。石崇非常有钱，他和晋武帝司马炎的舅舅王恺斗富的故事流传千载。虽然王恺有外甥皇帝司马炎相助，但他拿出的珍宝也比不过石崇的。那么，石崇的财物又是从哪里来的呢？都是杀人越货抢来的。石崇在担任荆州刺史期间，曾派出大批人手长期抢劫过往的客商，被打劫的客商自认倒霉，以为遇上了强盗。后来，很多客商宁愿多绕千余里的弯路，也不敢路过荆州。石崇以这种野蛮、血腥的方式聚敛了惊人的财富。晋惠帝年间，石崇投靠了权倾朝野的贾谧，也就是皇后贾南风的侄子。在司马家族内斗中，贾南风倒台，贾谧身首异处，石崇失去了靠山，他的庞大家产引起他人的觊觎，最终被灭族、抄家。

纪晓岚在其《阅微草堂笔记》中记载，古代献县县衙有个刀笔吏王某，他专靠耍笔杆子帮人诉讼，乘机敲诈勒索他人的财物。但是，他有一些积蓄后，就会被意外事故消耗掉。有一次，献县城内的妓院中新来了一位叫翠云的妓女，王某立即就被翠云的美色迷住，在她身上花去了所积蓄的绝大部分不义之财，还染上一身恶疮。他请医用药，百般调治。当他的病差不多被治好后，所有的积蓄也全部花光。有人估算，他平生所得的不义之财，有三四万两银子。后来，他得了疯病暴死，竟连买口棺材的钱都没有。

在当今社会，有个别人总是想走捷径、挣快钱，幻想一夜暴富，不择手段地聚敛财富。这种财富来得快、去得也快。只有以德立身、依道而行，才能持盈保泰、平安长久。

九、财聚民散，财散民聚

这句话出自《大学》，意思是，将财都抓在自己手里，人心就散了；将财与大家分享，才能赢得人心。这里的财，不仅仅是指钱财，还包括名利等。财聚是恶因，民散是恶果；财散是善因，民聚是善果。

其实，"财聚民散，财散民聚"这句话的完整逻辑应该是这样的：财聚民散，民散财散；财散民聚，民聚财聚。其实，这也就是舍得的道理，有舍才有得。这正如广东地区流行的一种说法：人旺地旺，地旺财旺。人旺，是说大家都聚集到一个地方，这个地方就有了人气，而有了人气，这个地方就会旺起来，地旺了，钱财自然就会滚滚而来，财也就会旺。可见，人旺是财旺的前提，财旺是人旺的自然结果，只要人旺了，财也自然会旺。你将财散给他人，让他人获得利益，他人就愿意与你交往和合作，自然也就能"人聚"。有了人气，还有什么事业是做不成的呢？因此，财聚只是下一步而已。同理，你将财都聚集在自己的手里，跟随你的人辛辛苦苦，最后却得不到相应的好处，这会让他们寒心，他们也就不愿意再与你交往和合作，没有人气，什么事都很难做成。因此，财散也只是下一步而已。南朝著名史学家、文学家范晔说："天下皆知取之为取，而莫知与之为取。"

这就告诉我们，做人不能贪，做事不能绝，要懂得共赢、共享；不能"自己吃肉，让别人喝汤"，有好处不要自己独占，要学会分享，让利于人、让名于人，否则是走不远的，是不会长久的。美国管理学大师德鲁克在《企业致命的五宗罪》中将"追求高利润率"排在企业致命因素的第一位，正是这个道理。追求高利润率，只想着自己的利益，慢慢就没有了人气，面对的就是一条绝路。

那么，应该把财散给谁呢？散给亲戚，就会与亲戚越来越亲；散给朋友，朋友就愿意与你交往；散给员工，员工就不愿意离开企业；散给合作者，合作者就还会与你继续合作；散给消费者，消费者就还愿意购买你的产品和服务；散给社会，就能赢得好的形象和口碑。

历史上有一个"孟尝君买义"的故事。战国时期，齐国有一个人叫冯谖，想到孟尝君门下做食客。孟尝君问他擅长什么，他回答说没有特长；又问他有什么本事，他回答说也没有什么本事。孟尝君听了后笑了笑，但还是接受了他。左右的人认为孟尝君看不上冯谖，就让他吃粗劣的饭菜（按照孟尝君待客的惯例，门客按能力被分为三等：上等门客外出有车坐，中等门客有鱼吃，下等门客没有鱼吃）。过了一段时间，冯谖倚着柱子弹着自己的剑，唱道："长剑啊长剑，我们回去吧，没有鱼吃。"左右的人把这件事告诉了孟尝君，孟尝君说："按照中等门客的待遇，给他鱼吃。"又过了一段时间，冯谖弹着他的剑，唱道：

"长剑啊长剑,我们回去吧,外出没有车子坐。"左右的人都取笑他,并把这件事告诉了孟尝君。孟尝君说:"按照上等门客的待遇,给他车子坐。"此后不久,冯谖又弹着他的剑,唱道:"长剑啊长剑,我们回去吧,没有能力养家。"此时,左右的人都开始厌恶冯谖,认为他贪得无厌。而孟尝君听说此事后,得知他家中有老母亲需要奉养,于是派人给他的母亲送去了吃用。

后来,孟尝君询问他的门客:"谁熟悉记账的事?"冯谖报了名。孟尝君看到这个名字感到很惊奇,问:"这是谁呀?"左右的人说:"就是唱'长剑啊长剑,我们回去吧'的那个人。"孟尝君笑道:"这位客人果真有才能,我亏待了他!"他立即派人请冯谖来相见,并当面赔礼道:"我被琐事搞得精疲力竭,以致怠慢了您,而您却并不见怪,那么您愿意前往薛地为我收债吗?"于是,冯谖带上契约票据准备动身。辞行的时候,冯谖问:"收完债后,买什么回来?"孟尝君说:"您就看我家里缺什么就买什么吧。"冯谖赶到薛地,派官吏把该还债的百姓找来核验契约票据。核验完毕后,他假托孟尝君的命令,把所有的债款都赏赐给欠债人,并当场把契约票据烧掉,百姓都高呼"万岁"。冯谖返回后就去求见孟尝君。孟尝君对冯谖回来得如此迅速,感到很奇怪,问道:"债都收完了吗?怎么回来得这么快?"冯谖说:"都收了。"孟尝君问:"买什么回来了?"冯谖说:"您曾说'看我家里缺什么就买什么',我私下里考虑,您宫中积满珍宝,马房有的是骏马,后庭有的是美女,您家里所缺的只不过是'仁义'罢了,所以我用债款为您买了'仁义'。"孟尝君问:"买仁义是怎么回事?"冯谖说:"现在您不过有一块小小的薛邑,如果不抚爱百姓,视民如子,而用商贾之道向人民图利,这怎么行呢?因此,我擅自假借您的命令,把债款赏赐给了百姓,顺便烧掉了契约票据,以至百姓欢呼'万岁',这就是我为您买的'义'啊。"孟尝君听后很不快。过了一年,齐闵王免了孟尝君的职务,孟尝君只好回到薛地。还未到薛地,薛地的百姓就都扶老携幼,在路旁迎接孟尝君到来。孟尝君见此情景，回头看着冯谖道："您为我买的'义'，今天见到了。"

相反，如果不懂得分享，把所有的好处都紧紧地抓在自己手里，慢慢地就失去了人气，甚至众叛亲离，而成为孤家寡人。

项羽与刘邦相争达五年，英雄盖世的项羽最终败给了"市井"之人刘邦。对于这一段历史，后人总结了诸多教训。其中，"项羽小气，刘邦慷慨"这一说法流传甚广。刘邦灭掉项羽后，曾在洛阳与众功臣畅饮。在酒席上，刘邦总结，自己的能力虽不如萧何、张良、韩信，但"吾能用之，此吾所以取天下也"。而项羽身边有范增，却不被重用，"此其所以为我擒也"。刘邦的总结是正确的，项羽确实不懂得用人。其实，项羽的麾下曾经有许多贤臣良将，如陈平、韩信等，但他们都纷纷投奔刘邦，甚至连项羽的叔父项伯都倾向于刘邦，可见项羽在用人方面是多么的失败！其最重要的原因用两个字概括就是吝啬！关于项羽的吝啬，有许多人曾做过非常生动的描述。韩信曾向刘邦分析过项羽的为人，说："项王见人恭敬慈爱，言语呕呕，人有疾病，涕泣分食饮；至使人有功，当封爵者，印刓敝，忍不能予，此所谓妇人之仁也。"意思是，项羽虽然待人很谦和，对待那些患有疾病的将士也很好，但是一旦将士立功、应当封爵的时候，项羽却吝啬起来，把印章握在手里，棱角都快磨没了，也舍不得给他们封爵，这是妇人之仁啊！后来投奔刘邦的陈平，也曾与汉王有过一段评述，说："项王为人，恭敬爱人，士之廉节好礼者多归之。至于行功爵邑，重之，士亦以此不附。"意思是，项羽这个人恭敬爱人，那些讲究廉节礼仪的人大都归附他。但是到了按照功劳应该封给爵位和食邑的时候，他却很吝啬，人们因此又离开了他。关于项羽的吝啬，郦食其、王陵、高起等人也曾做过描述，大概是说项羽任人唯亲，对于有功劳的将士不予重赏，而且嫉贤妒能，"有功者害之，贤者疑之"。这些人的言语并非夸张，项羽确实如此。而刘邦却非常大度，有功必赏，而且是重赏，所以很能赢得人心。

多年以来，我们经常可以听到企业"用工荒"问题，给的工资待遇并不差，可就是招不到人。为什么？这固然与社会和经济发展需要大量工人有关，但更重要的是企业出了问题。有专家分析了几个方面的原因：一是有的企业不厚道，忙时招人，淡季裁人。企业有订单时就开始大量招工，每天加班加点赶工，恨不得让员工24小时不休息，这时候老板与员工就是"一家人"。到了不忙时，老板就想方设法少发工资，逼得工人受不了主动辞职，甚至一撅了之。二是不把员工当人看。一些老板和管理者脾气暴躁，经常拍桌子瞪眼、破口大骂；制定各种奇葩的罚款制度，卫生不达标罚款，工装不整洁罚款，甚至连上厕所都要规定在5分钟内解决，否则就罚款等。三是拖欠、克扣工资。工资不能按时发放，一拖就是几个月，甚至长期拖欠不给；到了发工资时，各种克扣理由都出来了，工人总是拿不到全部的工资。四是承诺的不兑现。企业招工时承诺得很好：月薪5000元以上，包吃包住，加班有加班费等。实际上承诺的条件都不能很好地兑现，加班不给加班费，即使给，也与工作量不匹配；住宿和伙食条件太差；等等。

这正是"财聚民散"的道理。只会算自己的账，而不管别人的利益，自己吃肉，恨不得不给别人喝汤，谁还会与你打交道呢！

十、其身正，不令而行；其身不正，虽令不从

这句话出自《论语》，意思是，上位者言行端正，不用自己发号施令，人们自然就会效法；上位者言行不正，即使自己下命令，人们也不会服从。《论语注疏》中说："此章言为政者当以身先也。言上之人，其身若正，不在教令，民自观化而行之；其身若不正，虽教令滋章，民亦不从也。"其身正是善因，不令而行是善果；其身不正是恶因，虽令不从是恶果。

《论语》中记载:"季康子问政于孔子。孔子对曰:'政者,正也;子帅以正,孰敢不正?'"意思是,季康子向孔子请教为政方面的事情,孔子回答说:'政'就是'正'的意思,您自己先做到端正,谁还敢不端正?"季康子是鲁国的正卿,相当于百官之首,他曾做了一些违背当时礼制的事情,而且生活很奢侈。很显然,孔子这样说就是在借机告诉季康子,要做一个正人君子。孔子还说:"苟正其身矣,于从政乎何有?不能正其身,如正人何?"意思是,为政者如果能够端正自身,那么对于从政这件事,又有何难处呢?如果为政者不能端正自身,又怎么能够去端正别人呢?也就是说,当为政者不具备优秀的人格时,即便他借助自己的权威去压制别人,也不可能让别人发自内心地信服他;而只有别人发自内心地信服他,才能获得很好的治理效果。所以,在要求别人的时候,自己首先要保证做到。

赵鞅是春秋末期晋国的六卿之一,人称赵简子,是战国七雄之一赵国的奠基人。有一次,赵简子亲率三军讨伐卫国,但是,在准备进攻的时候,他没有站在前面,反而站在屏障和盾牌后面。士兵们发现主帅不见了,就站在原地一动不动。赵简子看到这样的场面,就哀叹道:"哎呀,士兵竟然坏到这种地步。"这时,行令官烛过听到赵简子的抱怨后就走到他面前说:"这只不过是您有些地方没有做到罢了,士兵并没有什么不好的。"赵简子听了这话后勃然大怒,拔出剑架在烛过的脖子上,对他说:"我没有委派别人,而亲自率兵作战,你却说我没有做到,你说我什么地方没有做到?如果说得有道理,我便饶了你。如果没有道理,今天就是你的死期。"烛过没有任何恐惧的神色,说道:"贤君献公即位五年,兼并十九个国家,用的就是同样的士卒;惠公在位两年,纵情声色,残暴傲慢,被秦国袭击,晋军溃逃到很远的地方,用的也是这样的士卒;文公即位仅三年,勇武霸气,所以三年后,士卒都变得坚毅果敢,结果文公在城濮之战中大败楚军,围困卫国,夺取曹国,后来成为霸主,名扬天下,用的还是这样的士卒。所以,带领同样的士卒,却获得不同的结果,这就是因为您有些地方没有做到,士兵哪有不好的!"赵简子听后,明白了其中的道理,说道:"多谢您的指教,我知道自己哪里没有做到了。"于是,他从屏障和盾牌后面走到了前面,结果他只击了一通鼓,士兵们便士气大振,攻上了城墙,获得了全胜。所以,后来历史上有这样一句话:"革车千乘,不如烛过一言。"

烛过说的其实就是"其身正,不令而行"的道理。教育别人可以靠"言传",而感化别人则要通过"身教"。很多时候,言语只能传达信息,而以身作则却能传递力量,所以古人说"言传不如身教"。

晏子是春秋时期著名的政治家、思想家、外交家。有一次,晏子坐着一匹劣马拉的破车去上朝。齐景公看见后说:"你拿的俸禄太少了啊,坐什么也不会比它更差了!"晏子回答说:"有赖于您的恩赐,我乃至国家才能都获益。对我来说,能吃饱穿暖,有破车劣马驾乘,已经足够了。"晏子离开后,景公派梁丘据赠送给晏子诸侯乘的车和四匹马,晏子再三推辞。景公不高兴,于是召见了晏子。景公说:"如果你不接受车马,我也不乘坐车马了。"晏子回答说:"您让我做一个管理百官的官员,我的衣服、饮食等都应该节俭,做齐国人的表率。即使如此,我仍然怕自己的生活过于奢侈而不能履行职责;现在有好车好马,您乘,我也乘,置百姓于不顾,那么我就无法领导那些过着奢侈生活而不履行职责的人了。"于是,景公不再勉强他。晏子认为,以身作则是贤人、为政者的基本品质,所以,他严格要求和约束自己。齐景公多次要给他调整住宅,还趁他出使在外,替他建了一座新宅,他都坚决辞谢。

《大戴礼记》中说:"君子……欲政之速行也者,莫若以身先之也;欲民之速服也者,莫若以道御之也。"意思是,如果领导者想迅速地推行政令,没有比自己首先身体力行更好的了;如果想使民众迅速地服从,没有比以道义来教导民众更好的了。这句话强调的是领导者身体力行的重要性。

北宋开国皇帝赵匡胤居安思危、崇尚节俭，奠定了大宋的基业。有一次，赵匡胤的女儿穿了一件由翠鸟的羽毛作装饰的上衣入宫。赵匡胤见到后非常生气，对她说："以后不要用翠鸟的羽毛作装饰了。"公主笑着说："这有什么了不起的，也用不了几根羽毛。"赵匡胤正色说道："你说得不对。你穿这样的衣服，宫中其他的人看到后就会纷纷效仿，这样一来，京城翠鸟羽毛的价格便会上涨，商人见有利可图，就会四处贩卖，这要伤害多少鸟儿啊！千万不要开此奢华之端。"赵匡胤重视节俭、以身作则，并约束家人的做法，对当时的社会产生了极大的影响。士大夫竞相节约自勉。州县官上任时，奢侈浪费、讲究排场的迎来送往都被取消。赵匡胤之后的几位君王都很好地传承了他俭朴的作风。只是北宋后期的几位君主失掉了节俭的作风。尤其是宋徽宗，他当政期间奢侈无度，大肆搜刮民脂民膏，大兴土木，修建宫殿园林，很快就将国库挥霍一空。如此奢靡荒淫，亡国就是必然的事情。

《素书》中说："释己而教人者逆，正己而化人者顺。"意思是，如果放任自己而去教育别人，别人肯定不会听从；如果严格要求自己，进而去感化别人，别人就会信任和服从他。千万不要认为古圣先贤的这些话是说给当官的人听的，是用于治理国家的，无论是治国、治家，还是管理企业、带团队，这些道理都是相通的。正所谓"以身教者从，以言教者讼"。意思是，以实际行动教育别人，别人就会信服和跟从；用大道理教育别人，别人就会争辩是非。历史和现实的经验教训都告诉我们，身教是最好的教育方式。

十一、既以为人己愈有，既以与人己愈多

这句话出自《道德经》，意思是，越是帮助别人，自己也会越富足；越是给予别人，自己也会越富有。为人、与人是善因，己愈有、己愈多是善果。

为什么"既以为人己愈有,既以与人己愈多"呢?其实道理很简单,总是想着为人、与人的人,都是善良人、厚道人,大家都愿意与善良人、厚道人合作和交往,不用担心吃亏,更不用担心被欺骗。愿意合作和交往的人多了,机会自然就会很多;愿意支持和帮助的人多了,事业自然就会一帆风顺。正如《大学》所说的,"有德此有人,有人此有土,有土此有财"。

到山西旅游的一些人通常都会去乔家大院,因为电视剧《乔家大院》极大地提高了其知名度。乔致庸是乔家大院的主人,也是著名的晋商。人们通常都认为商人逐利,可乔致庸更注重义中取利、诚中取利。他在生意场上从来都不乱开价或者以次充好,因而乔家的商业发展迅速,家庭持盈保泰。乔致庸待人和善、宽厚,家里的用人有了难处,他总是给予帮助:生病无钱买药,他会给银子;父母去世没钱买棺材,他会给钱料理丧事。他对家里的用人是如此,对邻居也是如此。他家门前长年拴着三头牛,供乡邻们使用。每年过春节时,他都会拿出米、面、肉招待大家。有一年,天遇大旱,到处都闹饥荒。其他的商户紧锁大门,怕灾民抢夺粮食和钱财。乔致庸却带着家人搭粥棚,救济灾民。乔致庸不但乐善好施,国难当头时更是义不容辞地慷慨解囊。李鸿章创办北洋水师时,他带头捐助十万两白银;左宗棠收复新疆,在钱粮上捉襟见肘时,乔致庸鼎力相助。乔致庸一生讲究诚信,以德经商,赢得了巨额的财富。

其实,山西还有两座大院比乔家大院更有气势,也更精美,那就是位于晋城市的皇城相府,以及位于晋中灵石县、被称为"民间皇城""中国第一大院"的王家大院。王家大院的主人是晋商中历史最久远的家族之一,从元代开始延续了六百多年,历经二十八代人。王氏始祖为元皇庆年间迁至静升村的王实。起初他以佃耕为主,逐步有了几亩薄田,成为自耕农,闲时在家做豆腐。他做的豆腐坚而不硬、嫩而不酥,加之他童叟无欺,处世诚恳和蔼,因此生意越做越好。王实有些钱后就在村西一棵老槐树东侧修建了两座宅子，其子孙继续扩建，就是今天王家大院的源头。到明末天启年间，王氏家族已成为一方富绅，人丁兴旺，亦成为山西第一家族。在清乾隆、嘉庆年间，王氏家族达到了顶峰。

王家人为什么能够成功？一个重要的原因就是"义利并举"，甚至先"义"后"利"。王家人倡导的"义"，首先表现在与同道做生意上。他们不仅懂得吃苦、吃亏，更懂得吃屈。王家人讲究合作、共赢，秉承"君子爱财，取之有道"，宁愿自己吃亏，也不让商友吃亏，他们用道义广交朋友，凭良心汇通天下。据史料记载，好多商友与王家的合作关系维系达百年之久。王家的生意滚雪球似的越做越大，其中心点就是一个"义"字。其次表现在回馈乡土、乡亲的"义"上。王家发迹之后，他们的门楣上高悬着"为善最乐"的匾额，把"义"字挥洒到极致。十五世王梦鹏把王家的基业推向了新高度，同时，他也是将"义利并举"弘扬得最好的一位代表人物。凡是公益善事，他都竭力倡导，从不怠慢。他办义学、建义仓、立义冢、修桥梁、筑道路、焚借券、济贫困，样样都做。王梦鹏修建的王公桥，历经数百年，到现在依然在使用。他的儿子王中极将古道入后悔沟的一百多里山路平整为坦途，并在一个叫塬上的高寒地带两头分建客栈，里面放置几十件皮袄供过往的行人遮寒。一代又一代王家人用他们的真诚践行着"兼济天下"的仁义情怀，因而能够脱颖而出，长盛不衰。

洪江商人之所以成为全国知名的商帮之一，自然有他们独特的生财之道和经营法则。"八大油号"的老板及其后代在总结自己的行商经验时，感触最深的心得是："财自道生，利缘义取""不管做什么生意，不以利薄而弃之，不以利厚而趋之""宁亏银子，不亏良心""决不做坑、蒙、拐、骗的奸商"等。他们认为，狡诈生财者，往往自塞其源；而大凡重义轻利、非义之财不取者，往往商机无限、财源广进。洪江商人在经商活动中，讲究以诚信为本，把商业信誉看得高于一切。他们认为经商虽以营利为目的，但更应该以道德信义为标准，对顾客、商家无论大小都以诚相待，绝不欺诈客户，如发现货质低劣，宁肯赔钱，也绝不销售。他们懂得讲信用、重承诺、不欺诈，才会有顾客盈门的道理。洪油业在洪江古商城是最具有竞争性的一个行业，资产过百万者当属"八大油号"。刘修松为了使自己立于不败之地，不惜把油桶从内壁刨弯削薄一厘米，每桶能多装一斤油，以让利给顾客，几年下来，销量大增。刘修松的行为，看似吃亏，实得大利，他一直经营到新中国成立后，成为公私合营的少数几家油商之一。洪江商人尽管都是移民而来，但早就把洪江当作自己的家乡。在商会的主持下，洪江商人一次又一次集资聚金，齐心合力去修路、造桥、办学等。在洪江商人眼里，吝啬财富而不施舍的人，大多贪婪，重利轻义，不能长久；而慷慨大度、广泛施舍、扶贫救困的人，其内心大多仁义，商广、路宽，财富自然滚滚而来。也就是说，让别人赚到钱，自己才能赚到更多的钱。

十二、爱出者爱反，福往者福来

这句话出自汉代著名政论家贾谊的《新书》，意思是，爱别人的人，别人也会爱他；给别人福气的人，别人也会把福气送给他。爱出是善因，爱返是善果；福往是善因，福来是善果。

其原文是："楚王欲淫邹君，乃遗之技乐美女四人。穆公朝观，而夕毕以妻死事之孤，故妇人年弗称者弗蓄，节于身而弗众也。王舆不衣皮帛，御马不食禾菽，无淫僻之事，无骄燕之行，食不众味，衣不杂采。自刻以广民，亲贤以定国，亲民如子。邹国之治，路不拾遗，臣下顺从，若手之投心。是故以邹子之细，鲁卫不敢轻，齐楚不能胁。邹穆公死，邹之百姓，若失慈父，行哭三月。四境之邻于邹者，士民乡方而道哭，抱手而忧行。酤家不雠其酒，屠者罢列而归,傲童不讴歌,舂筑者不相杵,妇女抉珠瑱,丈夫释玦軒,琴瑟无音,期年而后始复。故爱出者爱反,福往者福来。《易》曰:'鸣鹤在阴,其子和之。'其此之谓乎!故曰:'天子有道,守在四夷;诸侯有道,守在四邻。'"

意思是:楚王想使邹穆公淫乱,就送给他四个能歌善舞的美女。邹穆公上午观赏后,并没有宠幸她们,而是把她们分别赐为国而死的功臣的后代做妻子。所以,女子的年龄不与自己相当就不纳娶,节制自己的欲望而不宠幸很多女子。邹穆公的马车不装饰毛皮、布帛,他的马不让吃谷豆;他没有纵欲乖僻的爱好,没有骄纵肆意的行为;吃饭不要求铺张,穿衣不讲求华丽。对自己要求严格以让与民众,亲近贤人以安定国家,爱护百姓就像爱护自己的孩子,因此,邹国被治理得很好,路不拾遗,臣民顺从邹穆公就好比手臂服从内心的指挥一样。所以,邹国虽然小,鲁国、卫国不敢轻视它,齐国、楚国不能威胁它。邹穆公死后,邹国的老百姓就好像失去了慈父一样,悲痛很长时间;邻近邹国边界的人们,不管是士人还是百姓,都朝着邹国的方向表达自己的哀伤。卖酒的商家不再卖酒,卖肉的屠户罢市回家,顽童不再唱歌,劳作的人停止工作,妇女摘下所戴的珠宝,男子取下戴在身上的饰品,人们不再弹拨琴瑟,一段时间后才开始恢复。所以,爱别人的人,别人也会爱他;给别人福气的人,别人也会把福气送给他。《易经》中说:"鸣鹤在阴,其子和之。"意思是鹤在隐蔽处鸣叫,小鹤也会随声应和。这不就是在说邹穆公吗!所以说:"天子有道义,四方外夷都为天子守土;诸侯讲道义,周围四邻都为诸侯守土。"

《说苑》中有一则"穆公亡马"的故事。春秋时期,秦穆公曾获得一匹日行千里、威风凛凛的骏马,非常喜爱它,经常骑着它出游、打猎。有一次,秦穆公外出游玩时,自己的爱马跑丢了。于是,秦穆公亲自带着人四处找寻,终于在一个部族中发现了他的马。但是,为时已晚,这匹马被部族的人杀了,他们正准备吃马肉。秦穆公看到这一场景,非常激动,说道:"你们杀的是我的爱马啊!"部族的人听到秦穆公这样说,个个惊恐不安,以为自己死罪难逃。这时候,穆公一转念,又说道:"我以前听人说,如果光吃马肉而不喝酒,就会被马肉的戾气伤了身体,我赐给你们一些酒喝吧。"部族的人听后百感交集,不知说什么好。

过了三年,晋国攻打秦国,秦穆公亲自上阵迎战晋军。由于在战场上失利,秦穆公被晋军追击并包围,情势非常危急。正在这个时候,远处杀来一队人马,搭救秦穆公。秦穆公在这些勇士的帮助下,突出重围,来到安全的地方。他们的头领恭敬地对秦穆公说:"当年我们的族人杀马食肉,得君王您不杀之恩,又赐美酒,这三年来一直无以为报。今天,我们为您出生入死,就是在报答您的恩德。"秦穆公带着这群勇士又重整军队,出其不意反击晋军,大胜而归。《说苑》最后评价说:"此德出而福反也。"秦穆公没有因丧马之痛杀掉部族的人,反而理解他们的恐惧和担心,宽容了他们的过错,甚至还为他们的健康考虑,送酒给他们。三年之后,他获得的是他们舍生相救。

《韩诗外传》中记载:春秋时期,楚庄王平定叛乱后大宴群臣,其宠妃也出席助兴,直到黄昏时宴会仍未结束。楚庄王乃命人点烛夜宴,还叫最宠爱的两位美人许姬和麦姬轮流向臣将们敬酒。忽然一阵疾风吹过,筵席上的蜡烛都被风吹灭了。这时一位官员壮着胆子拉住了许姬的手。许姬挣脱后,扯下了那人帽子上的缨带。许姬来到楚庄王面前告状,让楚庄王点亮蜡烛后查看众人的帽缨,以便找出那个无礼之人。楚庄王听完后,却传令不要点蜡烛,并大声说:"寡人今日设宴,与诸位务要尽欢而散,现请诸位都去掉帽缨,以便更加尽兴地饮酒。"听楚庄王这样说,大家都把帽缨取下,这才点着了蜡烛,君臣尽兴而散。席散回宫后,许姬怪楚庄王不给自己出气。楚庄王说:"此次君臣宴饮,旨在狂欢尽兴,融洽君臣关系。酒后失态乃人之常情,若要究其责任,加以责罚,岂不大煞风景?"许姬这才明白了楚庄王的用意。这就是历史上著名的"绝缨宴"。几年后,楚庄王伐晋。一名战将主动率领部下先行开路,他所到之处拼死力战,大败敌军。战后楚庄王论功行赏,才知其名叫唐狡。他表示不要赏赐,坦承几年前宴会上的无礼之人就是自己,今日此举完全是为报几年前不追责之恩。

美国沃顿商学院教授亚当·格兰特说:"帮助他人不仅可以让你学到东西,而且你的社会资本也会随之积累,但这些都不是能够即刻兑现的,却会在不经意的时候给你惊喜。"如同作用力与反作用力,你所付出的善意与爱中暗藏着福气,它一定会在未来的某一刻为你带来好运气。

互联网上曾播放过一个4分钟的微电影《另一只鞋》,没有一句台词,全网点击量破十亿次,荣获微电影大奖。故事是这样的:在人来人往的街道上,小男孩甲坐在墙角,对着自己那双破旧的鞋发愁。从他的穿着打扮和这双已经破到报废的鞋可以看出,他是个地地道道的穷小子。父母忙着讨生计,没人顾得上他的鞋还能不能穿。他正发着呆,不经意间一抬眼,发现人群里走过来富人家的小男孩乙,他穿着一双闪亮的黑皮鞋,时不时俯下身子擦拭。这双闪着光泽的黑色皮鞋瞬间抓住了男孩甲的目光,他都看呆了。男孩甲手里提着自己的那双烂鞋,漫无目的地溜达着。就在这个时候,男孩乙乘坐的火车马上就要开动,爸爸拉着他拼命往前跑。情急之下,一只鞋子被挤掉了,他想回头去捡,但是火车已经启动。这只鞋竟然就这样滚到了男孩甲的身边。男孩甲先是愣了一下,然后赶紧跑了过去,小心翼翼地捡起鞋子,立马追了上去,想物归原主。他跟着火车跑了很久,但火车已经渐行渐远。这时候,男孩乙做了一件让人意想不到的事:他把自己脚上那只鞋也扔了下来,送给了男孩甲。

生活从来不会亏待有爱心的人。心地善良是做人的根本,你用爱心对待别人,别人也会用爱心来回报你;把福气送给别人,自己也会收获更多的福气。即使根本不求回报,也会在未来交好运。

十三、吃亏是福

清代书法家郑板桥写过一个著名的条幅，条幅的题头就是"吃亏是福"，下面还有一些小字，其内容是："满者损之机，亏者盈之渐。损于己则益于彼，外得人情之平，内得我心之安，既平且安，福即在是矣！"意思是，事物一旦达到盈满时，就会开始耗损；而当虚欠时，就会渐渐充盈起来。一个人愿意舍，自然也就有利于他人，这样一来，他人就会欢喜，自己的内心也获得了安宁，他人高兴，自己心安，这就是自己的福气。吃亏是善因，福是善果。

郑板桥的弟弟郑墨在家务农，有一天，郑板桥收到弟弟的一封来信。原来，郑家与邻居共用一堵墙，郑家想翻修老屋，但邻居出来干预，说那堵墙是他们祖上传下来的，不是郑家的，郑家无权拆墙。为了这堵墙，他们把官司打到了县里。郑墨越想越难过，感觉对方太欺负人，实在咽不下这口气。于是，他很自然地想到了在外做官的哥哥，想让哥哥出面说情。郑板桥知道此事后，给弟弟写了一封信，劝他息事宁人，同时寄去了一张条幅，上面写着"吃亏是福"四个大字。弟弟看到郑板桥给他的信和题词，仔细揣摩后，领悟了其中的道理。于是，他便把题词嵌制在院中的墙上，作为传世家训，时刻警醒自己和后人。

在社会上，不少人总是习惯性地把金钱、名利看得很重，见好处就捞，遇便宜就占，有重活就躲，争名夺利，揽功诿过，拈轻怕重，斤斤计较，只局限于"不吃亏"的狭隘的自我，这种心理会蒙蔽他的双眼，让他自以为是沾光。其实，这种人每占一分便宜，便失一分人格；每捞一份好处，便失一分形象；每争一份利益，便失一分人缘；每躲一份工作，便失一次机会。这种人不仅使自己成为不受欢迎的人，而且最终会使自己付出相应的代价。

美国著名心理学家威廉·詹姆斯说过，凡是太爱算计的人，实际上都是很不幸的人，甚至是多病和短命的。换句话说，他们虽然会算计，却没有好日子过。一个太能算计的人，通常也是一个事事计较的人，无论他表面上多么大方，他的内心深处都不会坦然。爱算计的人内心已经失去了平静，而内心失去平静的人，一般都会很焦虑。常处在焦虑状态中的人，不但不会快乐，甚至很痛苦。很多时候，聪明反被聪明误，做人太过算计，下场往往不好。《红楼梦》中说："机关算尽太聪明，反误了卿卿性命。"

一般人认为的吃亏，其实就是眼前的一些暂时的"损失"，之所以认为是吃亏，算的往往都是眼前的小账。为什么吃亏是福呢？因为如果算远账、大账，获得的会更多。愿意吃亏的人，大家都知道他是个厚道人，不用提防他，与他合作或打交道不用担惊受怕，所以他就成了一个受欢迎的人；吃亏意味着给予和付出，向他人给予和付出多了，自然就会赢得他人的尊敬、信赖和赞誉，收获良好的人际关系；那些肯吃亏的人，会抢着重活干，迎着困难上，久而久之，就丰富了阅历，增长了才干，收获了成长，最后往往会脱颖而出。所以，这个世界是公平的，所有的厚道和付出都不会被辜负。愿意吃亏的人，根本不会吃亏；懂得吃亏的人，往往会收获更多的福气。所以，古语说："塞翁失马，焉知非福？"当然，吃亏并不是不讲原则和没有底线，更不是懦弱，而是为人处世要懂得谦让和宽容，这是做人的格局和境界。

东汉光武帝时期，甄宇年少好学，是一位学富五车的才子，被封为博士。一年腊月，在完成祭祀大典之后，光武帝下令赏赐给每位博士一头羊。看着肥瘦不均、大小明显不等的一群羊，大家不知该怎么分配。有的人主张抓阄或者把羊杀了分肉，但又担心传出去影响不好。这时，甄宇第一个站出来，从羊群中挑选了一只最瘦、最小的羊，没有说一句话就离开了。甄宇带头吃亏的精神，感动了大家，于是都随便牵了一只。光武帝听说后，戏称甄宇为"瘦羊博士"。后来，有感于他的德才兼备，光武帝将他提升为太子少傅。

我们都懂得，占了他人的一分便宜，人家就会疏远你一分，人生的路就窄了一分；同样，多给予他人一分，人家就会亲近你一分，人生的路就宽了一分。好人品是一个人最好的通行证，肯为别人搭桥的人，日后自然有人愿意为他铺路。

我们通常都会说，一个人心胸和格局有多大，他的事业就会有多大。肯吃亏，其实就体现了一个人的心胸和格局。那些事业有成、一帆风顺、人际关系和谐的人，往往肯吃亏；相反，那些心胸狭窄、斤斤计较、爱占便宜、不肯吃亏的人，人际关系往往都会不和谐，事业也难以成功。吃亏的背面是福气，接纳了吃亏也就进入了福地，学会吃亏也就懂得了纳福之道。

十四、取非义之财者，譬如漏脯救饥

这句话出自道家的《太上感应篇》，全句是"取非义之财者，譬如漏脯救饥，鸩酒止渴，非不暂饱，死亦及之"。意思是，贪取不义之财的人，就像是吃了有毒的肉来充饥、喝有毒的酒来止渴一样，不但不能充饥、解渴，反而会导致自己死亡。取非义之财是恶因，死亦及之是恶果。

这句话阐述了因果规律，告诉我们取非义之财的后果。非义之财的义，就是道义的义，义者宜也，宜就是应该的意思，取了不应该取的财，就叫取非义之财。取非义之财的结果是什么呢？这本书的作者做了两个比喻，就好像"漏脯救饥""鸩酒止渴"。什么叫漏脯？脯就是肉，把肉放在屋檐底下，被从屋檐上滴下来的雨水浸泡一段时间后，就会有毒，这叫漏脯。所以，用毒肉充饥，不就是自寻死路吗？什么是鸩酒？鸩是一种鸟，用它的羽毛泡的酒含有剧毒，用它来止渴，那也是自寻死路。所以，吃毒肉、喝毒酒，非但不能解决问题，反而会导致自己死亡。

《论语》中说："君子喻于义，小人喻于利。"君子总是想着义，一言一行都要符合情理、道德和法律；小人总是想着利益，只注重是否对自己有利，能不能赚钱，能不能获得好处。一些人为何要做小人、不做君子呢？说到底还是没有明白上述道理。《大学》中说："德者本也，财者末也。"有了德行，自然可以获得利，这叫内外双赢；而为了获得利而损德，德损了，也不会获得利，即使暂时获得了利，也不会长久，这叫内外双失。俗话说："君子乐得做君子，小人枉自做小人。"把这个因果规律和道理想清楚、想明白，就不会再"喻于利"。

《论语》中还说："富与贵，是人之所欲也，不以其道得之，不处也；贫与贱，是人之所恶也，不以其道得之，不去也。"意思是，金钱和地位是人们所向往的，但是，如果以不正当的手段获得它们，君子不会去做；贫困和卑贱是人们所厌恶的，但是，如果以不正当的途径摆脱它们，君子也不会去做。在孔子看来，每个人都想过上富贵的生活，摆脱贫贱的局面，这很正常。但是，对于君子而言，富与贵应当取之有道，即便贫贱的生活再不好，想要去之也应符合道，这才是君子所为。这里的道，就是仁义之道，它是我们安身立命的基础。无论是富贵还是贫贱，无论是在仓促间还是在颠沛流离时，都不能违背这个原则。所以，孔子说："不义而富且贵，于我如浮云。"意思是，用不合道义的手段获得的富与贵，对于我就如同天上的浮云。古往今来，用不义的手段获取财富的现象并不少见，比如偷盗、抢劫、敲诈勒索、制售假冒伪劣商品、贪污受贿、巧取豪夺、坑蒙拐骗、偷税漏税等。仁人君子对这样的"富"是不屑一顾的，甚至认为是一种耻辱，更不会羡慕与向往。君子不是不爱财，而是懂得取之有道，也就是要通过正当的途径和方式取得财富，而不是采取"不义"的手段。

《孟子》中记载：孟子见梁惠王。王曰："叟！不远千里而来，亦将有以利吾国乎？"孟子对曰："王！何必曰利？亦有仁义而已矣。王曰：'何以利吾国？'大夫曰：'何以利吾家？'士庶人曰：'何以利吾身？'上下交征利而国危矣。万乘之国，弑其君者，必千乘之家；千乘之国，弑其君者，必百乘之家。

万取千焉，千取百焉，不为不多矣。苟为后义而先利，不夺不餍。未有仁而遗其亲者也，未有义而后其君者也。王亦曰仁义而已矣，何必曰利？"意思是，孟子拜见梁惠王。梁惠王说："老先生，你不远千里而来，能给我的国家带来什么利益？"孟子回答说："大王！何必说利呢？只要说仁义就行了。大王说：'怎样使我的国家有利？'大夫说：'怎样使我的家族有利？'老百姓说：'怎样使我自己有利？'结果，上上下下都互相争夺利益，国家就危险了啊！在一个拥有一万辆兵车的国家里，杀害国君的人一定是拥有一千辆兵车的大夫；在一个拥有一千辆兵车的国家里，杀害国君的人一定是拥有一百辆兵车的大夫。这些大夫在一万辆兵车的国家中就拥有一千辆兵车，在一千辆兵车的国家中就拥有一百辆兵车，他们拥有的不能说不多。可是，如果把义放在后而把利摆在前，他们不获得国君的地位是不会满足的。相反，从来不讲仁爱的人会遗弃父母，而从来不讲道义的人会不顾君王。所以，大王只讲仁义就行了，何必说利呢？"在这里，孟子告诉梁惠王一个道理：仁义是根本，有仁义自然就会有大利；相反，如果人人都讲利益、缺乏仁义，那么这个国家就危险了。

然而，总是有一些人不讲仁义、只讲利益，凭着自己的所谓"聪明和本事"，铤而走险，作奸犯科，最后往往就像《太上感应篇》中说的，"非不暂饱，死亦及之"。

2001年，美国能源巨头安然公司破产，这是美国有史以来影响最大的金融丑闻之一。原因是该公司财务欺诈，事情败露后，股票大跌，最后导致公司破产，数十亿美元付诸东流，许多投资者都遭受严重的损失，上万名美国人因此失去工作。在当时，这起事件震撼了美国乃至全世界的股市。这起事件的根源是公司的高层人员贪图不义之财。刚开始，他们为了避税，在海外建了一些分公司，后来变本加厉，做假账，谎报利润，欺骗股民，而且开展内部交易，炒作自己公司的股票，赚取了大量的利润。纸里终究包不住火，这些行为败露后，公司的股票价格大跌，股价从 2000 年 8 月的最高价位每股 90 美元，跌至 2001 年 8 月的 42 美元，跌了一半还多。后来，股价跌到了低于 1 美元的谷底，公司随即破产。当时公司的创始人、前董事长肯尼斯·莱和前首席执行官斯基林由于这起案件而接受了审判，他们面临五十三项指控，涉及骗贷、财务造假、证券欺诈、电邮欺诈、策划并参与洗钱、内部违规交易等罪名。当时肯尼斯·莱因突发心脏病而死亡；斯基林被指控欺诈，面临 275 年的有期徒刑；前副董事长巴克斯特饮弹自杀。

一些人抱着侥幸心理，靠违法乱纪"走捷径""挣快钱"，或许逃得了一时，但逃不了一世，最终必将自食其果。

十五、满招损，谦受益

这句话出自《尚书》，其原文是："惟德动天，无远弗届。满招损，谦受益，时乃天道。"意思是，只有靠德行才能感动天地，无论有多远都会被感化。骄傲自满会招致损失，谦虚谨慎会获得益处，这是自然的规律。满是恶因，招损是恶果；谦是善因，受益是善果。

对于"满招损，谦受益"的道理，古圣先贤多有论述。有一次，孔子在庙堂里看到了一个器皿，叫欹器，这个欹器里面没有水，是倾斜的；灌进去一些水，它就会直立；灌满水后，它就会倾翻。孔子告诉学生，水满则溢，人满则败。人一旦自满，觉得自己学问很高、了不起，就会无法进步。孔子还告诉学生，人怎样才能满而不倾覆呢？要"高而能下"，即尽管水平很高，但是能虚心纳下；要"满而能虚"，即尽管学识很高，却虚怀若谷；要"富而能俭"，即尽管很富有，但是很节俭；要"贵而能卑"，即尽管地位高贵，却能谦卑待人；要"智而能愚"，即尽管很有智慧，却大智若愚；要"勇而能怯"，即尽管很勇敢，却处事谨慎;要"辩而能讷",即尽管很有辩才,却懂得沉默;要"博而能浅",即尽管学问很广博,却不显摆;要"明而能暗",即尽管能看明白很多事,但有时却会装糊涂。只有保持谦虚谨慎,才能立于不败之地。《道德经》中说:"江海所以能为百谷王者,以其善下之。"意思是,江海之所以大,是因为它善于居于下位。荀子说:"百事之成也,必在敬之;其败也,必在慢之。"意思是,所有事情之所以能办成功,必定是由于办事情的人能恭恭敬敬、认认真真地去对待它们;之所以会失败,往往是由于办事情的人慢待它们。自以为是,听不进去别人的意见,怎么会不失败呢?

"满招损"的意思是,自满、傲慢就会遭遇损失,不仅自己的德行会受到损害,而且会引起别人的反感和对立,甚至会把事情搞砸。《国语》中记载:周襄王二十四年(前628),秦国要出兵去攻打郑国。秦国的军队从周天子管辖的京畿北门经过。大夫王孙满就对周襄王说:"秦国的军队将会失败。"周天子很惊讶,问:"你怎么敢有这样的断言?"王孙满说:"因为经过周天子的地方,按礼制应该要行礼,这叫尊重天子。可是秦国的军队经过的时候,没有按礼制去做。"接着王孙满又说:"秦国的军队非常轻狂、骄傲,轻狂就会觉得自己了不起,就不会深谋远虑,不会做万全的准备;傲慢则会无礼,做什么事都随随便便。由于不慎重,又随随便便,以这样的心态去作战,必定会失败。"后来,秦国攻打郑国果然没有成功,军队回来到了晋国的边界,又被晋国打得落花流水,三个大将也被活捉。正所谓"骄兵必败"。

曹操身边有两位谋士——杨修和荀攸,二人都很有才华,但命运完全不同。杨修恃才傲物,不懂得收敛,最终由于"鸡肋"事件,被曹操杀害。当时,曹操和刘备在争夺汉中,两军相持不下,曹操进不能取胜,退又怕被人耻笑,左右为难。一天,军中请示口令,曹操说"鸡肋"。众人疑惑,唯有杨修开始收拾行李。他解释说:"鸡肋,食之无味,弃之可惜。"由此他推测曹操即将撤兵。

众人恍然大悟，也都开始收拾行装，准备撤离。曹操得知后大怒，说杨修惑乱军心，便下令杀了杨修。曹操生性多疑，不会容忍别人看穿他的心思，表现得比他睿智。杨修才思敏捷，可是聪明反被聪明误，最终丢了性命。而荀攸则懂得谦守、大智若愚，外表文弱、胆小，但是内心却能洞察一切。他军事才能卓越，妙计频出，帮助曹操多次取胜，然而他从不多说一个字。荀攸足智多谋，能够保守秘密，又懂得藏拙，曹操十分器重他，请求为他封爵。荀攸死后，被追加谥号敬侯，备受后人尊敬。

在电视剧《雍正王朝》中，我们可以看到，年羹尧曾屡立战功，威震西陲，也曾获得雍正皇帝的特殊厚待。可这个看似风光无限的大将军，最后却被雍正皇帝削官夺爵，列了九十二条大罪，并赐以自尽。在第30集中，年羹尧在西北取得大捷，回京接受恩赐。在他班师回朝的路上，雍正皇帝派大臣去迎接凯旋的队伍。可是，在直隶总督跪在路旁迎接年羹尧时，他不仅视若无睹，还让自己的车马走在了皇帝的御道上。当年羹尧在正大光明殿接受雍正皇帝接见，雍正皇帝亲自赏给他四团龙服、戴三眼花翎时，他由于不满"一等公爵"的封号，并没有下跪，仅仅是假意弯腰低头谢封。于是，雍正皇帝假意微笑，并对他说："按说封你个王也不过分，但自古以来，异姓封王都没有好下场，我不给你封王，是爱护你，你要体谅我。"此时年羹尧才作势跪下。

俗话说，"天狂必有雨，人狂必有祸"。在古时候，没有天气预报，人们只能根据以往的经验积累来预测天气的变化，所以，他们认为天空中黑云翻滚就必定会下大雨。一些人往往由于过于狂妄而遭受灾祸，于是就用天气的变化来比喻人的行为，所以就有了"天狂必有雨，人狂必有祸"的说法。这句话告诫我们，做人要谨言慎行，不要过于狂妄而给自己招来灾祸。

狂妄自大的人，往往有一定的钱财、权力或名声，自以为高人一等，于是便目中无人、不可一世。曾国藩有一句名言："家败离不得个奢字，人败离不得个逸字，讨人嫌离不得个骄字。"有的人嚣张跋扈惯了，以为世上的人都会惯着他。其实，在这个世界上没有哪个人是至高无上的。做人太猖狂，迟早会惹祸上身。

不少人看过《白鹿原》这部小说，小说描写了从清末到新中国成立之初半个多世纪的历史。白姓和鹿姓两个家族祖孙三代人因恩怨纷争互相较量、相互比拼，上演了一出出人间悲喜剧。在鹿子霖看来，鹿家才应该是村里的首富，因此他不仅将白嘉轩视为眼中钉，更是仗着祖传的家业，在白鹿村里趾高气扬、恣意行事。他先是不遗余力地争夺族长之位，失败以后，又心有不甘，想方设法给自己谋得一官半职。后来，他如愿当上白鹿镇保障所乡约，拥有收"捐税"的权力，就开始拼命为自己捞好处。由于儿子鹿兆鹏身份的问题，他被抓进监狱，蹲了两年多的牢。身边的人原以为他会就此改过自新，可他出狱后又恢复本性。在上司田福贤的安排下，鹿子霖回到联保所当起了爪牙，负责到各个保上催丁催捐。他利用手中的权力，勾结联保所下设各个分支机构的负责人，一起贪污分赃，每天过着花天酒地的生活。与此同时，他还公然挑战道德底线，在原上的村庄搜寻自己的私生子，并把他们都领回家，认作干儿子，毫不隐藏自己的自私与贪婪。鹿子霖之所以热衷于当官，是因为他贪恋权势带来的好处，这样他才可以为所欲为。可他不知道的是，做人太猖狂，失去底线，迟早会为此付出代价。故事的最后，他在亲眼看到白孝文得势当上县长后，心里喊着："天爷爷，鹿家还是弄不过白家。"实际上，打败他的并不是白家的任何人，而是他的狂妄之心。古训有云："天欲让其亡，必先令其狂。"人在膨胀自满的状态下，很容易忘乎所以，殊不知，好运用尽之时，也就是灭亡来临之日。正所谓"德不配位，必有殃灾"。张狂过了头，等待自己的只会是从高峰到低谷的跌落。

在生活和工作中，有些人总是错把在平台上得势看作自己的本事，狂妄傲慢，自以为是，觉得自己了不起，端起了架子，甚至把别人对自己的客套和尊重当作理所当然的事情，最终反而招来他人的厌恶，真是自找麻烦、自讨苦吃。

与"满招损"相反的是"谦受益"，意思是，谦虚低调就会受益。《易经》中说："天道亏盈而益谦，地道变盈而流谦，鬼神害盈而福谦，人道恶盈而好谦。"《道德经》中也说："江海之所以能为百谷王者，以其善下之，故能为百谷王。""敦兮其若朴，旷兮其若谷。""虚怀若谷"这个成语就出自这里，意思是胸怀像山谷那样深而宽广，形容人十分谦虚。

在《易经》六十四卦中，几乎所有的卦的六爻都是有好有坏、有吉有凶，只有谦卦六爻皆吉。谦卦的上卦坤为地，下卦艮为山。就卦象来看，高大的山隐藏于地下，就好像一个人虽然内满如山，积累得很厚实，但是外表却与常人一样，别人看不出来。谦虚不仅是一个人的修养，也是为人处世的大智慧。

谦逊的人能够正视自己的不足，虚心求教，积极进取，因而能获得丰厚的回报。北宋大文豪欧阳修还是后起之秀时，与谢希深、尹师鲁二人，共同为一处驿舍写文章。三人深思熟虑后各自成文。谢希深的文章字数最多，尹师鲁的最少，全文只有三百多字。但是，尹师鲁的文章结构严谨，遣词造句恰到好处。欧阳修读后，赞叹不已，深感佩服。吃过晚饭后，欧阳修便去找尹师鲁，诚恳地向他请教写文章的技巧。尹师鲁被欧阳修虚心好学的精神打动，就向他分享了自己写文章的心得，并认真点评了欧阳修的文章。两人谈诗论文，直至深夜。回到家后，欧阳修便按照尹师鲁的建议，字斟句酌，重新撰文。新文章内容精炼、用词恰当，比尹师鲁的文章还要简短。尹师鲁读后，不禁大赞欧阳修进步快，可谓一日千里。挑剔别人的缺点容易，正视自己的不足很难。谦逊的人懂得对自己负责，能够虚心求教，从而使自己不断获得提升。

在《了凡四训》中，袁了凡列举了好几个"谦受益"的例子。比如，袁了凡与一些人一起进京赶考，有一个叫丁宾的人虽然年龄最小，但是非常谦虚。

袁了凡对朋友费锦坡说，今年丁宾一定能考上。他还说，在我们所有人中，他是最谦虚、最恭敬的，甚至被别人侮辱都能容忍，被别人毁谤也不辩解。开榜后，丁宾果然考中。又如，山东省冠县人赵裕峰在不满二十岁的时候就中了举人，后来考试，却多次不中。他的父亲在嘉善县做官，赵裕峰随同他的父亲到了嘉善县。赵裕峰非常羡慕嘉善县名士钱明吾的学问，就拿着自己的文章去拜见。而这位钱先生拿起笔来，把他的文章都涂掉了。赵裕峰不但不生气，反而虚心请教并改正。到了第二年，赵裕峰终于考中进士。又如，有一年，袁了凡入京城去觐见皇帝时，见到一位叫夏建所的读书人，他气质非凡，虚怀若谷，毫无骄傲的神气，而且脸上放着谦虚的光彩。袁了凡回来告诉朋友说，凡是上天要使这个人发达，在给他降福之前，一定会先开启他的智慧；一旦智慧被开启，浮躁的人自然会变得踏实，放肆的人自然会收敛。夏建所温和善良到这个地步，是老天开启了他的智慧。到了放榜的时候，夏建所果然考中。再比如，江阴的读书人张畏岩文笔很好，在学术界也很有名气，可是他没考上，就骂主考官瞎了眼。旁边有一个道士笑话他，他很生气，就把愤怒转移到道士身上。道士对他说："你的文章写得一定不怎么样！"他听了更生气，说："你没看过我的文章，怎么知道我的文章写得不好？"道士告诉他："做文章最重要的是心气平和，今天听你骂人骂得这么凶，你的心里很不平，所以你也不可能写好文章。"道士接着告诉他："你考不上，不应当骂考官，应该好好反省自己。"张畏岩听后，觉得他讲得很有道理，慢慢地反省和改变自己，后来也考中了。

有句俗语叫"低头的是稻穗，昂头的是秕子"。其实，越优秀的人越谦卑低调，有修养，不傲慢。历史上的周公是孔子非常尊崇的圣人，他非常谦卑，曾经"一饭三吐哺，一沐三握发"。意思是，周公吃饭时，吃到嘴里会吐出多次。为什么？一听到有贤德的人来了，他会赶快很谦卑地去请教，也就顾不上吃饭，总是想着如何才能治理好国家。由于古人留长发，洗一次头发可能要花一些时间，周公洗着洗着，有贤德的人来了，他赶快把头发握起来去接见，不敢轻慢。唐太宗是我国历史上最善于纳谏的皇帝之一，他不仅虚心纳谏，而且勇于求谏，真正做到了闻过则喜，从而在贞观时期形成了"直士盈朝，从善如流"的清明局面。

虚心的人心胸开阔，待人和蔼，尊重别人，自然人脉宽广，总是能遇到贵人。相传，"汉初三杰"之一的张良曾遇到一个身穿粗布衣服、其貌不扬的老人。老人故意把自己的鞋丢到桥下，并对张良说："小伙子，帮我把鞋捡起来。"张良看对方是个行动不便的老者，就毫不犹豫地去帮忙。没想到老者刚拿到鞋，又把它丢了下去，一连三次。张良没有生气，而是恭敬地帮老者捡鞋，毫无怨言。老者笑着点点头说："孺子可教！五天后，天亮之时，你到这里来等我。"五天后天刚亮时，张良来到了约定的地点，发现老者已在此等候。老者斥责道："与人相约，怎么能迟到呢？五天之后你再来吧！"这一次，天没亮张良就起来，但依旧迟到了。第三次，张良干脆半夜就出发，早早地在那里等候老者。老者很欣赏张良的谦逊，便送给他一本兵书《太公兵法》，也就是现在流传的《素书》。正是这本书让张良学到了谋略的奥秘，日后他辅佐刘邦，开创了汉室江山，成为开国功臣。刘邦曾评价他说："夫运筹策帷帐之中，决胜于千里之外，吾不如子房[①]。"

真正的强者善于藏锋守拙，在别人面前更多地表现出大智若愚、大巧若拙、低调谦卑的态度，最后收获的是人际关系和谐、事业有成。因此，傲不可长，一旦骄傲，不但自己的道德、学问不能进步，人际关系不能和谐，而且无形中会断了自己的因缘，慢慢就成了孤家寡人。保持谦卑，并不是无能，而是一种修养，一种做人的智慧，它不会掩盖我们的光芒，反而会让我们更加光彩夺目。

---

① 注：张良字子房。

第五章　祸福由己

古圣先贤在论述善有善果、恶有恶果的因果规律时，始终强调内因起决定作用。也就是说，是祸还是福，皆取决于自己，在于自己平时的所作所为，正所谓"自作者自受"。

一、自作孽，不可逭

这句话出自《尚书·太甲》。逭（huàn），是逃避的意思。这句话的意思是，自己造的罪孽，是无法逃避的。

其原文是："王拜手稽首曰：'予小子不明于德，自厎不类。欲败度，纵败礼，以速戾于厥躬。天作孽，犹可违；自作孽，不可逭。既往背师保之训，弗克于厥初，尚赖匡救之德，图惟厥终。'"意思是，太甲（商朝第四位君主）对伊尹（商朝的开国元勋）施至敬之礼，说道："我不明于德行，自己招致不善。个人的贪欲破坏了法度，放纵败坏了礼法，给自己招来了灾祸。天灾或许可以躲避，自己造的罪孽是无法逃避的。过去自己违背了国师的教诲，所以不能有一个好的开始，希望能够凭借德高望重的您，来匡正我的过失，谋求有个好结果。"

在《孟子·公孙丑上》中，孟子曾引用了这句话，他说："仁则荣，不仁则辱。今恶辱而居不仁，是犹恶湿而居下也。如恶之，莫如贵德而尊士，贤者在位，能者在职。国家闲暇，及是时，明其政刑，虽大国，必畏之矣。《诗》云：'迨天之未阴雨，彻彼桑土，绸缪牖户。今此下民，或敢侮予？'孔子曰：'为此诗者，其知道乎！能治其国家，谁敢侮之？'今国家闲暇，及是时，般乐怠敖，是自求祸也。祸福无不自己求之者。《诗》云：'永言配命，自求多福。'《太甲》曰：'天作孽，犹可违；自作孽，不可活。'此之谓也。"

孟子的意思是，好荣、恶辱，是人之常情，然而是荣还是辱，完全在于自身的仁与不仁。如果人君修德行善，事事皆出于仁，则身尊名显，不期荣而自荣。如果骄奢淫逸，事事皆出于不仁，则身危国乱，不期辱而自辱。如今的人君都有恶辱之心，但是所做的都是不仁之事，这就好比厌恶潮湿，而又自甘处于低洼之地一样，能不潮湿吗？人君如果真的厌恶屈辱，就要去不仁而为仁，重道德，尊贤士，让贤者、能者都能有适当的职位。国家没有内忧外患之时，修明政事，整顿纲纪，如此，即使是强大的邻国也会敬畏。

历史上有个"郑伯克段"的故事。春秋时期，郑国的郑武公有两个儿子寤生和共叔段。郑武公去世后，寤生继位，就是郑庄公。共叔段受封京邑。共叔段到京邑后，积极扩张自己的势力范围。他让郑国西部与北部边境地区既听从郑庄公的命令，又听从自己的命令，将这两处地方作为自己的封邑，并进一步延伸到廪延，从而掌握了郑国的半壁江山。大臣祭仲劝郑庄公要及早采取措施，但郑庄公说："多行不义必自毙，子姑待之。"公元前722年，共叔段认为时机成熟，于是开始做反叛的准备，他下令修理城郭，储备粮草，补充武器装备，充实兵士，准备袭击郑国的都城。郑庄公在共叔段准备反叛前，便得知他的起兵日期，于是命令子封率领二百辆战车进攻京邑。京邑的人都反对共叔段。共叔段兵败后逃到鄢地，被郑庄公的军队击败。

共叔段欲谋作乱前，曾派儿子公孙滑前往卫国借兵。不料，叛乱很快就被镇压，公孙滑到卫国借了兵马，匆匆返回郑国。在返回的途中，听说父亲叛乱失败，就再次逃往卫国，欺骗卫桓公说郑庄公杀弟囚母、不仁不孝，请求卫国出兵讨伐郑国。卫国的公子州吁一向与公孙滑私交不错，力主出兵讨伐。卫桓公听信了公孙滑的谎言，再加上受州吁怂恿，就答应了公孙滑的请求，决定兴师讨伐郑国。郑庄公听到这个消息后，马上派使者致书卫桓公说明了事情的真相。卫桓公看后大惊，对众臣说道："共叔段不义，自取灭亡，寡人为公孙滑兴师，实为助逆。"说罢，他立即遣使召回了本国的兵马。

二、存亡祸福，皆己而已

这句话出自《孔子家语》，意思是，存与亡、祸与福，都取决于自己。换句话说，外部环境和条件都起不了决定作用。

其原文是：哀公问于孔子曰："夫国家之存亡祸福，信有天命，非唯人也？"孔子对曰："存亡祸福，皆己而已，天灾地妖不能加也。"公曰："善！吾子之言，岂有其事乎？"孔子曰："昔者，殷王帝辛之世，有雀生大鸟于城隅焉。占之曰：'凡以小生大，则国家必王而名必昌。'于是帝辛介雀之德，不修国政，亢暴无极，朝臣莫救，外寇乃至，殷国以亡，此即以己逆天时，诡福反为祸者也。又其先世殷王太戊之时，道缺法圮，以至夭蘖，桑谷于朝，七日大拱。占之者曰：'桑谷野木，而不合生朝，意者国亡乎！'大戊恐骇，侧身修行，思先王之政，明养民之道。三年之后，远方慕义，重译至者，十有六国，此即以己逆天时，得祸为福者也。故天灾地妖，所以儆人主者也；寤梦征怪，所以儆人臣者也。灾妖不胜善政，寤梦不胜善行，能知此者，至治之极也，唯明王达此。"公曰："寡人不鄙固此，亦不得闻君子之教也。"

意思是：有一次鲁哀公向孔子请教说："国家的存亡祸福，确实是天意，而非人力决定的吗？"孔子回答说："存亡、祸福都决定于自己，天灾地祸都决定不了。"哀公说："好！您所说的有什么根据吗？"孔子说："过去，在商纣王当政的时候，有一只小麻雀在城墙上孵出了一只大鸟。占卜的人说：'凡是小鸟孵出大鸟，意味着国家必能成为霸主，名声一定大振。'于是纣王借着小鸟的吉兆，不处理国家的政务，残暴到了极点，满朝文武没有一个人能纠正他的过失，以致被外敌攻打，殷商灭亡。这就是由于自己的行为违背了规律，使得奇异的福兆变成了祸殃。还有，在纣王的先祖殷王太戊当政的时候，由于他道德缺失，法制紊乱，以致出现反常的植物，庙堂之上长出了桑树，七天就长得很高大。占卜的人说：'桑树本来应该生长在田野，不应该长在庙堂之上，这意味着国家将要灭亡！'太戊听了非常害怕，于是很谨慎地修养身心，学习并实施先王的仁政，制定和落实措施，让百姓安居乐业。这样过了三年，远方的人仰慕他的仁义，从偏远之地来朝见的就有十六个国家。这是由于自己的行为顺应了规律，因此才转祸为福啊。所以，天灾地祸是上天用来警告君主的，异梦怪兆是上天用来警戒人臣的。灾祸胜不过良善的政治，异梦怪兆胜不过人的善行。能够明白这一点，便可以实行最好的治理，唯有贤明的君王能够做到。"哀公说："我要是不这么孤陋寡闻，一再向您请教，不可能听到这番很受益的话啊！"

《道德经》中说："祸兮，福之所倚；福兮，祸之所伏。"祸福相依，可以互相转化，一切皆由自己。因此，当遇到顺境时，不必过于高兴，否则得意忘形，骄奢淫逸，放纵自己，反而会引来祸端；当遇到逆境时，也不必灰心丧气，能谨慎修身，力行善事，仍然可以转祸为福，遇难成祥。孔子通达此理，引用了以往纣王由盛到衰、太戊由衰到盛的正反实例来说明祸与福皆是由自己造成的。这正如《淮南子》中所说的："祸之来也，人自生之；福之来也，人自成之。"

哀公问于孔子曰："智者寿乎？仁者寿乎？"孔子对曰："然！人有三死而非其命也，行己自取也。夫寝处不时，饮食不节，逸劳过度者，疾共杀之；居下位而上干其君，嗜欲无厌而求不止者，刑共杀之；以少犯众，以弱侮强，忿怒不类，动不量力者，兵共杀之。此三者，死非命也，人自取之。若夫智士仁人，将身有节，动静以义，喜怒以时，无害其性，虽得寿焉，不亦宜乎！"

意思是：哀公问孔子："是有智慧的人长寿，还是仁德的人长寿？"孔子回答说："是这样的。人有三种非正常死法，而且都是咎由自取。起居没有规律，饮食不加节制，享乐或者劳累过度，这些都会导致疾病缠身而丧命；作为下级，无视上级，以下犯上，嗜好和欲望无度而贪求不止，刑罚会要了他的命；以少数人触犯众怒，以弱者欺侮强者，发怒不合乎礼法，行事不自量力，刀兵战事会要了他的命。这三种死于非命的情况，都是自己招致的。那些智者仁人，居身有节制，言行合仁义，喜怒哀乐适可而止，不伤害自己的性情，最终得以长寿，不是很正常吗？"

唐玄宗可谓是集盛衰巨变于一身的人物，在其统治的前期，获得了"开元盛世"的美誉；在其统治的后期，以"安史之乱"为标志，唐朝走向衰落。盛世的造就，当然不是"天上掉馅饼"，应该说是与唐玄宗的开明统治息息相关；而"安史之乱"的发生，也不是命运的捉弄，而是他的昏庸统治所致。唐玄宗即位之初，能鉴往，能纳言，能任贤，呈现出励精图治的明君气象。《旧唐书》对开元时期的这段历史是这样评说的，唐玄宗即位后，"纠之以典刑，明之以礼乐，爱之以慈俭，律之以轨仪。黜前朝徼幸之臣，杜其奸也；焚后庭珠翠之玩，戒其奢也；禁女乐而出宫嫔，明其教也……庙堂之上，无非经济之才；表著之中，皆得论思之士……年逾三纪，可谓太平"。"开元盛世"的到来，使唐玄宗开始骄傲起来，一门心思追求歌舞升平，国家政事日渐荒废。"上有好者，下必甚焉"。由于唐玄宗飘飘然，喜欢声色犬马，听不进逆耳之言，于是，一些阿谀奉承的奸佞之人就日渐得势，而敢于谏诤的贤臣逐渐被疏远。唐玄宗在后期恣行享乐的同时，把朝政大权交给了李林甫、杨国忠等奸佞小人，致使朝纲紊乱、政局日坏、人心离散，把一个好端端的大唐盛世整垮了。

《晋书》中记载了"周处自新"的故事。周处是晋朝义兴人，他在年轻的时候，脾气粗暴，好惹是生非，经常与人打架斗殴，危害乡里，被当地的百姓视为祸害。那时候，在义兴境内的大河里出现了一条鳄鱼，在山里又有猛虎出没，它们时常伤害百姓。当地的百姓都把周处同鳄鱼、猛虎一起看作是"三害"，而这"三害"中，又以周处为害更甚。为了除掉伤害百姓的祸害，有个人对周处说："既然你有本事，为什么不上山去杀死那只猛虎，到河里斩除那条鳄鱼，以证明自己的实力？"周处听取这个人的劝说后，上山杀死了猛虎，又到河里去捕杀鳄鱼。他在大河里寻找了几十里，就这样，几天过去了。百姓都以为周处已经死了，因而奔走相告，互相庆贺。谁知周处在杀死鳄鱼后又回来了。当他看到百姓都在为他"已不在人世"而互相庆贺时，才知道自己早已被大家视为祸害。周处幡然醒悟，从此立志向学，决心洗心革面、改过自新。于是，他找到当时远近闻名、受人尊敬的大文人陆机、陆云两兄弟。陆云开导他说："古人认为，一个人如果能在早晨懂得真理，即使在晚上死去，也是值得的；何况你现在还年轻，知错能改，未来还是很有希望的。就怕一个人没有远大的志向，有了远大的志向，又何必担心美名不会传播呢？"从此，周处奋发图强，通过自己的努力，后来终于成了名扬四方的忠臣名将。

人生的起点，自己无法选择，但人生的路都是由自己一步一步走出来的。

走向上、向善的路，人生自然能够获得吉祥幸福；而走向下、向恶的路，人生自然就会走下坡路，这就叫"自食其果"。

三、人必自侮，然后人侮之

这句话出自《孟子》，意思是，一个人必然是自己先不自重、不争气、自我放纵、自我堕落，然后才会有人看不起他、不尊重他、侮辱他、欺负他。

其原文是：孟子曰："不仁者可与言哉？安其危而利其菑，乐其所以亡者。不仁而可与言，则何亡国败家之有？有孺子歌曰：'沧浪之水清兮，可以濯我缨；沧浪之水浊兮，可以濯我足。'孔子曰：'小子听之！清斯濯缨，浊斯濯足矣，自取之也。'夫人必自侮，然后人侮之；家必自毁，然后人毁之；国必自伐，然后人伐之。"

孟子的意思是，对于不仁的人，难道还可以向他谏言吗？见别人有危险，他无动于衷；见别人有灾难，他会从中谋利；当别人亡国败家时，他却幸灾乐祸。假如还可以向不仁的人谏言，那么世上又怎么会有亡国败家的惨祸呢？从前有一首儿歌唱道："沧浪的水清澈啊，可以洗我的帽缨；沧浪的水浑浊啊，可以洗我的双足。"孔子说："学生们听好了！水清就洗帽缨，水浊就洗双足，这是由水本身的清浊决定的。"所以，一个人必先自取其辱，而后才会有人侮辱他；一个家必先自己毁败，而后才会有人毁败它；一个国家必先自种被攻击的因，而后才会有人攻击它。

孟子曾游说各诸侯，宣传其仁义的主张，但并不被急功近利的诸侯所采纳。这使他悟出了一个道理：宣传仁义的主张必须看对象，对没有仁德的人讲仁义，无异于对牛弹琴。所以，他说，对没有仁德的人怎能向他讲仁义呢？如果不仁德的人从善如流，接受劝说，那么天下怎么还会发生亡国败家的事吗？紧接着，孟子又引用童谣和孔子的话，论证了"咎由自取"的道理，那就是：问题往往首先出在自身和内部。一个人如此，一个家庭如此，一个国家也如此。

宋代著名文学家苏轼曾创作过一篇史论文章，叫《范增论》。苏轼针对陈平用计离间项羽和范增的史例，提出："物必先腐也，而后虫生之；人必先疑也，而后谗入之。"范增为什么会离开项羽呢？众所周知的原因是陈平用了反间计。项羽派使者到刘邦那里，刘邦按照陈平的安排，装作误以为他是范增派来的使者，亲自热情地招待了他；当问清楚使者是项羽派来的后，刘邦立马就变了脸色，说他以为是范增派来的使者，原来是项羽派来的，然后下令撤去丰盛的酒席，换成粗陋的饭菜，自己也不再作陪，拂袖而去。使者回去向项羽汇报了此事，项羽当时就生了疑心。按照司马迁在《史记》中的说法，这就是项羽对范增心生嫌隙的开始。但苏轼不这样看。在《范增论》中，苏轼提出，项羽对范增的猜忌，其实在他动手杀掉义帝熊心的时候就开始了。熊心是楚怀王的孙子，秦末流落在民间放羊，是范增说服项羽，立熊心为义帝以顺从民心，这才使项羽快速崛起。杀掉熊心，表明项羽与范增已经产生了很大的分歧。一件东西是先从内部腐烂，然后才开始生虫的；人与人之间一定是先有了嫌隙，然后谗言才能乘虚而入。否则，即便陈平再聪明，也不能离间项羽与范增。苏轼的话确实有一定的道理。

从"物必先腐，而后虫生"的出处和其上下文的语境来看，它是"人必先疑，而后谗入"的一个铺垫。然而，它所包含的哲理却很深厚，那就是，事物的毁灭，酿于自身的败坏；与外因比较，内因才是决定性的因素。"物自败，尔后生机失，物不腐，虫何生？""必先"与"而后"说明了"内在"首先出了问题，"外在"才能乘虚而入的"腐败规律"。无独有偶，《荀子·劝学》中的"肉腐出虫，鱼枯生蠹"这句话，也阐释了同样的道理。荀子通过揭示肉腐生蛆、鱼枯生虫这一物象，说明"物类之起，必有所始；荣辱之来，必象其德"，即事物的发生自有其起因和内在的必然逻辑。

以疾病为例，人生病固然是有外来病菌、病毒等侵入的原因，但更是由于自身机体出问题了。病菌和病毒在抗菌与抗毒能力强的机体中很难生存。相反，如果机体免疫力、抵抗力降低，病菌、病毒便会乘虚而入、滋生繁衍，从而导致生病。同样，一个人喜欢酗酒，别人就会说他是酒鬼，就会有酒友来找他；一个人喜欢打麻将，别人就会说他是赌徒，就会有牌友来找他；一个官员喜欢受贿，别人就会认为他是贪官，就会有行贿之人来找他；一个领导喜欢听信谗言，别人就会说他是昏官，就会有阿谀奉承的小人来找他；等等。其实，这与马克思主义的唯物辩证法原理也是一致的，在事物发生和发展过程中，内因是变化的根据，外因是变化的条件，外因通过内因而起作用。

俗话说，"苍蝇不叮无缝的蛋"。苍蝇为什么喜欢叮那个蛋，说明那个蛋有问题。孟子说的"人必自侮，而后人侮之"这句话，旨在告诉我们，自己是内因、是关键，自我放纵就是"自侮"，而后就会导致"人侮"。

四、咎由自取

这个成语出自西晋史学家陈寿的《三国志·刘封等传评》中的一句话："招祸取咎，无不自己也。"其意思是，灾祸、罪责无不是由自己的过错与失误造成的。他认为灾祸等不好的结果都是自己招来的，是自作自受、自食其果。

其原文是："评曰：刘封处嫌疑之地而思防不足以自卫，彭羕、廖立以才拔进，李严以干局达，魏延以勇略任，杨仪以当官显，刘琰旧仕并咸贵重。览其举措，迹其规矩，招祸取咎，无不自己也。"陈寿评论说：刘封身处嫌疑之地，而他的思虑不足以自卫；彭羕、廖立凭借才干而被提拔重用，李严凭借办事的才干而发达，魏延凭借勇敢和智略而被任用，杨仪凭借办事恰当而官职显要，刘琰凭借故旧同宗而任职，他们都能位尊任重于一时。看看他们为人处世的做法和轨迹，所遭遇的祸殃，都是他们自己招致的。

刘封是刘备的义子，武艺高强，性格刚猛，气力过人。他随赵云、张飞等扫荡西川，颇有战功，而后又统领孟达攻取上庸，深得刘备信任。但是，后来关羽北伐曹魏时，多次要求刘封起兵相助，刘封不从。此后他又侵凌孟达，迫其降魏。孟达与徐晃共袭刘封，刘封又遭部下叛变，败归成都。刘封回到成都后，刘备因刘封欺凌孟达，且不救援关羽，于是赐其自尽。

彭羕早年遭他人诽谤，被刘璋处以髡钳（剃去头发，戴上刑具）之刑，沦为奴隶。所以，当刘备入蜀的时候，彭羕很高兴，赶紧去见庞统。庞统、法正都很赏识他，因此两个人一同将彭羕举荐给了刘备。刘备平定益州后，封彭羕为治中从事，从此他就开始嚣张跋扈起来。后来，彭羕被调离成都，做了江阳太守。彭羕自然心怀不满，就去劝马超跟他一起反叛刘备，占据益州。可惜他找错了对象，马超听了彭羕的话后吓了一跳，将此事上报给朝廷，彭羕被下狱处死。

廖立是蜀汉的重要谋臣，被诸葛亮评价为荆楚一带的奇才。刘备的荆州南部三郡被吕蒙偷袭后，廖立脱身奔归刘备，刘备不责备廖立，任他为巴郡太守。刘备去世后，廖立自恃才高，公然批评先帝刘备一再失策，导致荆州丧失、关羽身死、夷陵之败损兵折将等，还诽谤众臣。最终他被贬为庶民，流放汶山郡，后来死于流放地。

李严是蜀汉的重臣，与诸葛亮同为刘备临终前的托孤之臣。公元231年，诸葛亮再次北伐，李严开始动起心思想借机弹劾诸葛亮。他先是以阴雨连绵，粮草供应不上为借口，请求诸葛亮退军；诸葛亮退军后，他又说粮草充足，还批评诸葛亮贻误战机。不料诸葛亮把他之前的来往书信都留着，交给了后主刘禅，并联合众臣弹劾李严。李严被贬为庶民，流放梓潼郡。

刘备占据益州后，刘琰被任命为固陵郡太守。刘禅继位后，刘琰晋封为都乡侯，排位仅次于李严；又兼任卫尉、中军师、后将军，后又由后将军升迁为车骑将军。公元232年，刘琰与前军师魏延产生矛盾，双方经常争吵，被诸葛亮责备。诸葛亮就让他回成都，保留其官职。公元234年，刘琰的妻子胡氏进皇宫给太后祝寿，太后喜欢胡氏，就把她留住了一个月才让她回来。刘琰就打骂胡氏，认为她与皇帝私通，最后休了胡氏。胡氏因此上告刘琰，刘琰被下狱处死。

诸葛亮死后，魏延觉得自己可以带兵继续北伐，不想撤兵，所以就与杨仪争权。魏延带着自己的部队赶在杨仪的大军之前，烧毁了通往益州的栈道。然而，这就导致一旦魏国的追兵赶来，恐怕魏延的部队就会全军覆没。杨仪让王平去抵御魏延的军队。王平在阵前斥责魏延并细数其过错，导致本来就理亏的魏延军团士气彻底涣散。魏延带着自己的亲信想要回成都向刘禅上报。杨仪为了彻底夺取权力，命令马岱追击并斩杀了魏延，还灭了魏延的三族。

杨仪与魏延争权，最后杨仪获胜。杨仪自以为可以因功继承诸葛亮的官职，但没想到蒋琬凭借诸葛亮死前的密奏，当上尚书令，领益州刺史。而杨仪只当了个中军师，并无兵权。杨仪心生怨恨，开始口出狂言，尤其是当着费祎的面说，如果当初自己在诸葛亮死后带兵投降曹魏，肯定能获得高官厚禄。此事被费祎密奏给刘禅后，杨仪被贬为庶民，流放到汉嘉郡。在流放地，杨仪还上书诽谤，被下令抓捕，最终自尽而亡。

小学课本上有一篇课文叫《狼来了》，因为放羊娃一而再、再而三地说谎，最后狼真的来了。农夫们听到他的喊声后，以为他又在说谎，都不理睬他，也没有人去帮他，结果放羊娃被狼吃了。

历史上的周幽王就犯了放羊娃类似的错误。大家都知道"烽火戏诸侯"的故事。周幽王因戏弄诸侯，结果导致无人来救他。周幽王是个荒淫无道的昏君，自从得到褒姒以后，十分宠幸她。褒姒虽然漂亮，但是自进宫后从来没有笑过。周幽王为了博得褒姒一笑，竟然悬赏求计，称如果谁能引得褒姒一笑，就赏给他千金。这时，有个叫虢石父的佞臣提议用烽火台一试。烽火本是古代在敌寇侵犯的紧急情况下，用于军事报警的信号。昏庸的周幽王采纳了虢石父的建议，命令守军点燃烽火。一时间，狼烟四起，烽火冲天，各地的诸侯一见到警报，以为犬戎打过来了，果然带领兵马急速赶来救驾。他们到了骊山脚下，发现连一个犬戎兵都没有，而周幽王和褒姒正坐在高台上饮酒作乐。诸侯们始知被戏弄，怀怨而回。褒姒见千军万马招之即来、挥之即去，觉得十分好玩，禁不住嫣然一笑。为此，周幽王数次戏弄诸侯们，渐渐地诸侯们再也不来了。周幽王为进一步讨褒姒欢心，又罔顾祖宗的规矩，废黜王后申氏和太子宜臼，册封褒姒为后，并立褒姒生的儿子伯服为王位继承人，下令废去王后的父亲申侯的爵位，还准备出兵攻伐他。申侯获得这个消息，先发制人，联合犬戎之兵，于公元前771年进攻镐京。周幽王听到犬戎进攻的消息，惊慌失措，急忙命人点燃烽火。烽火倒是烧起来了，可是诸侯们因受了几次愚弄，这次都不再理会。周幽王带着褒姒、伯服仓皇而逃，后被犬戎兵当场砍死。

五、玩火自焚

这个成语出自《左传》中的一句话："夫兵犹火也，弗戢将自焚也。"意思是，打仗就像玩火，如果不加以控制，就会烧到自己，比喻做违法乱纪或者伤害人的事情，最终自己也必受其害。

卫州吁立，将修先君之怨于郑，而求宠于诸侯以和其民，使告于宋曰："君若伐郑以除君害，君为主，敝邑以赋与陈、蔡从，则卫国之愿也。"宋人许之。于是，陈、蔡方睦于卫，故宋公、陈侯、蔡人、卫人伐郑，围其东门，五日而还。公问于众仲曰:"卫州吁其成乎?"对曰:"臣闻以德和民,不闻以乱。以乱,犹治丝而棼之也。夫州吁,阻兵而安忍,阻兵无众,安忍无亲,众叛亲离,难以济矣。夫兵犹火也,弗戢将自焚也。夫州吁弑其君而虐用其民,于是乎不务令德,而欲以乱成,必不免矣。"

春秋时期卫国的桓公有个致命的缺陷,就是生性懦弱,这为日后卫国爆发内乱埋下了隐患。桓公有个异母兄弟,名叫州吁,性格恰恰与桓公相反,自幼尚武,性情暴戾。先君庄公在世时,十分溺爱州吁,使他养成了骄横的习气。州吁看不起这个软弱的哥哥,时时觊觎君位,拟谋害桓公,取而代之。桓公十六年(前719),州吁借桓公外出之机,设计弑杀桓公,做了国君。州吁当政后,准备向郑国报复前代国君结下的怨恨,以此讨好其他诸侯,安定卫国的人心。他派人告诉宋国说:"君王如果进攻郑国,可以除去你们的祸患,以君王为主,我们出兵、出物,和陈、蔡两国一道作为属军,这就是卫国的想法。"宋国答应了。这时候陈国、蔡国正与卫国交好,于是宋国、陈国、蔡国、卫国联合进攻郑国,包围了郑国都城的东门,五天以后无功而返。鲁隐公得知情况后,询问大夫众仲说:"依你看,州吁这次能成功吗?"众仲摇摇头说:"我只听说以德行安定百姓的,没有听说以祸乱安定百姓的。以祸乱安定百姓,如同想要理出丝线纷乱的头绪,反而弄得更加混乱。州吁这个人,仗恃武力而安于残忍。州吁依靠武力兴兵作乱,给百姓带来灾难,百姓绝不会支持他;他如此残暴凶狠,亲近的人不愿意跟随他。众人反对,亲信背离,他想取得成功是不可能的。打仗就像玩火,一味地用兵而不知收敛和节制,结果必然是烧死自己。州吁杀了他的国君,又暴虐地对待百姓,不致力于建立德政,反而想通过祸乱来取得成功,就一定不能免于祸患。"果然,不到一年时间,卫国人在陈国的帮助下,推翻了州吁的残酷统治,将他杀死。

《资治通鉴》中也记载了一件"玩火自焚"的故事。宋有雀生鹯于城之陬。

史占之，曰："吉。小而生巨，必霸天下。"宋康王喜，起兵灭滕，伐薛；东败齐，取五城；南败楚，取地三百里；西败魏军。与齐、魏为敌国，乃愈自信其霸。欲霸之亟成，故射天笞地，斩社稷而焚灭之，以示威服鬼神。为长夜之饮于室中，室中人呼万岁，则堂上之人应之，堂下之人又应之，门外之人又应之，以至于国中，无敢不呼万岁者。天下之人谓之"桀宋"。齐湣王起兵伐之，民散，城不守。宋王奔魏，死于温。

意思是，宋国人在城墙上发现一只麻雀居然孵出了一只大鸟（古人认为，奇异事件是上天发出的某种信号）。国君宋康王让史官占卜，史官说："小鸟孵出大鸟，预示着宋国一定能在诸侯国中称霸。"宋康王听后很高兴，于是灭了滕国，攻占薛地；在东边打败了齐国，夺取了五座城池；在南边打败了楚国，夺取了三百里地；在西边又打败了魏国。能够打败齐国和魏国，让宋康王越来越相信自己能称霸。为了尽快实现称霸的梦想，宋康王用箭射天，用板子打地，砍了祭神用的牌位并放火烧掉，以证明自己的威势慑服了天地鬼神。他整夜在宫室中饮酒，宫室的人齐呼其万岁，大堂上的人闻声响应，堂下的人和大门外的人也跟着响应，以至于整个宋国的人没有敢不高呼其万岁的。天下的人都咒骂他是"桀宋"。齐湣王派兵攻打宋国，一到宋国境内，宋国的老百姓全都逃散，城池也没有人把守。宋康王望风而逃，进入魏国地界，死在了温地。宋国被灭。

宋国本是居于齐、楚、魏三国之间的小国，远不足以与"七雄"抗衡。宋国之所以能在"七雄"相争的纷乱中生存，不是邻国无力吞并它，而是各国不愿意让某一国独吞它。宋康王之所以能连败齐、楚、魏三国，不是由于自身实力强大，而是由于三个国家根本就不对宋国设防，没想到此等小国居然敢主动出击。且以秦国之强，在出兵攻伐时也会集中兵力，而不敢四面出击。宋国地小国弱，竟然敢连续对齐、楚、魏等大国开战！常言道："天欲令其灭亡，必先让其疯狂。"从古至今，狂傲、不可一世者是没有好下场的！

种瓜者得瓜，种豆者得豆。自己种下恶的种子，必然收获恶的果实。谁作恶多端、坑蒙拐骗，谁就要承担被制裁的后果。

六、自知者不怨人，知命者不怨天

这句话出自《荀子》，意思是，有自知之明的人，不会抱怨别人；懂得命运规律的人，不会抱怨上天。

其原文是："鯈鮒者，浮阳之鱼也，胠于沙而思水，则无逮矣；挂于患而欲谨，则无益矣。自知者不怨人，知命者不怨天；怨人者穷，怨天者无志。失之己，反之人，岂不迂乎哉！"意思是，鯈鮒鱼喜欢浮在水面上晒太阳，但如果它搁浅在沙滩上，再想获得水，就来不及了；就好像人遭遇了灾祸后再想谨慎小心，已发生的灾祸也就失去了启发意义。有自知之明的人，不会抱怨别人；懂得命运规律的人，不会抱怨上天。抱怨别人，路会越走越窄；抱怨上天，就会自暴自弃。本来是自身出了问题，却反过来怪罪别人，这不是很愚痴吗！

"自知者不怨人"的意思是，有自知之明的人，做事没有成功，或者做错了事，或者错过了机会等，首先会从自身找原因、找问题、找责任，不断总结经验教训，并改正和提升自己，而不会抱怨别人。相反，没有自知之明的人会把问题的原因和责任归结到别人身上，挑别人的毛病，抱怨和苛责别人，却看不到自身的错误和不足。喜欢抱怨别人的人，往往看不到自身的问题，也就无法进步和提升，而且人际关系不和谐，路越走越窄，甚至走投无路。

"知命者不怨天"的意思是，懂得命运掌握在自己手中的人，知道自己在人际关系中的角色，应该做什么，不该做什么，在事不遂愿的时候，知道是自己没有做好，会继续努力，而不会抱怨上天。因为抱怨上天无济于事，上天是不以个人的意志为转移、无法改变的外部环境和条件。一个人如果不明白这一点，整天发牢骚，抱怨上天不公平，把不好的结果都归结到外部环境和条件上，又有什么意义呢？

　　在现实生活中，我们常常可以看到一些人在抱怨父母、孩子、丈夫、妻子、领导、下属或同事，或者抱怨天气、环境、交通、社会或政府等。喜欢抱怨的人通常有三个表现：一是爱生气。这些人在不停地抱怨，心情郁闷，充斥着怨恨、恼怒、厌烦的情绪，因而失去了应有的快乐，损害了自己的健康。二是脾气大。经常对别人发脾气，认为都是别人的责任和错误，使自己的人际关系不断恶化。三是没本事。遇到问题不是千方百计想办法解决，而是习惯性地找借口、发牢骚、破罐子破摔，这就使自己失去了提升和改变的机会，长此以往就会慢慢地沉沦，永远无法成功。

　　俗话说："上等人有本事，没脾气；中等人有本事，有脾气；下等人没本事，有脾气。"发脾气实际上是懦弱无能的表现。电视剧《我的前半生》中的白光，一没工作、二没存款，全靠妻子养活。他能力不强却好吃懒做，而且总是在做白日梦，想赚大钱；当工作不顺利时，不是想办法解决问题，而是抱怨、借酒消愁，一不顺心就与妻子吵架，一听到别人说自己，就会暴跳如雷，从来不反省自身的问题。因此，他最终落了个妻离子散、一事无成的下场。真正有能耐的人在遇到事情后往往能沉着冷静，他们的内心非常强大，不会轻易发脾气。无能者则不然，他们非常容易动怒，经常被情绪控制，内心敏感，爱发牢骚、怨天尤人，这些牢骚、不满又会反过来影响他们自己，导致他们的境遇进一步恶化。

　　在《红楼梦》中，贾政有个侧室叫赵姨娘。赵姨娘早年是丫鬟出身，被贾政看上，从仆人变成了半个主人。但她为人刻薄，经常依仗主人身份欺压他人，遇事挑三拣四，搞得家宅不宁。时间久了，身边的人都不喜欢她。她不但不反思，反而总是抱怨儿子不给自己长脸，抱怨闺女不给自己撑腰，抱怨凤姐找自己的麻烦等，使自己的人际关系一塌糊涂。事实上，任何看似正常、合理的抱怨，都不能为自己换来所谓的公平和好运；恰恰相反，只会越发加重自己心灵的负担，恶化人际关系，使自己进入无法自拔的泥泞和迷途。

曾国藩在给其诸弟的信中说："吾尝见友朋中牢骚太甚者，其后必多抑塞，如吴枟台、凌荻舟之流，指不胜屈。盖无故而怨天，则天必不许；无故而尤人，则人必不服。感应之理，自然随之。温弟所处，乃读书人中最顺之境，乃动则怨尤满腹，百不如意，实我之所不解。以后务宜力除此病，以吴枟台、凌荻舟为眼前之大戒。凡遇牢骚欲发之时，则反躬自思：吾果有何不足而蓄此不平之气？猛然内省，决然去之。不唯平心谦抑，可以早得科名，亦且养此和气，可以消减病患。万望温弟再三细想，勿以吾言为老生常谈，不值一哂也。"意思是："我曾见朋友中有经常发牢骚的人，结果都遭受了很多的挫折和不顺，如吴枟台、凌荻舟等人就是如此，这样的例子举不胜举。无缘无故地抱怨上天，上天也不会回应或帮助；无缘无故地抱怨别人，别人也不会服气。天地万物都有规律，只能顺其自然，不能过于强求。以温弟现在的情况，正是对读书人最有利的境遇，但是时常满腹牢骚，处处感觉不如意，这实在让我无法理解。日后一定要努力改掉这个毛病，以吴枟台、凌荻舟为前车之鉴。每当想发牢骚的时候，就要反省：自己还有哪些问题而积蓄了这些不平的怨气？这样就会豁然醒悟，坚决去除。若真能这样做，不仅可以使自己心平气和与谦虚，早日取得功名，还可以使自己养成平和的心态，减少疾病和痛苦。万望温弟认真琢磨，不要认为这些话都是不值得理会的老生常谈。"

从这番话中，我们可以看出，曾国藩对其诸弟的教导可谓是情真意切。曾国藩深知，凡事怨天尤人，总是把目光盯在别人身上或无法改变的环境和条件上，而不自我反省，就看不到自身的问题和不足，也就无法改变自己，当然也就无法进步。所以，曾国藩特别强调力除抱怨的重要性，并且告诫他的弟弟凡在抱怨时，一定要认真反省自己，坚决去除这个恶习。

著名的"旗袍先生"崔万志有一句名言："抱怨没有用，一切靠自己！"崔万志现任蝶恋品牌服饰 CEO、浙江大学客座讲师、阿里巴巴 NCC 宣讲专家，2011 年被评为安徽年度十大新闻人物，2012 年被评为阿里巴巴全球十大网商，2013 年被评为 CCTV 中国创业新生代榜样，2015 年获得《超级演说家第三季》亚军，2017 年被评为第六届全国道德模范提名奖获得者，2018 年被中央宣传部、国家发展改革委授予"诚信之星"称号，等等。

1976 年，崔万志出生于安徽肥东一个农民家庭，出生时脚先落地，头被卡在里面很长时间，导致脑部缺氧，造成行走不便、语言不流畅。上小学的时候，看着身边的同学轻而易举地迈过通往学校必经的一条沟，而他由于身体残疾无法顺利通过，他强大的自尊心不允许自己事事都靠父母，于是他尝试着趴在地上，爬过这条沟。从那时起，他就明白了世界上没有过不去的坎！成绩一直名列前茅的他，以优异的成绩考入重点高中，但因残疾被学校拒绝。他说，他恨上天为何如此对待他。也就是在这时，他的父亲告诉他："抱怨没有用，一切靠自己！"他没有放弃，最终成功地读完大学。

大学毕业后求职不顺利，崔万志决定依靠自己的力量改变人生，于是，他在淘宝网上开了一家女装店。网店曾有过较好的成交量，也在低潮时欠了 400 万元的债。他一遍又一遍地告诉自己："不要抱怨，抱怨没有用，一切靠自己！"就这样，他坚持，坚持，再坚持。2013 年，崔万志创建旗袍品牌。他带着员工四处拜师学艺，从选料到裁剪、刺绣，甚至一粒小小的盘扣都力求精益求精。手工制作与机器制作旗袍的成本相差 20 倍以上，普通消费者难以分辨。曾有人建议他用机绣制作，挂名人工绣制，这样可以节约成本，但是被崔万志断然拒绝，他坚持用贴心的服务和不变的真诚赢得客户。如今，崔万志的蝶恋品牌是淘宝网上最受欢迎的女装品牌之一，品牌旗下多家淘宝店已经荣升"金冠"店铺。一个残疾人依靠自己的力量，用不屈的意志和不懈的奋斗创造了一个个神话。

怨天尤人就是在不停地让自己相信，自己是一个受害者，是一个倒霉、失败甚至不幸的人。把注意力集中在不幸上，不幸就会增加；把注意力集中在苦难上，苦难就会不断；把注意力集中在改变上，改变才有可能；把注意力集中在获得幸福上，幸福才会越来越多。其实，任何抱怨、发牢骚和不满都解决不了问题，真正能解决问题的是自己，因为我们无法把控外部环境和他人，但始终都可以把控自己。

很多时候，我们都是自身经验的"囚徒"，思维方式都局限于过去的经历、经验和一般的情况。其实，如果能跳出自我经验的局限，改变自己的思维方式，就会发现，事情未必如此，解决问题未必很难。

明代"江南首富"沈万三曾经跟随商队收购茶叶，由于没有足够的资金，他的货源总是被其他商人截去。眼看着别人赚得盆满钵满，自己却一无所获，沈万三没有抱怨，而是选择了改变。他放弃收购茶叶，转而收购附近城镇所有的竹筐。商队收购完茶叶之后，需要用竹筐运走，却发现附近只有沈万三那里有竹筐，最终不得不用高价去买。虽然没能收购到茶叶，但是沈万三依然赚了很多钱。

我们经常可以看到这样的现象：两个人同时进入一个单位，一段时间后，一个人晋升了，另一个人仍未升职；一个地方开了两家差不多的商店，一段时间后，一家生意兴隆，另一家却濒临倒闭……同一个起点，相同的环境，为什么会有不同的结果？有一位哲学家说："思想决定行为，行为决定习惯，习惯决定性格，性格决定命运。"思维方式是拉开差距的根源。不同思维方式的人，对待同一件事情，得出的结论、产生的行为往往大相径庭。所以，即使起点相同，不同的人也会因思维方式不同而走上完全不同的人生路。

　　大凡成功、幸福的人都不会抱怨，而是自己多付出、多努力，千方百计克服困难、解决问题。其实，外部环境和条件不会因抱怨而改变，与其把时间用在抱怨上，不如想办法努力改变自己的"三观"、思维方式和习惯，改变自己能够改变的，接受自己不能改变的，这样才能迎来"柳暗花明"的人生。

第六章 天助自助者

《易经》中说:"天行健,君子以自强不息。"君子的品格也应像天(自然)的运行那样刚健有力、奋发图强、永不止步。一分耕耘一分收获,任何付出和努力都不会白费,自暴自弃、怨天尤人没有希望,天助自助者,唯有自强才能自立。

一、自天佑之,吉无不利

这句话出自《易经》,意思是,自己努力顺着大道而行,老天才会帮助自己,没有不吉利的。

有人把"自天佑之"理解为上天的保佑,这样理解是不恰当的。上天不会有意保佑任何人,如果上天有意保佑某个人,那么它就不公平了。其实,这里的"自"并不是"来自"的意思,而是指自己;这里的"天"不是指头顶上的蓝天,而是指万事万物的客观规律。"自天佑之"的意思是自己努力、顺道而行，才会获得老天的护佑，也就是通常所说的"自助者，天助之"。

孔子在解释这句话的时候说："佑者，助也。天之所助者，顺也；人之所助者，信也。履信思乎顺，又以尚贤也，是以自天佑之，吉无不利也。"意思是，"佑"就是帮助、护佑的意思；上天会帮助顺应天道规律的人，不是说烧支香、磕个头就能获得保佑；人们会帮助诚信的人，如果没有信誉，就没有人愿意帮助他。"履信"的意思是，自己做人讲诚信；"思乎顺"的意思是，想着让自己的言行合乎规律；"尚贤"的意思是，崇尚贤德。像这样的人，才能获得各方的帮助和护佑，才能大吉大利、无所不利。有些人自己不努力，做人做事背道而驰，却祈求上帝、神、佛或菩萨的保佑，买点水果摆在那里，祈求发财、升官、免灾、生个孙子等，天下哪有这么便宜的事情？如果这样能行，就什么也不用做了。

《诗经》中说："永言配命，自求多福。"这是千古流传的真理和名言。虽然这句话只有八个字，却是中华文化的精华和重要精神，可以用来破除迷信的宿命论。"永言"就是千古不变的名言，"配命"就是自己的言行要合乎天理和规律；要想真正改变自己的命运，不能靠外力，也不能靠上帝、神、佛或菩萨，只能靠自己，这就是"自求多福"。人只要付出了，一分耕耘就有一分收获。所以，孔子告诉我们，"不怨天，不尤人"，怨天尤人没有用，老天只会帮助那些肯努力、肯付出的人。

古语说："尽人事，听天命。"尽人事，就是把自己该做的事尽心尽力做好；听天命，就是顺其自然地对待事情的结果，因为还有一些外部因素和条件是我们掌控不了的。不尽人事，就不要期待有好结果。梁启超在解释"天行健，君子以自强不息"这句话时说："乾象言君子自励犹天之运行不息，不得有一曝十寒之弊。……人之生世，犹舟之航行于海，顺风逆风，因时而异。如必风顺后扬帆，登岸无日矣！"就是说，乾卦认为君子自我勉励，当如宇宙运行不止那样，不能有一曝十寒的毛病。人生在世，如同船在海上航行，有时顺风，有时逆风，时间不同，情况也有所不同。如果必须等到顺风才扬帆启航，那么到达彼岸就不知要等到什么时候了。所以，为人处世，也应像天道一样，力求自我进步、发愤图强、永不停息。靠自己最实在，自助者有天助。

高思恩是一个先天左臂残疾的女孩，从出生到长大，她都与抱养她的以收废旧物品为生的奶奶相依为命。历经生活磨难的她，成为中共党员、山西大学研究生、国家二级运动员，多次荣获山西省残疾人运动会短跑金牌、全国残疾人田径锦标赛银牌或铜牌，获全国大学生"自强之星"提名奖、全国残疾大学生励志提名奖……一项项荣誉，记录着她的成长，释放着生命的力量。

1994年7月的一天，一个刚出生不久的女婴因先天左臂残疾而被父母遗弃。一位年已六旬的老人高奶奶将她抱回家中，她给这个苦命的婴儿起名叫高思恩。对高奶奶而言，平常的收入来源于帮别人做零活、出去捡垃圾，要想养活思恩着实不易。在高思恩7岁那年，奶奶生了一场大病，好几天都不能下床。于是，小思恩踩着小板凳，学着用一只手洗菜、切菜，给奶奶做饭吃。从那以后，思恩成了奶奶的好帮手。由于思恩没有户口，无法正常入学，于是高奶奶东奔西走找相关部门为她解决此事。在派出所、残联、民政和教育等部门的帮助下，思恩终于有了户口，政府还让她们享受到了低保，思恩终于走进了盼望已久的校园。开学第一天，奶奶带着小思恩沿路记标识、看路标。奶奶白天要捡拾废品，还要打零工，无暇接送她，只能让她独自回家。在小区里，居民们经常会看到瘦弱的思恩靠单臂托着打包好的废品，从五楼一趟一趟地搬到一楼，再整理到小推车上。为了多卖几元钱，思恩每次都到离家很远的一个废品收购点去卖废品。她心里只想着让奶奶的辛苦付出多点回报。上中学后，由于离学校较远，必须坐公交车，为了省1.5元的车费，懂事的思恩瞒着奶奶，跑着去上学。为了沿途捡拾废品以卖钱补贴家用，高思恩选择一路奔跑。不知不觉中，她成了校园里跑得最快的孩子。每次学校举办运动会，她都是女子中长跑冠军。在高中三年里，她几乎包揽了学校运动会田径项目的重要奖项。上高二时，她被认定为国家二级运动员。

为了照顾奶奶，她选择留在太原上大学。在上大学期间，她还承担了学生会的工作。2017 年新年之际，奶奶意外摔倒，腰椎骨折，做手术后，近一年不能下床。她在家中给奶奶喂水、喂饭，甚至帮助奶奶排便、擦洗身体。面对这样的压力，她咬牙坚持，挑灯夜战，最终成功考上山西大学政治与公共管理学院的研究生。为了回报社会，她总是力所能及地参加一些公益活动。高思恩说："我一路走来，受到了社会太多的帮助，奶奶给我取名为思恩的原因，也是希望我能知恩图报。"提及生活的过往，她没有一句抱怨的话。

感动中国 2021 年度人物张顺东、李国秀夫妇均为重度残疾。张顺东右手和双脚先后被截肢，只剩下一只左手；妻子李国秀在出生时就没有双手。靠着这两个人加起来的一只手和一双脚，二人并肩走过 20 余载风雨之路，他们以顽强的毅力撑起一个完整、幸福的家；他们身残志坚、不等不靠，克服重重困难摆脱贫困，还不断地帮助身边的残疾人。

张顺东在 6 岁放羊时被高压电击伤，失去了右手，双脚也受重伤。后来，张顺东与邻村的姑娘李国秀结了婚。然而，庄稼人毕竟要种地，两个人只有一只手，未来的日子怎么过？几乎所有人都为他们捏了一把汗。"我们不厌不懒，就不相信过得不如别人。"张顺东不信邪。在田地里，张顺东用独臂挖好地，李国秀跟在后面用脚撒种子；张顺东用一只手举起锄头，用力把红薯刨出去，妻子就在一旁用脚夹起红薯，扔进背篓里。这样的配合，夫妻俩早已十分默契。种地、拉货、做活……别人能干的活，他们也能干；别人一个人就能干的活，夫妻俩手脚并用，花五倍的时间也愿意干。二十多年前，村里没有小卖部，张顺东夫妇瞅准机会，就在村里开起了小卖部。他们把种的谷子拿去卖，再买一些杂货回村，放到自家的小卖部里销售。他们每周还要去赶集。李国秀说："那几年，村子到县城的路还没有修通，我们两个顺着山脊走去县城，别人走一个小时的路，我们要走两三个小时才能走到，每次去赶集卖货，来回都要走一整天。"2017年，在国家危房改造政策的扶持下，张顺东家获得危房改造补助金5.1万元。靠着平时积攒节省的几元、几十元的小钱，加上女儿刚参加工作的积蓄，家里盖起了新房。通过养殖畜禽等，家里年收入也逐步提高。张顺东家成为村里最早一批脱贫户。张顺东夫妇育有一双儿女，女儿张光琼考上了大学，后来在家乡参加工作，成为一名教师。2017年，张顺东跑去找村干部，要求取消自己女儿的低保。村干部很惊讶，问："难道嫌少了？"张顺东连忙摆手说："不不不，我女儿有工作了，不能吃低保了，她可以自力更生，应该把名额给其他有需要的人。"村干部很佩服张顺东的志气，不过，这也是他一贯的作风。

  这些例子告诉我们，唯有自强自助者才能自救。很多问题，只要自己能尽心尽力，不自暴自弃，总会有办法解决。遇到点困难和挫折，如果自己先放弃，谁都救不了他。隋朝大儒王通在《止学》中说："自弃者，人莫救也。"对于自我放弃的人，别人是无法拯救他的。人生在世，每个人都会遇到各种各样的困难，如果一味地退缩、放弃，就注定成不了大事。老天不会眷顾自暴自弃的人，也不会忽视任何自强不息的人。人生最大的贵人，其实就是自己。

二、不患无位，患所以立

  这句话出自《论语》，原文是"不患无位，患所以立；不患莫己知，求为可知也"。孔子的意思是，不要担心没有职位，要担心没有足以赢得或胜任职位的本领；不要担心没人知道或认可自己，要追求能使别人知道或认可自己的本领与能力。

没有好的职位是果，其原因是没有足以赢得或胜任职位的本领；没人知道或认可自己是果，其原因是没有使别人知道和认可的本领与能力。相反，想要获得好的职位这个果，就要有足以赢得或胜任职位的本领这个因；要想获得让人知道或认可自己这个果，就要有使别人知道和认可的本领与能力这个因。没有因，怎么会有果？

在现实生活中，有不少人不担心自己没有能力，却非常在乎能够获得什么职位；不重视提升自己的实力，却力求博取虚名。他们往往高估自己，觉得自己是"千里马"，感叹自己怀才不遇，世间缺少伯乐。而一旦机会来临，他们才发现自己准备不足；或者有幸获得某个职位，结果发现自己实力不够。所以，孔子告诫我们，不要担心没有好的职位，要看看自己是否有担任一定职位的德行和能力。"是金子总是会发光的"，如果有足够的修养和才能，自然会被他人认可、任用、重用，也就不用发愁没有职位。

刘备请诸葛亮时为何要三顾茅庐？因为诸葛亮有才。当时有这样一句话："卧龙、凤雏得一可得天下。"刘备与关羽、张飞带着礼物到隆中卧龙岗去请诸葛亮出山辅佐自己，但是很不巧，诸葛亮出去了，他们只得失望而归。不久，刘备又与关羽、张飞冒着大风雪第二次去请，不料诸葛亮又外出了，刘备只得留下一封信，表达自己对诸葛亮的敬佩和请他出山帮助自己挽救危局的诚意。过了一段时间，刘备第三次拜请诸葛亮。当时，诸葛亮正在睡觉，刘备没有惊动他，一直等到诸葛亮醒来。刘备询问一统天下之大计，诸葛亮精辟地分析了当时的形势，提出了首先夺取荆州、益州作为根据地，对内改革政治，对外联合孙权，南抚夷越，西和诸戎，等待时机，出兵北伐，从而实现成就霸业、复兴汉室的战略思想。这次谈话即是著名的《隆中对》。后来，诸葛亮果然不负刘备厚望，帮助他三分天下。

汉初军事家韩信刚开始时是一个无"位"小卒，此后凭着自己的本领成为大将军。他早年家贫，常靠别人施食度日。陈胜、吴广起义后，项梁也起兵渡过淮河北上，韩信投奔了项梁，但未得到重用。项梁战死后，韩信又归属项羽，项羽让他做了郎中（侍从官员，负责护卫、顾问等职责）。韩信多次给项羽献计，但项羽没有采纳。刘邦入蜀后，韩信离楚归汉，刘邦给韩信封了一个管理粮饷的官职，也未重用，于是韩信就离开了。萧何知道韩信很有才干，听说韩信走了，来不及报告刘邦，就径自去追。萧何向刘邦保举韩信，说："像韩信这样的人才，是普天下也找不出第二个来的。大王如果只想在汉中称王，当然用不上他；如果想要争夺天下，除了韩信就再也没有可以商量大计的人了。"于是，刘邦拜韩信为大将军。韩信向刘邦分析了楚汉双方的形势，指出如果举兵东向，就可以夺取三秦之地。刘邦采纳了这一建议，立即做了部署，很快攻取了关中。在楚汉战争中，韩信发挥了卓越的军事才能。他因战功赫赫，成为西汉的开国功臣，与萧何、张良并称为"汉初三杰"。

大家或许都知道，历史上有个"锥刺股"的故事，其主角就是苏秦。苏秦早年曾拜鬼谷子为师。自以为学到了本事后，他就到各国游说，但都遭到了拒绝，没有成功。苏秦在游说期间，用尽了钱财，身上穿的衣物也没有完好的，最后只能无奈地回家。父母见他这副落魄模样，把他骂了一顿，妻子坐在织布机上不正眼瞧他，他让嫂子做饭，嫂子头也不回地走开了。这让苏秦大受刺激，他决心发愤读书，学到真本事，争一口气。他每天读书到深夜，有时候犯困，就用锥子扎自己的大腿，虽然很疼，却能让自己头脑清醒，继续读下去。就这样，苏秦学有所成后，再次出门游说，最终获得了成功。在苏秦的游说下，东方六国联合起来共同对付秦国，苏秦还做了合纵联盟的盟长，兼任六国的丞相，终于成就了大业。

《菜根谭》有言："伏久者，飞必高；开先者，谢独早。"就像竹子，前4年时间仅仅长了3厘米；从第5年开始，每天疯狂地生长，仅仅用6星期时间，就能长到15米。其实，在前面的4年里，竹子将根系在土壤里延伸了数百平方米。做人做事亦是如此，人生需要厚积，不要担心付出后得不到回报，因为有了足够的付出才能实现自己的"立"和"可知"。

2016年11月，谷歌公司宣布，斯坦福大学人工智能实验室主任李飞飞已加盟公司，并将领导机器学习部门。李飞飞在她所在的专业领域是个知名人物，但是在这之前，她是个连英语都不会说的打工妹。16岁那年，李飞飞跟随父母来到美国，由于语言上的障碍，她一下子陷入了困境。李飞飞明白，要想改变自己的现状，最需要的是先过英语这一关。为了练习口语，李飞飞到一家餐馆打工。一开始老板不肯用她，原因是她不会说英语。她求餐馆里的一位中国同胞帮她翻译，并且说老板只给她开一半的工资就行。李飞飞非常珍惜这份工作，干活特别卖力，不错过任何一个练习口语的机会。只要有人说话，她就跟着小声说，下班回到家后又跟着电视节目上的对话继续学。一个星期之后，她已经会说一些简单的口语。李飞飞了解到，申请在美国读大学，如果成绩十分优异，就可以领取奖学金。她只要有空就复习功课，白天上班很辛苦，晚上很容易犯困。有时困得眼睛快睁不开时，她就用冰块敷眼睛。父母再三催促她去睡觉，她才肯放下书本。经过一年的努力之后，她被多所大学录取。最终，她选择了普林斯顿大学，因为这所大学给了她全额奖学金。李飞飞在读大学期间，父母双双失业，家里经济困难。她只要一有空就去做兼职，洗过盘子，送过快餐。在22岁时，一路磕磕绊绊的李飞飞以优异的成绩从普林斯顿大学毕业。多家金融公司递来了橄榄枝，包括高盛集团。她却做了一个让大家都意外的决定：到加州理工学院攻读博士学位。2000年，李飞飞开始涉足计算机视觉领域，她希望计算机看到一张图片，就能像人脑一样进行分析。她和同事把来自互联网的十亿张图片进行了分类、打标签，从而为计算机提供样本。通过不懈的努力，她在人工智能和计算机视觉领域取得了巨大成就。她的研究成果使得计算机能够更好地理解图片,而不仅限于展示图片,这为无人自动驾驶汽车提供了可能。2020年,李飞飞先后当选为美国国家工程院院士、美国国家医学院院士。2021年,她当选为美国艺术与科学院院士。

有些人喜欢把别人的成功归功于别人运气好,而把自己的碌碌无为归咎于时运不济,他们没有看到成功者所付出的辛勤努力以及流的汗水。美国著名投资家查理·芒格说:"想要获得某样东西,最好的方法就是让自己配得上它。"命运是公平的,你所获得的,必定是你匹配的。

传统文化特别强调凡事要向内求。与其痴痴地等着伯乐出现,不如先提升自己。吸引伯乐,远比等待或寻找伯乐更靠谱。让自己变得更优秀,伯乐自然就会出现。其实,任何事情的发生都是符合逻辑的,之所以有所失或者无所得,恰恰是由于我们在某些方面存在不足。所以,只有在"患所以立""求为可知"上下功夫,努力提升自己,才是大道。

三、为者常成,行者常至

这句话出自《晏子春秋》。其原文是:梁丘据谓晏子曰:"吾至死不及夫子矣!"晏子曰:"婴闻之,为者常成,行者常至。婴非有异于人也,常为而不置、常行而不休者,故难及也。"梁丘据与晏婴是朋友,一次,他对晏子说:"我恐怕到死也赶不上先生您!"晏子说:"我听说努力去做的人常常可以成功,不倦地前行的人常常可以到达目的地。我与别人并没有什么不同,只是经常不停地做、不停地走罢了,所以不容易被赶超。"

我们至少可以从晏子的这段话中获得两点启示。

第一,要想成功就要"为",要想到达目的地就要"行"。

也就是说,凡事不能坐而论道,关键是要付诸行动。清代文学家彭端淑在其《为学》的开篇就说:"天下事有难易乎? 为之, 则难者亦易矣; 不为, 则易者亦难矣。"东汉时, 有一个叫陈蕃的少年自命不凡, 一心想干一番大事业。一天, 陈蕃父亲的朋友薛勤来访, 见他的屋内脏乱不堪, 便对他说:"孺子何不洒扫以待宾客?"陈蕃回答:"大丈夫处世, 当扫天下, 安事一屋?"薛勤当即反问道:"一屋不扫, 何以扫天下?"陈蕃无言以对。这个故事流传至今, 广为人知。陈番胸怀扫天下的大志, 固然可贵, 但他没有意识到, 从某种程度上讲, 扫天下与扫一屋的道理是相通的, 再远大的梦想和目标, 都需要从当下的一点一滴做起, 空想是解决不了问题的。

艰苦奋斗一直是华为的核心文化之一, 也是贯穿华为成长过程的核心精神动力。在华为人看来, 即使是一只乌龟, 只要勇于向前、敢于奋斗, 最终也会跑赢懒惰的兔子。艰苦奋斗作为华为的核心价值观中最重要的一条, 如果用我们熟知的一个词来描述, 就是"床垫文化"。任正非在《天道酬勤》一文中指出,"床垫文化"是华为能够快速发展壮大的精神支柱, 是华为得以引领行业潮流的力量之源。华为在创业初期, 长期处于资金紧张的窘境, 不管是办公条件还是科研条件都很简陋。那个时候, 华为的很多员工为了解决住宿问题, 便在办公区域的角落搭建"宿舍", 既方便随时投入工作, 又能解决休息问题。华为新来的员工都可以到总务处免费领取一条毛巾被和一张床垫。很多科研人员为了做好工作, 把办公室和实验室当成家。他们不分昼夜, 没有假期, 全身心地投入到实现梦想的行动中。华为的"床垫文化"就是这样慢慢形成的。任正非表示,"床垫文化"记载了老一代华为人的奋斗历程, 凝集了他们的拼搏精神, 是华为人传承的宝贵精神财富。

有记者曾经向任正非提过这样的问题:"很多公司的员工很自由, 有时候不用到公司坐班, 可以在家里上班。您觉得这类企业文化跟我们中国的艰苦奋斗文化哪个更好?"任正非回答说:"咖啡厅里坐坐, 快快乐乐, 喝喝咖啡就把事情做成了，这也许不是大发明，多数是小发明。互联网上有很多小苹果、小桃子，这也是可能的。我们在主航道上进攻，这是代表人类社会在突破，厚积还不一定薄发，舒舒服服地怎么可能突破，其艰难性可想而知。这个突破就像奥运会金牌，我们现在跟奥运会竞技没有什么区别。"所以，华为所坚持的奋斗文化是不会改变的。任正非认为，奋斗不是中国的特色，而是人类的特色。一个人要想成功，就必须去奋斗，一家企业也是这样，只有不断地向前再向前，通过艰苦卓绝的努力，才有可能克服重重困难，站在行业的巅峰。

常言道："梅花香自苦寒来。"世上从来都没有唾手可得的成就，更没有人能随随便便成功。有付出才会有收获，没有辛勤的努力和耕耘就不会有丰硕的收获。把时间和精力花在哪里，收获就在哪里，结果不会欺骗你，所有你想要的样子都要靠自己去雕琢。我们羡慕的那些人，他们所得的，往往就是他们应得的；如果自己没有获得，那就是还没有做到位。

《庄子·逍遥游》中说："水之积也不厚，则其负大舟也无力。""风之积也不厚，则其负大翼也无力。"这些话形象、生动而又精辟地说明了"厚积薄发"这个道理。没有平日的辛勤付出，没有充分的准备与积累，怎么能奢望取得成功呢？没有做好充分的准备，纵然好运已经向你招手，机会已来到你面前，你也会与其失之交臂。不要抱怨命运，也不要嫉妒他人，光彩的人生取决于自己的努力。所有相应的因，最终必然结出相应的果，得到什么果，全在于我们种了什么。正如习近平总书记在2018年新年贺词中讲到的，"幸福都是奋斗出来的"。幸福不会从天而降，世界上也没有坐享其成的好事，要创造美好的生活，必须去奋斗。不奋斗，什么困难也克服不了；不奋斗，什么成果也得不到。

第二，成功需要坚持不懈。

做任何事情往往都不是一蹴而就的，只有"常为而不置，常行而不休"，才能获得成功，否则就会半途而废、前功尽弃。晏子正是靠着这种持之以恒、执着进取的精神，成为齐国历史上与管仲并称的大政治家。

东汉史学家班固在《汉书·枚乘传》中说："泰山之霤穿石，单极之绠断干。水非石之钻，索非木之锯，渐靡使之然也。"意思是，从泰山上流下来的水能穿透岩石，用很细的绳索能锯断树干，水并不是钻石头的钻，绳索也不是锯木头的锯，但是经过天长日久一点一点地磨损，就会把石头击穿，把木头锯断。不管是学习也好，修养也罢，抑或是干事业，都需要坚持不懈，只有经过日积月累，才能"积土成山""积水成渊"，最终获得成功；否则，就会前功尽弃、功亏一篑。

古今中外，所有成功者无一不是靠坚持不懈的精神，才一步一个脚印地走向成功的。曹雪芹在创作《红楼梦》时"披阅十载，增删五次"，凭着自己的坚持，创作了中国文学史上的巅峰之作。获得诺贝尔生理学或医学奖的屠呦呦，在提取出挽救无数生命的青蒿素之前，试了380多种中药，历经无数次试验。马克思在写作《资本论》期间，长期在大不列颠博物馆学习和研究，他经常坐的那个座位下面的地面上，竟被磨出一个凹下去的坑。之所以他们能成为佼佼者，是因为他们都懂得做事不能三心二意、半途而废，而是要专心致志、持之以恒。

人与人之间差距的形成，往往不在于天赋有差别，而在于能否坚持不懈地努力。如果能够拥有超乎常人的执着，认准目标，勇往直前，毫不动摇，在持续的努力中，经验获得增加，本领获得增强，意志获得磨炼，人生就会变得精彩非凡。

但是，在现实生活中，有不少人往往由于不能坚持，最终前功尽弃。西汉文学家刘向在《战国策·秦策五》中说："诗云：'行百里者半于九十'，此言末路之难。""行百里者半于九十"是说行一百里路，如果走了九十里，只能算是走了一半，因为越接近目的地，走起来越困难。这借指凡事越接近成功，往往是最吃力、最艰难的阶段，劝人做事贵在坚持，时刻牢记目标尚未达成，绝不能放松，也不能低估困难，需要付出更多的努力。成功者之所以成功，是因为他们有着坚强的意志，对自己的事业百折不挠，愈战愈勇，能在起始阶段有明确的目标，更能在最后阶段有彻底取得胜利的信心与毅力。失败者之所以失败，往往是由于他们缺乏明确的目标和顽强的毅力，只是怀着侥幸心理或一时的兴致去行动，一旦遇到困难或挫折，就半途而废。

成功学中有个"荷花定律"，意思是，在一个荷花池中，第一天开放的荷花只是很少的一部分，第二天开放的荷花数量是第一天的两倍，之后的每一天，荷花都会以前一天两倍的数量开放。假设到第30天，荷花就开满了整个池塘，那么请问：在第几天池塘中的荷花会开一半？是第15天吗？错！是第29天。人生就像池塘里的荷花，一开始用力地开，但渐渐地，一些人开始感到枯燥甚至厌烦，有可能在第9天、第19天甚至第29天的时候，就放弃了。这个时候，他们往往离成功只有一步之遥。"荷花定律"告诉我们一个道理：越到最后越关键，越需要坚持。到最后，拼的不是运气和聪明，而是毅力。量累积到一定程度，就能实现质的飞跃，质变前的那一刻就是临界点。然而，不少人都是在临界点到来之前就放弃了，唯有一些耐得住寂寞和煎熬的人，才最终走向了成功。

2021年10月16日，神舟十三号载人飞船成功发射，航天员翟志刚、王亚平和叶光富正式开启了他们长达6个月的"太空之旅"，备受人们关注。其实，他们也并不是遥不可及的超人，起点甚至比很多人都低。

由于王亚平是中国第一位上太空的女性，因此尤其被人们关注。她在高考的时候，正好赶上我国招收第七批女飞行员，她抓住了这次机会。进入飞行学院后，她经受住了一次次拉练、游泳、跳伞等特殊训练的考验。在野外拉练时，女学员不必与男学员一样负重训练，她却要求与男学员一起完成同样的训练量。2009年，通过层层考核和检查，她成为我国实施载人航天工程以来首批女性预备航天员。航天员不仅要学习海量的知识，还要进行无数超越身体极限的航天环境适应性训练，要求零失误、零差错。一个出舱动作，都要反复熟悉、揣摩，形成肌肉记忆。一次训练至少达到四五个小时，训练完后，端不稳碗、夹不住菜，累到虚脱都是家常便饭。经过3年的高强度训练，她入选"神舟十号"任务组，成为中国"80后"中飞向太空的第一人。此后，她又成为中国进驻空间站的第一位女航天员。

在神舟十三号载人飞行任务媒体见面会上，翟志刚感慨地说："距离执行神七任务，已经过去13年。13年来，最难的不是训练有多难，也不是工作有多难，更不是学习有多难，最难的是如何能够将一件简单的事，用最高的标准和热情十遍、百遍地把它做好。"航天员训练任务繁重，其中一个训练重点是模拟处理突发事件和故障，每一项模拟都要训练数百次，甚至数千次。每一个细节的疏漏，都可能是致命的。能让他们在这些残酷的训练中脱颖而出的，正是他们不变的信念和心无旁骛的专注。

美国畅销书作家丹尼尔·科伊尔的《一万小时天才理论》与格拉德韦尔的《异类》，提出了"一万小时定律"，就是不管做什么事情，只要坚持一万个小时，基本上都可以成为该领域的专家。按比例计算就是：如果每天工作八个小时，一周工作五天，那么成为一个领域的专家至少需要五年。这也让我们联想到中国的古话"十年磨一剑"。我们可能羡慕那些成就非凡的人，其实，他们中的大多数人与我们一样，都是平常人。他们之所以能脱颖而出，就是因为他们有超常的耐心和毅力，肯花一万个小时甚至更多的时间来学习、训练和积累。如果我们也想像杰出人物那样出类拔萃，就先别埋怨没有机会、不逢贵人、怀才不遇，而是先问问自己功夫下得够不够，有没有付出过一万个小时的努力。无数事实证明，一个正常人如果苦练一万个小时，即使成不了大师，至少也会成为本行业具有丰富经验的专家。看起来平凡、不起眼的工作，却能坚韧不拔、坚持不懈地去做，这种持续性才是成就事业最重要的基石，才体现了人生的价值，才是真正的能力。

有些人感叹为什么幸运的人不是自己，还有些人抱怨为什么努力换不来想要的收获。其实，不是他们不幸运，而是败给了不够努力，败给了急于求成，败给了止步不前或放弃最后一点点的坚持。

党的十九大报告指出："行百里者半九十。中华民族伟大复兴，绝不是轻轻松松、敲锣打鼓就能实现的。全党必须准备付出更为艰巨、更为艰苦的努力。""历史车轮滚滚向前，时代潮流浩浩荡荡。历史只会眷顾坚定者、奋进者、搏击者，而不会等待犹豫者、懈怠者、畏难者。全党一定要保持艰苦奋斗、戒骄戒躁的作风，以时不我待、只争朝夕的精神，奋力走好新时代的长征路。"党的二十大报告要求："全党全军全国各族人民要紧密团结在党中央周围，牢记空谈误国、实干兴邦，坚定信心、同心同德，埋头苦干、奋勇前进，为全面建设社会主义现代化国家、全面推进中华民族伟大复兴而团结奋斗！"

要把美好蓝图和理想变为现实，需要脚踏实地，不驰于空想，不骛于虚声。而唯以务实的态度做不懈的努力，不投机取巧，不急功近利，一步一个脚印，离成功才会越来越近。

四、譬如为山，未成一篑，止，吾止也

这句话出自《论语》。其原文是：子曰："譬如为山，未成一篑，止，吾止也；譬如平地，虽覆一篑，进，吾往也。"意思是，孔子说："好比堆土成山，只差一筐土就完成了，这时停下来，我自己要停下来的；又好比平整土地，虽然只倒下一筐土，如果继续进行，是自己要干的。"

在这段话中，孔子强调了主观选择的重要性。也就是说，学与不学、干与

不干、修不修身，都在于自己的选择。孔子用两个比喻做了形象的说明。一个是"譬如为山"，"为山"就是堆成一座山，"篑"就是盛土的器具，要想堆一座山，就需要一篑一篑地去累积。如果只差一篑还没有完成就止住了，是不能成功的，所谓功亏一篑。是谁止的？"吾止也"，也就是自己选择了止步不前，不能抱怨别人。另一个是"譬如平地"，就是把坑坑洼洼的地面弄平整，"覆一篑"就是填一篑土，"进"是继续做下去就成功了，是自己努力的结果，所以叫"吾往也"。孔子用通俗生动的比喻阐述了为学、做事、修身的道理，可谓言近旨远。一方面，学习、做事和修身都是不断积累的过程，即使以往取得的成绩再大，止步不前也可能会前功尽弃。另一方面，无论是学习知识、技艺，还是从事某项工作、追求某些目标和理想，自己的决心和意志最为重要，做不做、做什么、怎么做，能否坚持到底，全在于自己，不在于别人。

孔子特别重视主观的选择和努力。比如，孔子说："仁远乎哉？我欲仁，斯仁至矣。"意思是，"仁"离我们很遥远吗？如果我们真想"仁"，"仁"就到了。"仁"是内在的品德，外在的表现就是爱他人。如果一个人真想成为仁者，只要其内心自觉地朝着这个方向努力，就一定能够做到，因为我们都本自具足"仁"。可以说，"仁"是儒家思想的核心。孔子更是将"仁"视为学问、道德修养的最高境界。但是，做到"仁"，也不是绝无可能，只要我们愿意求"仁"，随时随地都可以做到。这里的关键就在于主观意愿上是否自觉、主动和坚持。

《论语》中记载：冉求曰："非不说子之道，力不足也。"子曰："力不足者，中道而废，今女画。"意思是，孔子的学生冉求说："我不是不喜欢老师您所讲的道理，而是落实起来能力不够啊。"孔子说："如果能力不够，做到中途就不得不停下来，现在的问题是，你给自己设了限，是你不想做。"比如走路，在你走得很累、力不足的时候，不得已停下来休息，是由于走不动被迫止步，而不是根本不想走。"今女画"的意思是，不是力不足，而是你不想走。从孔子与冉求师生二人的对话中可以看出，冉求对于学习孔子所讲授的道理产生了畏难情绪，认为自己的能力不够，将学业上的差距归因于客观因素。但孔子认为，冉求并非能力不足，而是他思想上的畏难情绪在作怪，自己给自己设置了障碍和限制，所以批评了他。孔子认为，致力于学问、修养，不存在能力不足的问题，做到什么程度，固然受制于客观环境与条件，但要不要做，跟这些外在因素没有必然的关系，纯粹取决于主观意志和愿望。

孟子也讲过同样的道理。《孟子》中说："挟泰山以超北海，语人曰'我不能'，是诚不能也。为长者折枝，语人曰'我不能'，是不为也，非不能也。"意思是，让一个人把泰山夹在胳膊下跳过渤海，这个人说"我做不到"，他不是不愿意做，而是真的做不到。让一个人为老年人揉揉胳膊，这个人说"我做不到"，他是不愿意做，而不是做不到。《孟子》中还记载：曹交问曰："人皆可以为尧舜，有诸？"孟子曰："然。""交闻文王十尺，汤九尺，今交九尺四寸以长，食粟而已，如何则可？"曰："奚有于是？亦为之而已矣。有人于此，力不能胜一匹雏，则为无力人矣；今曰举百钧，则为有力人矣。然则举乌获之任，是亦为乌获而已矣。夫人岂以不胜为患哉？弗为耳。徐行后长者谓之弟，疾行先长者谓之不弟。夫徐行者，岂人所不能哉？所不为也。尧舜之道，孝弟而已矣。子服尧之服，诵尧之言，行尧之行，是尧而已矣。子服桀之服，诵桀之言，行桀之行，是桀而已矣。"曰："交得见于邹君，可以假馆，愿留而受业于门。"曰："夫道若大路然，岂难知哉？人病不求耳。子归而求之，有余师。"意思是，曹交问道："人人都可以做尧舜，有这个说法吗？"孟子说："有。"曹交又问："我听说文王身高一丈，汤身高九尺，如今我身高九尺四寸多，却只会吃饭，要怎样做才行呢？"孟子说："这有什么关系呢？只要去做就行了。如果一个人认为自己连一只小鸡都抓不起来，那么他就是一个没有力气的人。如果一个人说自己能够举起三千斤重的物体，那么他就是一个很有力气的人。同样的道理,举得起乌获(传说是上古的大力士)所举的重量的,也就是乌获了。人难道以自己不能胜任为忧患吗?只是不去做罢了。比如,慢一点走,让长者走在前面叫作悌;快速地走,抢在长者之前叫作不悌。那么,难道人做不到慢一点走吗?是不那样做而已。尧舜之道,不过就是孝和悌罢了。你像尧那样穿衣服、说话、做事,你便是尧。你像桀那样穿衣服、说话、做事,你便是桀。"曹交说:"我准备去拜见邹君,向他借个住处,愿意留在您的门下做学生。"孟子说:"追求圣人之道就像寻找大路一样,难道很难做到吗?只怕是不去追求罢了。你回去寻求吧,老师多得很呢。"孟子在这里进一步强调了"为之"的重要性。曹交想拜入孟子门下学习尧舜之道,然而尧舜之道至简至明,重要的是诚心实意地去行动。只要有"为尧舜"的意向,并且在日常的言行中脚踏实地地恪守尧舜之道,自然就可以成为尧舜一样的圣贤。《孟子》中记载颜渊说:"舜何人也?予何人也?有为者,亦若是。"意思是,"舜是什么人?我又是什么人?只要肯做、肯努力,就可以成为舜那样的人"。换句话说,谁都可以成为圣人,问题是有没有这个志向,肯不肯去努力。王阳明说:"圣人之道,吾性自足,向之求理于事物者误也。"意思是,人人皆可成为圣人,只需向自己的内心寻找力量,如果向外寻求,那就错了。《弟子规》中说:"勿自暴,勿自弃,圣与贤,可驯致。"关键还是"不为"与"不能"的问题,只要从自己力所能及的事情做起,不自暴自弃,锲而不舍,就能达成目标,成为有作为的人。

其实,做任何事情往往都不会一帆风顺,可能会遇到一些困难、问题和挫折,甚至会失败多次,这都是在考验我们的决心、信心和毅力。如果没有一往无前、坚持到底的勇气和意志,就会败下阵来。我们常常可以看到这样的人,他们今天想学书法,明天想学绘画,后天想学写作,但是过不了多久,就觉得学这个太难,学那个也太累,干这个太寂寞,干那个也太枯燥,于是自暴自弃,结果就一事无成。《诗经·大雅》中说:"靡不有初,鲜克有终。"意思是,做事无不有开头，却很少有人能坚持到底。比如，在运动场上，我们都见过这样的情景：参加长跑的运动员大多数已到达终点，而跑得慢的一些人却还要再跑几圈，于是有的人便不肯再坚持下去，自动离开跑道；有的人尽管一直落在后面，但还是坚持跑到终点，这时观众总是会报以热烈的掌声，鼓励和赞许他们坚持到底的毅力。再比如，学习是由浅入深、由易到难的过程，需要长期积累，在这个过程中，总是会有一部分人由于知难而退、自动放弃而被淘汰。这就像孔子所说的"止，吾止也"，是他们自己不肯再前进了。而另一些人则克服各种困难，咬紧牙关，持之以恒，最后大功告成。这就像孔子所说的"进，吾往也"，是他们坚持不懈的结果。

宋代思想家、政治家、文学家王安石写过一篇散文《游褒禅山记》，文中也讲了同样的道理。他在文中写道："于是予有叹焉。古人之观于天地、山川、草木、虫鱼、鸟兽，往往有得，以其求思之深而无不在也。夫夷以近，则游者众；险以远，则至者少。而世之奇伟、瑰怪，非常之观，常在于险远，而人之所罕至焉，故非有志者不能至也。有志矣，不随以止也，然力不足者，亦不能至也。有志与力，而又不随以怠，至于幽暗昏惑而无物以相之，亦不能至也。然力足以至焉，于人为可讥，而在己为有悔；尽吾志也而不能至者，可以无悔矣，其孰能讥之乎？此余之所得也！"意思是："对于这件事，我深有感触。古人观察天地、山川、草木、虫鱼、鸟兽，往往有所得，是因为他们观察、思考深邃而广泛。平坦而又近的地方，游览的人便多；危险而又远的地方，游览的人便少。但是，世上奇妙雄伟、珍异奇特、非同寻常的景观，常常在险阻、僻远且少有人到达的地方，所以，缺乏意志的人是不能到达的。虽然有意志，也不跟随别人而止步，但是体力不足的人，也不能到达。有意志与体力，也不跟随别人而懈怠，但到了幽深昏暗而使人感到迷惑的地方，却没有必要的外部条件，也不能到达。可是，力量足以到达而未能到达，被别人讥笑，自己也会后悔；尽了主观努力而未能达到，自己就不会悔恨，谁还会再讥笑呢？这就是我这次游山的收获。"

王安石先从古人的行事方式说起，而后又回到游览风物上，加以发挥议论。就古人来说，他们观察天地、山川、草木、虫鱼、鸟兽，往往都有所得，这是因为他们观察、思索事物很深刻。王安石称引古人，是为了借古鉴今。不言而喻，今人行事要想有所收益，也必须具有古人那种认真探索、不怕吃苦的精神。事实上，并不是每个人都具有这种精神。就以游览风景来说，"夫夷以近，则游者众；险以远，则至者少"。这种现象正是缺乏探索和吃苦精神的表现。而天下奇异雄伟、异乎寻常的景物，又常常在险远之处，却很少有人能够到达，也就不可能看到奇景异观。那么，怎样才能看到奇景异观呢？他首先强调"非有志者不能至也"，意思是只有意志坚强的人，才有可能到达理想的境地。"力不足者，亦不能至也""至于幽暗昏惑而无物以相之，亦不能至也"，这些都是客观因素。反过来说，如果竭尽全力仍然不能到达，也就没有什么可悔恨的。他从正反两方面把道理说得清清楚楚。

清代重臣曾国藩小时候与普通孩子一样，并非天资聪颖，但是曾国藩的成就却超过了很多聪明人，成为国家的栋梁之材和"晚清四大名臣"之一。这都得益于他的勤奋和坚持。曾国藩在给儿子曾纪泽的一封家书中写道："余于凡事皆用困知勉行工夫，尔不可求名太骤，求效太捷也。……困时切莫间断，熬过此关，便可少进，再进再困，再熬再奋，自有亨通精进之日。不特习字，凡事皆有极困极难之时，打得通的，便是好汉。"意思是："我对于任何事都用困知勉行的方法去做，你切不可太急于追求功名等结果。……在遇到困难的时候，千万不能放弃，熬过这个关口，就能有所进步，再往前还会有困难，那就再熬、再努力，坚持下去自然就会有好结果。不仅是练字一事，凡事都有极其困难的时候，能够克服困难、熬过去的，就是好汉。"

人的潜能巨大，很多时候不逼自己一把，可能永远都不会知道自己的能量有多大。教育家、外交家、社会活动家容闳是中国近代第一位在美国耶鲁大学毕业的中国留学生，是中国留学生事业的先驱，被誉为"中国留学生之父"。在清末洋务运动中，他凭借建成中国近代第一座完整的机器厂，以及组织第一批官费赴美留学生两件具有重大历史意义的事件而名留青史。同时，容闳在中国近代西学东渐、戊戌变法和辛亥革命中，作出了不可磨灭的贡献。不为人所知的是，容闳在感到力不从心、举步维艰的时候，多次想打退堂鼓，但最终还是挺过来了。有一次，容闳本想向曾国藩倒苦水，不料曾国藩早有察觉，说道："老夫活了五十多岁，经事不少，知天下事有所激有所逼而成者居其半，困难之处，正可看作是激励和逼迫。"容闳便不好意思再讲下去，下决心坚持了下来。要想获得成就，有时需要激发和逼迫自己，顶着各种压力和困难不断进取。

所以，还是孔子说得好，"止，吾止也；进，吾往也"。关键在于自己如何选择。选择止步不前或者放弃，只能以失败告终；选择不放弃、不懈怠，即便达不到目标，离目标也会越来越近。

五、不患位之不尊，而患德之不崇

这句话出自《后汉书·张衡列传》，全句是"不患位之不尊，而患德之不崇；不耻禄之不夥，而耻智之不博"。意思是，有德行的人不担心地位和职位不高，而担心自身的道德修养不好；不以收入和待遇不多为耻，而以学识和水平不高为耻。

其原文是："是何观同而见异也？君子不患位之不尊，而患德之不崇；不耻禄之不夥，而耻智之不博。是故艺可学而行可力也。天爵高悬，得之在命。或不速而自怀，或羡旃而不臻，求之无益，故智者面而不思。贴身以徼幸，固贪夫之所为，未得而豫丧也。枉尺直寻，议者讥之；盈欲亏志，孰云非羞？于心有猜，则箪飧豆铺犹不屑餐，旍督以之；意之无疑，则兼金盈百而不嫌辞，孟轲以之。士或解褐裼而袭黼黻，或委耒筑而据文轩者，度德拜爵，量绩受禄也。输力致庸，受必有阶。"

意思是：为何看到的现象相同而看法不同呢？有德行的人不担心地位和职位不高，而担心自身的道德修养不好；不以收入和待遇不多为耻，而以学识和水平不高为耻。因此，应当学习技能，努力做事。能否获得富贵，在于自己把握命运。有时不去刻意追求，富贵自己就到了；有时非常贪慕却什么也得不到，刻意追求它没有什么好处，所以有智慧的人不会妄想。身处险境而贪求侥幸，是贪婪之人所做的事，尚未获得却先失去。曲尺伸直了有八尺长，而屈起来仅一尺长，议论者会讥笑它的卷曲；满足欲望而亏损志节，谁又能说这不羞耻？内心觉得不该，再丰盛的饭菜都不屑去吃，爰旍目（爰旍目是一名学士，他宁愿饿死也不吃盗贼之食）就是这样的人；内心觉得应当，则给他一百镒上等的金子他也不会推辞，孟子就是这样的人。有的士人脱下粗陋的布衣而穿上华美的衣服，丢掉劳作的器具而登上华美的车子，都是根据他们的德行而授予其爵位，根据他们的功劳而授予其俸禄。作出多大的成绩，接受多高的爵位和多少俸禄，必定是有根据的。

张衡是东汉时期杰出的天文学家、数学家、发明家和文学家。在张衡看来，之所以"位之不尊"，是因为"德之不崇"；之所以"禄之不夥"，是因为"智之不博"。提高自己地位的根本在于提升自己的道德修养，提高自己待遇的根本在于提升自己的学识和能力。也就是说，解决了德与才的问题，才能获得相应的"位"和"禄"；没有德与才，患得患失于自己的"位"和"禄"，不仅是可耻的，也是愚蠢的。

唐代思想家、文学家韩愈在《进学解》中说："盖有幸而获选，孰云多而不扬？诸生业患不能精，无患有司之不明；行患不能成，无患有司之不公。"意思是，大概只有德行和才能不够而侥幸被选拔上的人，哪里会有德行和才能突出却没有被提拔的人呢？诸位儒生应该忧虑自己的学业不够精深，而不必忧虑主管部门的官员不高明；应该忧虑自己的德行无所成就，而不必忧虑主管部门的官员不公正。"若夫商财贿之有亡，计班资之崇庳，忘己量之所称，指前人之瑕疵，是所谓诘匠氏之不以杙为楹，而訾医师以昌阳引年，欲进其豨苓也。"意思是，如果有人只惦记自己财物的得失，计较官位的高低，而不看看自己何德何能，去指责他人的缺点和不足，这就等于责怪工匠为什么不用小木桩做柱子，批评医生不用昌阳（用于补益）延年益寿，却推荐使用豨苓（主治小便不利）啊！

在单位里，人们通常都希望自己被重用和提拔，提高工资待遇。从表面上看，是单位的领导、老板决定员工的进退留转。那么，单位的领导、老板是随心所欲下决定的吗？当然不是。他们的内心都有一个标准，概括起来就是德和才。德，表现为做人正直、忠于职守、积极主动、认真踏实、担当负责等；才，表现为能圆满地完成工作，甚至超额、创造性地完成工作。

美国"钢铁大王"安德鲁·卡内基说："有两种人注定一事无成，一种是除非别人要他去做，否则绝不会主动做事的人；另一种是即使别人要他做，他也做不好事情的人。那些不需要别人催促，就会主动去做应该做的事，而且不会半途而废的人必定成功，这种人总是要求自己多努力一点、多付出一点，而且比别人预期的还要多。"其实，人大体可以被分为三种：第一种是点火就着的"可燃型"的人，第二种是即便点火也烧不起来的"不燃型"的人，第三种是自己就能熊熊燃烧的"自燃型"的人。所谓"自燃型"的人，就是从来不会等别人吩咐才去干，而是在别人吩咐之前自发去干的主动积极的人。要想将自己的能量最大限度地发挥出来，把工作做好，就必须成为热爱工作的"自燃型"的人。这就是我们通常所说的敬业。敬业就是尊重自己的工作，将工作当成一定要做好的事业。敬业的关键在于一个"敬"字，体现为忠于职守、尽职尽责、一丝不苟、善始善终，有使命感和责任感。可以说，敬业是一项收益率很高的职业投资，也是自我实现的必要条件。

日本"经营之圣"稻盛和夫曾说：把工作"做完"和"做好"的区别，就是人生的差别。虽然"做完"和"做好"仅一字之差，但二者的本质不同。前者执行了，但只是走过场或者纯粹是应付了事；而后者不但执行了，而且执行得很到位，它代表着对自我目标负责，对上级和组织负责，对公司的利益负责。员工是否有较高的执行力，关键看他是否重视"做好"这个结果。如果你抱着"差不多"的心态去工作，那么你将和职场中的大多数人一样，注定得不到晋升。不幸的是，在企业中，有这种想法的员工大有人在，在他们看来，自己只是企业雇用的员工，自己在这里上一天班就有一天的工资，至于执行得如何，企业有没有赚到钱，那是老板和企业的事，与自己无关。所以，虽然可能他们已经出了力，但是将最终结果的好坏抛在脑后，企业不给这样的员工任何奖励也是理所当然的。

西班牙有句格言说："你要什么便取什么，只是你要付出相当的代价！"每一件东西都会有其价格，这是我们在日常生活中所熟悉的。比如，我们走进一家超市，推着手推车，随手把一块肥皂、一袋面包、一瓶酱油等放在车上。收银员会在出口处核算一下共需支付多少钱。我们付了钱以后，便可把这些东西带回家。生命的天平也是如此，我们把自己的目标放在天平的一边，另一边就是所付代价的砝码。当天平的两边达到平衡时，你就可以获得想要的东西。不管目标是什么，一定要付出相应的代价才能达到，没有任何东西是不劳而获的。就如工资待遇，从长期来看，一个人的报酬不会超过自己的付出。今天获得的收入就是过去付出而得到的报酬，如果想要在未来增加报酬，就要增加自己的贡献。如果现在觉得自己的职位不好、工资不高，唯一可以做的就是停止抱怨，把精力用在提高自己的德行和能力上，有了德行和能力，慢慢就会赢得好的职位，拿到自己期望的工资。

所以，如果觉得目前自己的工资低，首先应该想想自己到底给企业创造了多少价值。要么就换个企业试试看，社会上工资高的岗位很多。那些整天抱怨工资低，却还在工作岗位上混日子的人，他们本来就只配得上连他们自己都嫌少的工资。还有一些人抱着"拿多少钱，就做多少事"的心态，界限感极其明确，不是自己的工作一定不做，否则就觉得吃亏了。但是，如果换个角度看，你是老板，你会给那些常常敷衍塞责、声称"拿多少钱，就做多少事"的员工涨工资吗？很多时候往往是你先发挥了更大的作用、创造了更多的价值、解决了更多的问题，才会获得更多的机会和回报。

一些人看到别人升职加薪、一帆风顺，往往很不服气，总是觉得别人是靠拍马屁、运气好，却看不到别人的用心和努力。当你沉下心来尽心尽力地把工作做到一流、极致，练就一身本领，成为不可多得甚至难以被替代的人，想不成功都很难！

六、德薄而位尊，智小而谋大

这句话出自《易经·系辞》，原句是"德薄而位尊，智小而谋大，力小而任重，鲜不及矣"。意思是，德行不高而地位（职位）高，学识浅薄而谋求大事，能力不强而身负重任，这样的人很少不遭受祸害。

孔子所说的实际上是关于德和才的问题，其中的"智"和"力"都属于才。孔子的意思是，无论是德还是才，都要与职和位相匹配，德与才高于职和位，当然没有问题；但是，一旦德与才低于职和位，离出问题就不远了。《国语》中说：" 夫德，福之基也，无德而福隆，犹无基而厚墉也，其坏也无日矣。"意思是，德是福的基础，没有德行而享的福太多，就好像没有打好地基，却在上面筑起了高墙，不知道哪一天它就倒塌了。地位越高，越考验人的品德。身居高位，品德没有问题，才能驾驭得了，并让人心服口服；如果品德不够，却在很高的位置上，那么不仅坐不稳这个位置，还会遭遇灾祸。所以，古人说："官而无德，贵如朝露；富而不义，财如晴雪。"意思是，如果一个人做官没有德行，那么他的官位就会像早上的露水一样很快消失；如果挣了很多钱而不讲仁义，那么他的财富就会像太阳下的积雪，很快就会消失。

其实，道理很简单，一个人德行不够，就驾驭不了那个职位，往往会产生傲慢情绪，甚至忘乎所以、自以为是，非常容易走上歧途。比如，一个人如果职位高、权力大却德行不好，就可能会以权谋私、贪污腐败；一个人如果收入高、挣钱快却德行不好，就可能会吃、喝、嫖、赌、毒，走向堕落。而一个人如果没有什么名气、没有什么地位、收入不多却德行不高，可能不会遭遇灾殃，因为他没有吃、喝、嫖、赌、毒和违法乱纪的条件。同样，一个人才疏学浅而谋大事、负重任，就必然会误事，就像一部车最高载重量为10吨，如果给它装了30吨货物，它就会被压坏。汉代哲学家王符在《潜夫论》中说："德不称其任，其祸必酷；能不称其位，其殃必大。"

与才相比，德是根本。《资治通鉴》中记载，春秋战国时期，晋卿智宣子想要立智瑶（又称智伯）为继承者。族人智果提出反对意见，认为选智瑶不如选智宵，理由是："瑶之贤于人者五，其不逮者一也。美鬓长大则贤，射御足力则贤，伎艺毕给则贤，巧文辩慧则贤，强毅果敢则贤；如是而甚不仁。夫以其五贤陵人而以不仁行之，其谁能待之？若果立瑶也，智宗必灭。"智果认为，智瑶具有五个方面的优点，一是长得高大英俊，二是善于驾车射箭，三是才艺超群，四是聪慧善辩，五是意志坚强、处事果决，但是他有一个致命的缺点，那就是特别没有仁爱之心。智瑶以这五个方面的优点欺凌别人而做不仁义的事，谁能与他和睦相处？智果预判，若立智瑶为继承人，智氏会有被灭族之祸。智宣子没有采纳智果的意见。智瑶为政后，独断专行，结怨于其他有权势的家族，且贪得无厌，分别向韩、魏、赵三家索要领地，最后韩、魏、赵三家合谋攻灭智氏，瓜分其地，是为"三家灭智"。智宣子错误地选择了多才少德的智伯为继承人，结果导致智氏家族遭灭族之灾，正是"德薄而位尊"而致祸。为此，司马光评论道："智伯之亡也，才胜德也。"司马光还提出"才者，德之资也；德者，才之帅也"的著名论断。意思是，才能是德行的工具，德行是才能的统帅。

司马光还从才与德的关系出发，把人分为四类：才德全备者为圣人，才德兼亡者为愚人，德胜才者为君子，才胜德者为小人。用人之法，若不得圣人、君子，则宁用愚人，不用小人。他指出："君子挟才以为善，而小人挟才以为恶。挟才以为善者，善无不至矣；挟才以为恶者，恶亦无不至矣。愚者虽欲为不善，智不能周，力不能胜，譬之乳狗搏人，人得而制之。小人智足以遂其奸，勇足以决其暴，是虎而翼者也，其为害岂不多哉！"意思是，君子有才干并把它用到做好事上，而小人有才干则把它用到作恶上。有才而做好事，就没有做不成好事的；有才而作恶，就没有干不了的坏事。没有才干的人想做坏事，由于学识不高、能力有限，好像小狗扑人，人还能制服它。而小人既有足够的阴谋诡计做坏事，也有足够的力量逞凶施暴，就如恶虎生翼，他的危害能不大吗！司马光根据历史上乱臣贼子多是"才有余而德不足"的事实，得出了此结论。

北宋著名理学家、数学家、诗人邵雍在《言行吟》中道："言不失仁，行不失义；自天佑之，吉无不利。言与仁背，行与义乖；天且不佑，人能行哉？有商君者，贼义残仁；为法自弊，车分其身。始知行义修仁者，便是延年益寿人。"意思是，说话不违背仁，行为不失道义；自己努力，上天保佑，吉祥而无不利。说话违背仁，行为背离义；上天不会护佑，人生的路还能走得通吗？历史上有个人叫商鞅，违背了仁义之道，为自己所制定的法律所害，被车裂而死。这才知道修义修仁的人，才能延年益寿。

有一个词语叫"扶不起来的阿斗"，比喻扶持不起来的人，是对庸人的戏称。阿斗，原名刘禅，是刘备的儿子。在小说《三国演义》的描写中，阿斗为人不思进取，整天只会玩乐，即使有诸葛亮这样的能臣辅助和教导也无济于事，最终导致江山落入他人手中，还落下了"乐不思蜀"这样的千古笑柄。

历史上还有个"纸上谈兵"的故事。战国时期，赵国大将赵奢曾以少胜多，大败入侵的秦军，被赵王提拔为上卿。他有一个儿子叫赵括，从小熟读兵书，爱谈军事，别人往往辩不过他，因此他越来越骄傲，自以为天下无敌。然而赵奢却很替他担忧，认为他不过是纸上谈兵，并且说："将来赵国不用他为将便罢，如果用他为将，他一定会使赵军遭受失败。"公元前259年，秦军再次进犯，赵军在长平坚持抗敌。那时赵奢已经去世，廉颇负责指挥全军，他年纪虽高，打仗却仍然很有办法，使得秦军无法取胜。秦国知道拖下去对己方不利，就施行反间计，派人到赵国散布"秦军最害怕赵奢的儿子赵括将军"的话。赵王上当受骗，派赵括替代了廉颇。当赵括被拜为大将即将出兵的时候，赵括的母亲告诉赵王说："不要让赵括当大将。"赵王问："为什么？"赵括的母亲说："他父亲做大将时，亲自捧着饭送给将士。大王赏赐给他父亲的东西，他父亲全都送给了军中的将士。从他父亲接受任命的那一天起，他父亲就不再过问家里的事。现在赵括刚当上大将就接受朝拜，军中的将士没有敢抬起头来看他的。大王所赏赐的金银财宝，他都拿回家了，而且每天看到有便宜的田地住宅就买下来。赵括如何跟他父亲相比？希望大王不要派他带兵。"赵王说："你的意见还是先放一放吧，我已经打定了主意。"于是，赵括的母亲说："如果大王非要派他领兵，那么发生不顺利的事情后，我能不受到连累吗？"赵王答应了她。

赵括自认为很会打仗，死搬兵书上的条文，到长平后完全改变了廉颇的作战方案，结果四十多万赵军尽被歼灭，他自己也被秦军的乱箭射死。

七、一勤天下无难事

这句话出自清代钱德苍的《解人颐·勤懒歌》，意思是，只要勤奋，天下就没有难做到的事情。

其原文是："为人在世莫嗜懒，嗜懒之人才智短。百事由懒做不成，临老噬脐悲已晚。士而懒，终身布衣不能换；农而懒，食不充肠衣不暖；工而懒，粗制滥作众人贬；商而懒，积聚万贯成星散。士而勤，万里青云可致身；农而勤，盈盈仓廪成红陈；工而勤，巧手超群能动人；商而勤，腰中常缠千万金。噫嘻噫嘻复噫嘻，只在勤兮与懒兮。丈夫志气掀天地，拟上百尺竿头立。百尺竿头立不难，一勤天下无难事。"

无论是学习、工作还是生活，凡是有所成就的，大都与勤奋息息相关。可以说，从古至今，勤奋是几乎所有成功者身上都有的特性，他们用自己的成功诠释了勤奋的价值和意义。

"晚清中兴四大名臣"之一的曾国藩，凡事勤俭廉劳、修身律己，在官场上获得了巨大的成功。曾国藩的天资并非聪明，但他一生取得诸多成就，秘诀之一就是勤。曾国藩认为，人生的第一要义就是勤，它是修身、齐家、为官、治国、平天下的前提。他说："千古之圣贤豪杰，即奸雄欲有立于世者，不外一勤字。""天下古今之庸人，皆以一'惰'字致败。""人生失败离不得个'逸'字。"失败，首要的因素就是懒惰。曾国藩还说："勤则寿，逸则夭。勤则有材而见用，逸则无能而见弃。意思是，勤劳的人长寿，安逸的人短寿。勤劳的人由于经常参加劳动，有才干而能够派上用场；安逸的人由于不参加劳动，毫无才干而会被社会淘汰。曾国藩坚持"以勤治事",其身、眼、手、口、心勤的"五勤"之道,是为官之道,也是为人处世之道。"身勤",即身体力行、以身作则;"眼勤",是从细微之处识人;"手勤",就是养成书写的好习惯;"口勤",就是说话时要有谦让的态度;"心勤",即坚定的意志品质。曾国藩到了晚年虽然双目几乎失明,但仍然手不辍书,坚持学习和写作,直至病逝。

2018年1月,在国家科学技术奖励大会上,中国航发沈阳黎明航空发动机公司车工、高级技师洪家光带领团队研发的"航空发动机叶片磨削用滚轮精密制造技术",获得国家科学技术进步二等奖。令人肃然起敬的是,刚到不惑之年的洪家光已先后荣获中华技能大奖、全国五一劳动奖章、全国技术能手、全国职业技能大赛车工冠军、全国最美职工等几十项大奖和荣誉称号,并享受国务院政府特殊津贴。1999年,洪家光从技校毕业后,被分配到沈阳黎明航空发动机公司工作。他脚踏实地、虚心求教、从头学起,希望能真正掌握一门技术。2002年临近春节,厂里接到一项紧急任务,以0.003毫米的误差,打磨一款发动机核心叶片的修正工具。其加工精度难度极高,相当于人头发丝的二十分之一。不巧的是,唯一掌握这项技术的刘师傅得病住院。洪家光主动要求承担这项任务,他连续奋战了十几个小时后,却没有一件合格品。洪家光没有放弃,而是更加玩命地实践,饿了就啃几口装在衣服口袋里的大饼,困了就直接睡在地上,每天工作14个小时以上。十天后,他完成了任务。这次经历,大大增强了洪家光的信心,更坚定了他走技术攻坚的道路。5年时间,1500多次试验,他带领团队研发,终于攻克了航空发动机叶片滚轮精密磨削技术这个难题。这项多年来由西方国家掌握的航空绝密技术终于被这个中国小伙子攻破。在20多年里,洪家光共完成200多项技术革新,解决340多个技术难题。技校毕业的洪家光凭借着不服输的钻研精神,从一名车工蜕变成为科研技术专家。

日本"经营之圣"稻盛和夫曾说,除了拼命工作,不存在第二条通往成功的路。要想成功地经营企业，前提条件是要"付出不亚于任何人的努力"，做不到这一点，任何愿景都是空中楼阁。今年也许不景气，但不管在哪个年代，不管大环境如何糟糕，只要拼命工作，任何困难都能克服。他在27岁时成立京瓷公司，开始经营企业。当时，他的心里只有一个念头，不能让公司倒闭，不能让支持自己的人和投资人失望。为此，他拼命地工作，才有了京瓷公司的今天。稻盛和夫一生的工作经历离不开"极度认真"四个字。稻盛和夫的第一份工作是在一家制造绝缘瓷瓶的企业做研发。当时，这家企业濒临倒闭，很多员工离职。而他却留在公司埋头工作，不发牢骚，不说怪话，聚精会神，全力以赴。他把锅碗瓢盆都搬进了实验室，睡在那里，昼夜不分，有时一日三餐都顾不上吃，全身心地投入研究工作。他还订购了刊载有关于新型陶瓷最新论文的美国专业杂志，一边翻辞典一边阅读，到图书馆借阅专业书籍，利用下班后的夜间或休息日如饥似渴地学习、钻研。稻盛和夫在拼命努力的过程中，一次又一次地取得了出色的科研成果，同时周围人对他的评价越来越高，他的人生逐渐开始良性循环。公司上市后，他依旧用"奋斗者"的态度要求自己和员工，"回归创业的初衷，哪怕汗流浃背，哪怕沾满尘土，让我们同心协力加油干"。

人的一生，起点都各不相同。有的人从"山底"开始爬，有的人一出生就在"半山腰"。但真正决定人生高度的，往往是日后勤奋的积累。起点再高，如果懒惰放纵，最终也会优势尽失；起点再低，如果能勤奋向上，最终也会成为佼佼者。

但是，一些人习惯了懒惰，甚至好逸恶劳，幻想不劳而获，向往"工作轻松条件好，工资待遇非常高"的状态，认为那是清闲和福气。实际上，那是懈怠和沉沦，他们的人生会越来越迷茫，活得如同行尸走肉。千万不要在该努力的时候选择安逸，如果在该努力的时候不努力，追求所谓的安逸和舒服，未来一定会有很多的"不舒服"等着自己。

要想获得成功，离不开勤奋，正所谓"一勤天下无难事，一懒世间万事休"。人与人的差距原本很小，都是在每一天的勤奋或懒惰中被拉开的。正是每天拉开的一点点差距，最终成为懒惰者无法逾越的鸿沟。时间对每个人都很公平，但时间在每个人手里的价值却不同。荒废时间其实就是在荒废自己。对自己有要求，对未来有期待，人生才会始终走上坡路。

第三篇
致　用

　　懂得了因果规律的道理，就要把这个道理作为做人做事的智慧，应用到日常的生活、学习和工作中，做到知行合一。我们知道，我们现在的命运就是过去的所作所为造就的，同样，现在的所作所为也将决定未来的命运。因此，要从当下开始，在自己的想法、言行这些因上下功夫，掌控了因也就掌控了结果，掌控了结果也就掌控了命运。

第七章　智　慧

因果规律告诉我们，内因＋外因＝结果。那么，我们可以从中汲取至少三个方面的智慧：一是凡事多从自身找原因，二是要懂得感恩，三是一切要从因开始。有了这些智慧，我们就能知道该做什么、不该做什么，进而趋吉避凶，这样人生的路才能越来越宽、越来越顺。

一、行有不得，反求诸己

这句话出自《孟子》，意思是，做事不顺利、不成功，或者人际关系不和谐，应自我反省，从自己身上找原因、找责任、找不足、找差距。

因果规律告诉我们，自己是内因，是决定性因素；外部环境与条件都是外因，是次要因素。自己所遭遇或获得的一切，都是自己以前的行为引发的结果。好的结果，是由自己过去的付出、耕耘和努力造就的；不好的结果，也是由自己过去的一言一行导致的。因此，不要怨天尤人，而要从自己身上找原因。

我们的思维方式通常有两种：一是向外求。有这种思维的人认为，问题都是别人造成的，都是别人的错误和责任，他们通常会抱怨和指责别人，为自己找借口，感觉自己是无辜的，是受害者。二是向内求。有这种思维的人认为，自己是问题的根源，对发生在自己身上的问题，自己要负主要责任，他们通常会承认现实，查找自己的过错，承担自己的责任，总结教训，改进不足。

比如，在老师上课时，一些学生交头接耳或者捣乱，不好好听课，向外求的老师通常会生气、发脾气，或者抱怨学生不好好学习、不懂规矩，甚至训斥或指责学生；而向内求的老师通常会自我反省，认为是自己讲课不够好，就会想办法不断改进和提升自己讲课的水平。再如，在孩子有逆反心理时，向外求的家长通常会生气、发脾气，或者抱怨孩子不听话、不懂事，导致亲子关系越来越不和谐；而向内求的家长通常会自我反省，认为是自己没有教育好孩子，就会想办法不断学习和提升自己，改进教育方式。

需要说明的是，凡事向内求，并不是说别人没有问题、过错或责任，而是要学会一种正确的思维方式，是一种懂得为自己负责的人生态度。别人有问题、过错或责任，他们自然会付出相应的代价；善于反思自己的问题、过错和责任，才能使自己接受教训，趋吉避凶，不断获得提升。

中华优秀传统文化特别强调向内求，而不是向外求。比如，《论语·卫灵公》中说："子曰：'君子求诸己，小人求诸人。'"意思是，孔子说："君子会要求自己，小人会苛责别人。"也就是说，遇到问题，君子会反躬自省，从自己身上找原因，而小人则会怨天尤人，把责任归结于他人。《中庸》中说："子曰：'射有似乎君子，失诸正鹄，反求诸其身。'"意思是，孔子说："射箭这件事就像做君子一样，如果没有射中，就不能抱怨箭，也不能抱怨靶子，而是要反省自己的箭术是不是不够精深，想办法提升自己的射箭水平。"做事情得不到预期的效果，都应该反过来检查自身是否有问题。如果自身的言行端正，他人自然就会信服和拥护。

历史上的尧、舜、禹、汤以及周文王、周武王、周公旦等，都是孔子所推崇的能够"行有不得，反求诸己"的古圣先贤。《说苑》中记载，尧帝看到有百姓挨饿、受冻，就会自责："这都是由于我没有治理好，而使他们挨饿、受冻的。"有百姓犯罪了，他同样自责："这是由于我没有教化好，所以他们才犯罪的。"这就是所谓的"先恕而后教，是尧道也"。也就是说，尧的治理之道是先宽恕百姓，然后再给他们以良好的伦理道德教育；百姓的道德修养提高后，治理国家也就会很容易。

王阳明的《传习录》中记载：一友常易动气责人。先生警之曰："学须反己，若徒责人，只见得人不是，不见自己非。若能反己，方见自己有许多未尽处，奚暇责人？舜能化得象的傲，其机括只是不见象的不是。若舜只要正他的奸恶，就见得象的不是矣。象是傲人，必不肯相下，如何感化得他？"是友感悔。曰："你今后只不要去论人之是非，凡当责辩人时，就把做一件大己私，克去方可。"意思是，一位友人常常容易生气并责怪别人。王阳明告诫他说："为学、做人要反求诸己，如果只是责怪别人，就只能看到他的不足之处，看不到自己的过错；如果能常常自我反省，便能看到自己还有许多不足之处，哪里还有闲工夫去责怪别人呢？舜能感化象（象是舜的同父异母弟弟）的傲慢，关键在于，舜不去看象的不足之处。如果舜一心想要纠正象的奸恶，就会盯着象的各种过失不放。象是一个傲慢的人，必然不肯认错，舜怎么能感化他呢？"这位友人听了很有感触，开始反省自己的过错。王阳明说："你今后千万不要再去议论别人的是非，凡想要责怪别人的时候，就把这个念头当成严重的私欲去克除，这样才能有长进。"

曾国藩曾在给弟弟的家书中说道："吾人为学，最要虚心，尝见朋友中有美材者，往往恃才傲物，动谓人不如己。见乡墨，则骂乡墨不通；见会墨，则骂会墨不通。既骂房官,又骂主考;未入学者,则骂学院。平心而论,己之所为诗文,实亦无胜人之处;不特无胜人之处,而且有不堪对人之处。只为不肯反求诸己,便都见得人家不是。既骂考官,又骂同考而先得者。傲气既长,终不进功,所以潦倒一生而无寸进也。余平生科名极为顺遂,惟小考七次始售。然每次不进,未尝敢出一怨言,但深愧自己试场之诗文太丑而已。至今思之,如芒在背。"意思是:"我们研究学问,最重要的是要虚心。我经常看到朋友中有些才气的,往往仗着自己的才能傲视一切,动不动就说别人不如自己。见了乡墨(乡试的试卷范文)便说乡墨不通,见了会墨(会试的试卷范文)便说会墨不通;既骂房官(阅卷的考官),又骂主考,没有入学的就骂学院。平心而论,他写的文章实在没有过人之处;不但没有过人的地方,而且有的差得实在不堪入目。只是由于不反省自己的问题,总是认为别人不行。既骂考官,又骂同考而先中的人。傲气如此之大,始终不能考中,所以一生潦倒,没有一点长进。我在科举功名方面非常顺利,只是小考考了七次才成功。然而,在每次不能考中的时候,我没有说过一句怨言,只是深感自己考试时写的文章太差。如今想起来,就好像芒刺在背。"

曾国藩在年轻的时候,并不是一个受欢迎的人,经常碰壁。湘潭之战胜利后,曾国藩被调到江西作战,当时的江西巡抚陈启迈对曾国藩指手画脚。曾国藩忍无可忍,上书弹劾他。虽然咸丰皇帝将陈启迈革职查办,但是曾国藩此举也彻底得罪了江西官场上的官员,地方官员处处与他作对,连他带的兵也受到毒打。正当曾国藩苦恼之际,他的父亲去世,他上书说自己打仗得有地方官员支持,但是地方官员不配合,自己又没有权力处罚他们,便请求回家守孝。咸丰皇帝不为所动,索性顺水推舟批准曾国藩回家守孝三年。一开始,曾国藩怎么都想不通,认为自己辛辛苦苦、拼死拼活,结果是飞鸟尽、良弓藏。他非常愤怒,开始骂家人,骂江西的官员,觉得所有人都对不起自己。当然,他这种态度也招致同僚的咒骂和家人的抵触。在这种情况下，他吃不下饭，睡不着觉，甚至一度想出家。于是，在极度痛苦时，他找来了《道德经》等典籍阅读，随后就觉醒了。过去他从来都不觉得自己有错，认为问题都出在别人身上，而在静下心来重新学习经典的过程中，他切实反省了自己身上的问题，发现自己太锱铢必较，不能为他人考虑。他把自己的这段时期称为"大悔大悟"之年。之后，他每每遇到问题都会先从自己身上找原因，不断提升和完善自己，最终做到了他心目中的"立德、立功、立言"。在曾国藩身上，我们能清晰地看到把问题归因于他人和反求诸己带来的两种截然不同的结果。

可以说，反求诸己的精神是中华文化中的大智慧，不仅是十分重要的修身方法，也是治国、齐家的法宝。

反求诸己，可以消除烦恼和怨恨。俗话说："小人无错，君子常过。"意思是，遇到问题，小人总是觉得自己没有错，而君子常常会反省自己的过错和责任。小人总是喜欢挑别人的毛病，整天盯着别人的过错，对别人斤斤计较、耿耿于怀，这样只会增加其内心的怨恨和痛苦；君子习惯于眼睛向内看，找自己的不足，就像古人说的"以责人之心责己，以恕己之心恕人"，这样其烦恼和怨恨自然就少了。

反求诸己，能够让人际关系和谐。《论语·卫灵公》中说："躬自厚而薄责于人，则远怨矣。"意思是，严厉地责备自己而宽容地对待别人，就可以远离别人的怨恨。这就是我们通常所说的"严于律己，宽以待人"。如果一味地抱怨和指责别人，把过错和责任都推到别人身上，必然会引起别人的反感和怨恨。俗话说得好，"各自责，则天清地宁；各相责，则天翻地覆"。凡事多作自我批评，不怨天尤人，彼此之间的矛盾和对立自然就少了，也就和谐多了。

反求诸己，才能不断提升自己。我们生来不是圣人，有过错是难免的，如果在做错事以后不逃避，就能发现自己的缺点、错误和不足，进而改正缺点和错误，弥补不足，也就能不断提升道德修养和能力水平。一个人之所以能够不断地进步，主要在于他能够常常自我反省，从自身找原因，在错误中成长，以追求改善自己的态度，不断完善和修正自己的言行。

反求诸己，是成功的重要条件。抱怨外因无济于事，就像射箭，没有射中目标，如果责怪箭不好，责怪弓不行，责怪靶子有问题，怎么能提高自己射箭的水平呢？不懂得下功夫在自己身上找原因的人很难成功。在遇到挫折、困难或失败时，应该静下心来反省自身的言行是否有过错，做得是否到位，措施是否有效，时机是否恰当，还有哪些不足，有哪些地方需要改正。找出引发问题的原因，才能进一步明确方向，进而找到解决问题的办法。

想要的结果没有到来，或者出现了不想要的结果，从外面、他人那里找原因就是搞错了方向。这就如饭吃多了肚子胀，而抱怨饭太好吃一样；就如射箭没有射中靶子，而抱怨箭和靶子有问题一样；就如开车翻到沟里，而抱怨道路太窄一样，都是违背辩证法原理的做法，不仅找不出真正的原因，还会加剧矛盾和痛苦。

或许有人会担心，在自己身上找原因、找责任，会不会影响自己的形象，或者会使对方得寸进尺？其实这种担心是多余的，相反，这样做会赢得更多人的尊敬和爱戴。在知乎网上，有一个问题："为什么大家都讨厌爱找借口的人？"有一个回答获得了很多点赞："错了就是错了，但解释却是，不仅不承认自己有错，还要试图去掩饰。"比如，上班迟到，总是有人辩解，是由于路上堵车，就是不承认自己起床晚了的事实。再如，开会时手机响了，总是有人辩解，是由于忘了把手机调成震动模式，就是不承认自己不守规矩。其实，一个靠谱的人，并不是不犯错，而是犯了错误后勇于承认、勇于担当、勇于改正。有一次，著名作家梁凤仪女士应邀到北京大学作报告。当天上午，她去了中央电视台的一个拍摄基地，觉得时间还充裕，就与基地的人员一起共进午餐。谁知乘车去北京大学的路上堵车,她迟到了一个小时。会议开始后,主持人强调说:梁老师迟到是由于堵车。但走上讲台的梁凤仪却说:"各位同学,我在此向大家诚恳道歉!北京塞车是常事,但我不应该为自己找借口,我应该把塞车的时间计算在内,做好充分的准备。如果在座的有一千位同学,我迟到的这一小时,对大家来说,就是浪费了一千个小时,影响一千个人的心情啊!我只能盼望得到你们的原谅!"她的真诚,不仅赢得了同学们热烈的掌声,还赢得了大家对她发自内心的尊敬。

学会反求诸己,就拥有了人生的大智慧;凡事多在自己身上找原因,就是自求多福;如果不懂得向内求,总是怨天尤人,将会自取其祸。

二、滴水之恩,当涌泉相报

这句话出自《增广贤文》,意思是,即便受人一点点的恩惠和帮助,也要铭记于心,以后有机会加倍地给予报答。

因果规律告诉我们,只有内因和外因都具足,才能产生结果,两者缺一不可。出现了好的结果,自己的选择、付出和努力固然很重要,但离不开外界提供的条件、帮助和支持。没有必要的条件和帮助,自己即便有三头六臂,也做不出多大的成就。就如即便有优质的种子,如果没有适宜的土地、温度和水分等,也没有收获一样。因此,要懂得感恩和报答外界提供的条件与给予的帮助。

懂得感恩,不忘恩负义,这是做人的基本道德和底线。在这方面,古圣先贤有很多教诲,比如,"谁言寸草心,报得三春晖""铭心镂骨,感德难忘;结草衔环,知恩必报""受人之恩,铭记于心"等。这些都在告诉我们,生而为人,一定要懂得感恩,即便他人曾经帮过我们很小的忙,也要铭记于心;即便他人冒犯过我们,也绝不能忘记他们曾经给予我们的恩德。

在这个世界上，除了法定的责任之外，他人之所以帮助我们，并不是因为他们欠我们什么，而是因为他们有道德、讲道义。所以，要珍惜、感激那些帮助过我们的人，千万不要做忘恩负义之人。京剧大师梅兰芳在15岁的时候，不幸染上了白喉病，但是每日仍旧带病坚持演出。梅兰芳每天演出只赚8吊钱，一家人全靠他演出赚的钱生活，如果不演出，家里就会揭不开锅。梅兰芳有一个叫李宣倜的粉丝，被人们称为"三爷"。他得知梅家的处境窘迫，便对梅家人说："以后每天去我家取8吊钱，让孩子好好休养一段时间，直到治好了为止。"对于贫病交加的梅家而言，这无异于雪中送炭。就这样，休养40天后，梅兰芳痊愈，终于可以再次登台。当时的李宣倜完全是爱才心切，才愿意无私地帮助梅兰芳一家。家境殷实的他，自然没有把那些钱放在心上，但是梅兰芳却把这份恩情记了一辈子。后来，李宣倜家境没落，而此时的梅兰芳已经名满天下，但他始终没有忘记李宣倜的恩情，一直照顾他，每月都会给他钱。在李宣倜去世后，也是梅兰芳为他操办的丧事。他们二人的情分，因赏识而起，以报恩而终，有始有终，让人感动。

懂得感恩，可以让人更快乐、幸福。感恩是一个人发自内心的积极、美好的情感和心态。一个人的感恩度与幸福度成正比。也就是说，一个人越懂得感恩，就越幸福；感恩度越低，就越不幸福。因为懂得感恩的人，更多地体悟到了外在的一切对自己的帮助和益处，总是能看到事物美好的一面，心中有爱，就会经常处于温暖、感动、美好等积极向上的氛围中，就会觉得快乐和幸福。不懂得感恩的人，无法体悟到外在的一切对自己的帮助和益处，认为他人的一切帮助和支持都是理所当然的，甚至会觉得周围的一切都对不起自己，经常怀着怨、恨、恼、怒、烦等消极情绪，没有快乐，甚至很痛苦。比如，年终单位给张三发了1000元奖金，而给李四发了1500元奖金。如果张三没有感恩心，通常就会抱怨："我怎么比李四少领了500元？"但是，如果张三懂得感恩，就会这么想:"感谢老板给我发了1000元奖金,老板本来是可以不发给我奖金的;我比李四领得少,是由于我做得不如李四好。"

其实,我们能够生活在这个世界上,一切都值得感恩。孟子说:"一人之身,而百工之所为备。"意思是,一个人生活在这个世界上所需的用品,要靠很多人来为他制备。人的一生,无论成败,都会获得外界太多的帮助,比如国家的保护、父母的养育、老师的教诲、配偶的关爱、朋友的帮助、大自然的馈赠等。地球无私地提供着空气,不值得感恩吗?阳光每天都在照耀着我们,不值得感恩吗?国家和平稳定,不值得感恩吗?拥有健康的身体,不值得感恩吗?当我们吃早餐时,我们要感恩给我们提供早餐的人——由于店员辛勤工作,我们才可以吃到丰盛的早餐。如果是自己做早餐,想一想食材都是怎么来的。每一粒米、每一棵菜都是很多人付出了很多劳动种出来、运过来的,难道不应该感谢他们吗?想想便会明白,人绝不可能独自一个人生存,都是在周围的空气、水、食物、家人、社会等的支撑和帮助下,才能生存下去。与其说是"自己活着",倒不如说"让我们活着"。

有的人认为,"我付出了努力,所以应该得到回报"。这样认为固然没有错,但是也要想一想这些回报是怎么来的。是不是单位或客户回馈给我们的?也许有人会说这是自己辛苦工作得来的,然而,如果没有人给自己提供工作机会,没有客户购买产品或服务,我们就不会获得这些回报。即使是我们帮助别人,也应该心怀感恩,因为是别人给了我们表达和传递爱的机会,而这份爱的能量最终会更多地回馈自己。一个人越能看到生命当中可感恩的事物,活得就会越富足、越幸福。

其实,幸福与否取决于自己的心态。金钱、名利、职位等都是外在的东西,与幸福没有必然的联系。有钱、有权、有名的人不一定幸福,没有钱、没有权、没有名的人也不一定不幸福,重要的是能否懂得感恩。如果不懂得感恩,心中缺爱，就会陷入自私、贪婪的境地不能自拔，也就不会获得幸福。感恩的心态会带来感恩的情感，感恩的情感会带来幸福的感受。

懂得感恩，才会感召更多的贵人来相助。感恩不仅是一种美德，也是一种智慧，能够让我们懂得如何与社会互动。一个人懂得感恩，我们会觉得他善良、靠谱，才会愿意帮助他；相反，没有人愿意帮助不懂得感恩甚至忘恩负义的人。

电视剧《乔家大院》中的孙茂才原本是一个落魄不得志、依靠卖花生维持生活的穷书生，因机缘巧合与乔致庸结识。他自从踏入乔家的大门后，很快就成了乔致庸的左膀右臂，在经商的舞台上展示了自己的才华，使乔家的生意重现生机，可谓功不可没。但是，乔致庸慢慢发现孙茂才已经变质：与竞争对手串通，克扣工钱，做了许多违背道德之事。乔致庸大怒之下，将孙茂才撵了出去。孙茂才净身出户，牵着一头毛驴，孤零零地来到达盛昌（曾经想利用他击倒乔致庸的商家），想要东山再起。不料，达盛昌的崔掌柜探明真相后，便命人将他轰了出去。他们两个人有一番很精彩的对话。孙茂才说："我能帮乔家成就大业，也能帮你赚到大钱。"崔掌柜回应道："孙茂才，你要清楚，不是你成就了乔家，而是乔家成就了你！没有乔家，你至今还是那个在考场上卖花生的穷秀才！"孙茂才自恃才高，不懂得感恩，乃至忘恩负义，所以就没有贵人相助。

在生活中，确实有一些人将他人的帮助视为理所当然，完全不懂得感恩为何物，只知道向他人索取。一旦他人无法满足自己的要求，就怀恨在心，甚至恩将仇报。这样的人只会让人心寒甚至敬而远之，他的人生之路就会越来越窄。无论是什么样的缘分，还是自认为"好"或"坏"的人或事，在大千世界中都有其存在的价值和理由，都是上天赐予我们的礼物，不管是包装成美的还是丑的，我们都应该用感恩的心去对待。

对自认为"好"的人或事感恩比较容易，但对自认为"坏"的人或事感恩往往比较困难。懂得对自认为"坏"的人或事感恩，或许更有意义，不仅减少了自己的怨恨和烦恼，还能使自己从逆境或教训中获得提升。假如你的人生目标是成为优秀的拳击手，最重要的一个因素是要有一个凶悍的陪练，陪练打得越狠，你就越有可能成为"拳王"。一个人如果想取得成就，同样要有这样一个"陪练"，这个"陪练"就是生活和工作中遇到的困难、坎坷、挫折和失败等。常言道："宝剑锋自磨砺出，梅花香自苦寒来。"磨砺和苦寒不就是宝剑和梅花的"贵人"吗？

王阳明为了激励弟子不被眼前的困难打倒，在《与王纯甫书》中这样说道："譬之金之在冶，经烈焰，受钳锤，当此之时，为金者甚苦。然自他人视之，方喜金之益精炼，而惟恐火力锤煅之不至。既其出冶，金亦自喜其挫折煅炼之有成矣。"意思是，好比冶炼金属的过程，需要经烈焰的冶炼，遭钳锤的锻打，此时，身为金属会很痛苦。然而，在他人看来，高兴地看到金属越来越精纯，还唯恐冶炼、锻打得不够。当冶炼完成后，相信金属也会为自己经历无数锤炼最终成为精金而欣喜不已。一块金子历经千锤百炼才能锻造出炉，一个人只有经得住挫折才能真正成事。在逆境中，人与人的差距更容易拉大。有的人面对挫折和困难，懈怠、观望甚至逃避；而有的人相信"圣人之道，吾性自足"，将挫折和困难视为提升自己心力与能力的机会，在逆境中不断成长。其实，这就是"塞翁失马，焉知非福"的道理。

稻盛和夫说："无论何时何事，都要表达感谢。"当你在好运连连、一帆风顺的时候，感谢上天没什么问题，但是，当你遭遇不幸、陷入困境的时候，你也同样要感谢上天。在稻盛和夫刚创立京瓷公司的时候，京瓷公司还是一家毫不起眼的小工厂，公司最初能从大名鼎鼎的松下集团获得订单非常不容易。松下集团的要求也非常高，无论在交货时间还是质量方面，都有十分严格的规定和要求。除此之外，松下集团每年都有苛刻的降价要求。当时，在同样从松下集团获得零部件订单的工厂中，有些工厂的老板总是愤愤不平，一味地抱怨松下公司是在"欺负"供应商。而稻盛和夫首先想到的是，正因为松下集团每年都能照常给京瓷公司订单，才让京瓷公司发展壮大。因此，他告诫自己，不能忘记对"松下先生"表示感谢。即使订单要求再苛刻，只要对京瓷公司有利，他都会接受。为了满足这些苛刻的条件并挤出利润，京瓷公司从上到下绞尽脑汁，努力工作。此后不久，京瓷公司进入美国市场，从当时蓬勃发展的美国半导体公司获得了订单。这时候，与美国当地的同行相比，京瓷公司的产品不仅品质远远超越它们，而且价格特别低廉。正是在苛刻的要求下求发展，京瓷公司产品的质量在不知不觉中获得大幅度提升，并且具备了世界竞争力，由此孕育出超越行业水准的卓越产品和充分的价格竞争优势，并保证了良好的收益。而当时那些一味地发牢骚、愤愤不平的工厂，大多都已经消失。是消极看待自己所处的环境，充满抱怨和怨恨，还是把苛刻的要求看作提升自己的机会并积极地应对？选择的道路不同，所到达的终点也大不相同。所以，面对生活中遇到的困难和境遇，要心怀感恩，因为严酷的环境和严峻的局面，能够锻炼我们的心志，磨炼我们的灵魂，让我们登上更高的台阶。稻盛和夫说，要时刻记住"心怀感谢，困难才能成为财富"。

从下岗工人到千万富翁的侯晓军，可以说是被逆境逼出来的。他年近四十岁时遭遇下岗，却创造了一段颇有传奇色彩的佳话。1999年6月，时任美国总统的克林顿访问西安，侯晓军作为下岗工人创业代表参加了欢迎活动。对当年的被迫下岗，如今的侯晓军仍然心存感激。在国有电讯元件厂工作了近20年的他，已经习惯在工厂干活、拿工资，从未想过离开工厂后该怎么生活。下岗后，他在家郁闷了半个月，最后终于意识到：自己应该出去谋生了。1995年10月，他坐上了南下深圳的火车。回忆初到深圳时的情形，侯晓军只是苦笑，当时的他举目无亲，很多天都没有找到工作，身上的钱已经所剩无几。终于有一天，他在电子玩具厂找到一份工作，由于股东方面的原因，这家玩具厂后来倒闭了。不久，他又在一家只有几十个员工的彩印厂找到了工作，干起了到处拉印刷业务的活儿。于是，在深圳繁华的大街上，人们常常可以看到一个中年男人骑着一辆叮当作响的破自行车，疯狂地追着驶过身边的一辆辆公交车，还不时停下来记着什么，那是侯晓军在忙着抄公交车上瓶装水厂家的地址和联系方式。侯晓军拉到了大批印刷瓶装水商标的业务，凭借独辟蹊径的生意灵感，他获得了可观的回报：彩印厂的老板将企业15%的股份给了侯晓军，参与年底的分红。1997年春节期间，侯晓军怀揣着在深圳打工挣来的5万元钱，回到西安创业，成立了自己的公司，收入还不错。为了扩大业务，侯晓军又开始涉足旧车装修业务。在一些汽车装饰店用伪劣产品冒充正品的时候，侯晓军却坚持质量第一，同时在服务上下功夫。他的业务越来越好，已经开了6家分店，有员工160多人，资产超过千万元。谈起自己的创业之路，他由衷地说："多亏当年下岗了，如果我现在还有一份稳定的工作，我断然不会去自主创业。所以，我有今天的成就完全是被逼出来的。"

不少企业的老板，包括一些大企业家，都是当年由于下岗被迫创业而成功的。一些人之所以平庸，不是由于自身能力不足，而是由于安于现状、不思进取，缺乏危机感，最后他们在安逸的生活中埋没了自己，正所谓"生于忧患，死于安乐"。

我们遇到的每一个人、经历的每一件事都有其意义，从某种程度上说，都是在以不同的方式帮助我们成长，帮助我们找回真正的自己。助我们的人是恩人，损我们的人是"化了妆的贵人"。因此，不要去责怪生命中的任何人，正因为有他们存在，才指引我们成为自己想要成为的人。

所以，我们要感恩一切。懂得感恩，就掌握了成功的密码，开启了通往快乐和幸福的大门。

三、莫问收获，但问耕耘

这句话出自《曾国藩日记》，意思是，不要患得患失于未来的收获，只管做好当下的耕耘。换句话说，不要总是想着能不能获得好结果，只管把自己该做的事做好；做好自己该做的事，自然就会获得好结果。

因果规律告诉我们，有什么因就会有什么果，所谓"种瓜得瓜，种豆得豆""善有善报，恶有恶报"。要想获得好结果，只有先从种下好种子开始；也就是说，做好自己该做的事，是产生好结果的必要条件。当然，结果未必一定能达到预期，但是，如果做不好该做的事，就必然不会出现好结果。

耕耘是内因，是我们的主观选择和努力，也是我们可以掌控的；而收获是内因与外因综合作用的结果，是我们做不了主的。有了耕耘这个因，才会有收获这个果；相反，不去耕耘，却想收获，就是妄想。就像农民种地，只管做好松土、播种、施肥、浇水、除草等耕耘工作，至于将来能不能收获、能收获多少，那是老天的事，无须担心，因为这不是自己所能完全掌控的，还有各种不同的外部环境和条件在起作用。当然，同样的耕耘，未必有同样的收获。就像两位农民种地，同样精耕细作，收成却不一定相同，因为还有土质、种子、时令等其他因素的影响。学习也是如此，付出了同样的努力，成绩却不一定相同，因为人的天赋、智商、所处的环境等都不完全一样。但是，可以确定的是，农民如果不播种、施肥、浇水、除草等，即便每天在地里烧香磕头，也不会有收获；学生如果不努力学习，即便每天求神拜佛，也不会考出好成绩。

"莫问收获，但问耕耘"是一种为人处世的态度，蕴含着重要的人生哲理。它告诉我们，要把精力放在当下的耕耘上，不要过多地考虑未来能获得多少收获，只有在耕耘上下足功夫，将来才可能会有丰盛的收获。如果不在原因上下功夫，而在结果上患得患失，就没有任何意义，就像农民不去耕耘，却妄想有收获一样。同样，无论是做学问，还是干事业，都要像种地一样，不能什么活都不干，就整天妄想着有收获，而是要踏踏实实地做好收获之前的耕耘。如果平时把该做的事都做好，到时候自然就会瓜熟蒂落、水到渠成。

曾国藩在致诸弟的家书中说："农果力耕，虽有饥馑，必有丰年；商果积货，虽有雍滞，必有通时。"意思是，农夫如果努力耕种，虽然会有荒年，但一定有丰收的时候；商人如果备足了货物，虽然会有滞销，但一定会有畅销的时候。梁启超在写给孩子的家书中说："我生平最服膺曾文正两句话：'莫问收获，但问耕耘。'将来成就如何，现在想他则甚？着急他则甚？一面不可骄盈自慢，一面又不可怯弱自馁，尽自己能力做去，做到哪里是哪里，如此则可以无入而不自得，而于社会亦总有多少贡献。我一生学问得力专在此一点，我盼望你们都能应用我这点精神。"国学大师梁漱溟在写给儿子的家书中也说："要一边做，一边研究，边学边做，边做边学，终身如此努力不已。至于成就，在事亦在学，似不可管，即有无成就，亦可不管，昔人云：'但问耕耘，不问收获。'是也。"

王阳明的《传习录》中有这样的一段对话：陆澄问："知识不长进，如何？"先生曰："立志用功，如种树然。方其根芽，犹未有干；及其有干，尚未有枝；枝而后叶，叶而后花实。初种根时，只管栽培灌溉，勿作枝想，勿作叶想，勿作花想，勿作实想。悬想何益！但不忘栽培之功，怕没有枝叶花实？"意思是，王阳明的弟子陆澄问："学问没有长进，该怎么办？"王阳明说："立志下功夫做学问，就像种树一样。当它刚刚生根发芽时，还没有树干；当树干长出来后，还没有枝条；长出枝条后才能生出树叶，有树叶后才会开花结果。刚刚生根时，只管培土灌溉，不要想着生枝、长叶、开花、结果。空想这些有什么用！只要不忘记做好培土灌溉，还怕没有枝叶花果吗？"其实，王阳明用种树做比喻，讲了同样的道理。一旦明确目标，就要专注于当下，付诸行动。

与其空耗脑力去想将来的结果如何，不如踏踏实实地做好眼前该做之事。

从"莫问收获，但问耕耘"这句话中，我们至少可以获得两点启示：一是一切要从因开始，二是对结果患得患失没有意义。

为什么一切要从因开始呢？因为因是前提条件，没有因就没有果，有什么因才会有什么果。有了这样的因果观，就明白了该做什么、不该做什么，才能有效地运用因果规律，明确和把握自己的命运。

俗话说，"智者畏因，愚者畏果"。有智慧的人明白因果联系的规律和道理，因而害怕种下不好的因，对当下的一言一行都小心谨慎；愚蠢的人往往会种下不好的因，但总是担心出现不好的结果。

比如，在学校里，每个学生是不是都想取得好成绩，高中毕业的时候考个好大学，或者在大学毕业后找个好工作？能不能取得好成绩，能不能考上好大学，能不能找到好工作，都是果，这姑且算是很甜的'西瓜'。那么，需要种什么因呢？需要种的因，就是要好好学习，提高自己的道德修养。如果整天玩手机，晚上不睡觉，白天不起床，不遵守学校的规定，不学习如何做人，想想看，能取得好成绩吗？哪个公司愿意要这样的人？这与想收获西瓜而种茄子的人有什么区别呢。"

又如，在单位里，不少人想升官，想做先进，能不能当官、做先进都是果。那么，升官、做先进的因是什么？无外乎工作扎实勤奋、任劳任怨，为人诚实、谦虚宽厚、乐于助人、说话不强势、能团结人、不斤斤计较等。那么，升不了官、做不上先进的因又是什么？无外乎工作不扎实、偷奸耍滑、争名夺利、心胸狭窄、斤斤计较、傲慢霸道、自私自利等。回过头来再看看自己平时种了什么因，获得了什么果，一切问题就都明白了。仅仅担心会获得不好的果没有用，必须时刻考虑自己现在需要种什么因。想获得果而不种因，与想收获而不播种没有区别。想获得好果而不种好因，与想吃西瓜而种茄子没有区别。

再如，人人都希望自己健康，但如果经常暴饮暴食、大吃大喝，晚上熬夜，经常生气、发脾气等，这都是种了得病的因，怎么可能有健康的身体这个果呢？

要想改变命运，就要从因开始。比如，要想有较高的威信，就要认认真真工作、堂堂正正做人；要想提高工作能力和水平，就要加强学习、勇于实践；要想取得出色的工作成绩，就要兢兢业业、扎扎实实地苦干。相反，有吃、拿、卡、要、贪等行为，就不可能获得好名声；吃吃喝喝、拉拉扯扯、吹吹拍拍、阳奉阴违、挑拨离间，就不可能获得好口碑；为人高调、斤斤计较，什么光都想沾，一点亏都不想吃，就不可能有良好的人际关系；工作不用心、不积极、不主动、不扎实，就不可能取得出色的成绩；不干工作、不遵守规章制度、上班聊天或玩游戏、牢骚满腹，也就不可能被提拔或重用。这就如在地里种下茄子，永远不可能结出西瓜一样。

为什么要"莫问收获"？莫问收获，并不是说让我们不要收获和结果，而是说不要只想着收获，因为收获是耕耘的结果，而不是想的结果，想与不想，没有实际意义，只要在因上多动脑筋、多下功夫，自然就会有好结果。相反，过多地担忧、期待和挂碍结果，就是患得患失，只会徒增自己的精神压力、负担和烦恼，甚至还会成为障碍。

2022年北京冬奥会期间，在短道速滑男子1500米半决赛中，世界排名第一的任子威由于被判罚犯规，提前出局，无缘决赛。在谈到自己的失误时，任子威说得最多的一句话是："之所以失败，是因为想得太多。"在半决赛前，大家都看好任子威，期待他能够获得第三块金牌。任子威自己也一直在思考：决赛中该怎么冲第一？用哪种战术才能赢？拿不到第一又该怎么办？……赛前思虑过度，使他背上了沉重的思想包袱，以致在正式比赛时状态很差，犯了严重的错误，成绩被取消。任子威说："半决赛都没完，我却一直在想决赛的事。上场之前,我就已经输掉一半了。"过分追求结果,不仅会使自己心浮气躁,甚至会使自己产生急功近利、好高骛远等心理,最后有可能一败涂地。正如小学语文课本上《我要的是葫芦》一文中的种葫芦者,一心想要葫芦长大,只盯着葫芦,却不去消灭叶子上的蚜虫,最终葫芦秧叶枯枝死,一无所获。

古语云:"有心者有所累,无心者无所谓。"很多时候,人之所以活得累,并不是由于遇到了多大的困难,而是由于对未来想得太多、担心得太多。愚蠢的人总是担忧尚未发生的事情。而聪明的人都懂得"只管耕耘,莫问收获"这个道理,所以他们总是在因上默默地下笨功夫,不放弃,不抱怨,持之以恒,坚持不懈!

"莫问收获",不等于没有收获。曾国藩坚持不问收获,却成就了自己。他并非天赋异禀,而是比别人更加辛勤耕耘而已。年轻时的曾国藩也曾急于考取功名,但由于对学问涉猎不广、学习不深入,连续多次都没有考中。于是他给自己制订了严格的学习计划,每天读书到深夜才上床休息,无论寒冬酷暑,都未曾改变过。辛勤的耕耘换来了丰硕的成果,他不仅成为晚清第一名臣,还成为理学家、文学家,他的《曾国藩家书》更是赢得了"道德文章冠冕一代"的美誉。

在电影《阿甘正传》中,资质平庸的阿甘最终成为战斗英雄、体育冠军、政界名人、百万富翁。我们毫不怀疑阿甘的成功。对阿甘的成功之道,网上有一个被许多人点赞的说法:"阿甘为什么会成功?因为阿甘没有把成功放在心里。做任何事,他只管去做,不问结果。"打橄榄球,他拿到球只会一直往前跑;打乒乓球,他牢记"眼睛不要离开球"。正如单板滑雪冠军苏翊鸣说的,"前方有什么?滑下去,就会有答案"。

所有的种子,在破土而出的时候,不会去想将会遇到风雨还是阳光,它只知道向上、再向上,最终开花结果。所以,只管耕耘,把其他的交给时间!电视剧《破产姐妹》中有一句台词:"幸运是不存在的,努力才是硬道理。"有些人总是期望天上掉馅饼,可以不偏不倚正好砸在自己头上,但结果总是令自己失望。如果这个世界上真有奇迹,那只是付出努力才取得的结果。

自己今天的全部生活,包括人际关系、职位、事业、收入、健康等,都是过去耕耘的结果。如果对现在的生活不满意,期待未来有好结果,就要从现在开始努力耕耘。

第八章 立 命

因果规律告诉我们，要想掌控自己的命运，就要从种因开始，也就是从立志、改过、为善开始；无论是立志，还是改过、为善，都是由自己的心决定的，所以，归根结底在于正心。

一、命由我立，福自己求

这句话出自明代思想家袁了凡的《了凡四训》，意思是，命运是由自己创造的，吉凶祸福是由自己的所作所为导致的。

（一）自己是命运的主因

每个人都希望有好命运，但每个人的命运又是不同的。影响命运的因素有两个：一是"命"，二是"运"。"命"可以理解为自己无法掌控的客观条件和环境，比如，一个人出生的地域和家庭，自己的父母、性别、智商、长相、兄弟姐妹，入学后的老师、同学，国家的政策、自然环境和社会环境等。"运"可以理解为自己主观的选择和努力，它可以由自己掌控和决定，比如，做什么、做还是不做、怎么做、做到什么程度、是坚持还是放弃等。人的命运是结果，内因就是自己的主观选择和努力，外因就是家庭、学校、社会等外部环境和条件。用公式表述就是：命（外因）+ 运（内因）= 命运（结果）。

为了说明问题，我们以日本"经营之圣"稻盛和夫为例。他出身贫寒，小时候正逢战争，家里的房子被美军的飞机炸毁；小学毕业后两次都没有考上理想的初中；13岁时染上肺结核，差点儿丧命；报考大阪大学后落榜；毕业时找工作困难，好不容易进了一家公司，却遭遇公司连续亏本，连工资都不能如期发放。这些都不是稻盛和夫所能决定的。但稻盛和夫相信命运不是宿命，真正决定命运的是内因，是自己的主观选择和努力，而如何选择是自己完全可以掌控的。那么，他是如何掌控自己的命运的呢？在稻盛和夫的人生哲学里，有一个公式被称为"人生方程式"，即人生和工作的结果 = 思维方式 × 热情 × 能力。在这个方程式中，稻盛和夫道出了决定人生和工作结果的三个要素，即思维方式、热情和能力。

稻盛和夫解释说，能力主要是指智力和体力，包括健康等。这些因素固然是天赋的条件，自己不能完全掌控，但也与后天的锻炼有关。每个人的能力都有差距，用0到100分来表示。热情可以被称为努力，努力与能力不同，它不是先天就有的，完全由自己掌控和决定。从饱食终日、无所事事到忘我地工作，也用0到100分来表示。稻盛和夫举例说，一个天资聪明又很健康的人，能力可以得90分。但他自恃聪明、不思进取，热情只能得30分。那么，两者的乘积为：90 × 30 = 2700分。另一个人天赋差一些，能力只能得60分，但他笨鸟先飞，特别勤奋，热情可以得90分，两者的乘积为：60 × 90 = 5400分。后者得分比前者高一倍。也就是说，天资一般而勤奋努力的人，可以比天资卓越而不肯努力的人取得大得多的成就。相对于能力而言，热情显然是更加重要的因素。

思维方式，也就是人生态度，或人生观、价值观和世界观，都是自己可以改变的。在能力、热情、思维方式这三个要素中，稻盛和夫最看重思维方式。这个要素是一个变量，有方向性，用负100分到正100分来表示。如果一个人能力很强，热情很高，但自私自利、损人利己，那么他的人生得分数就是负数，并可能给他人、社会造成很大的损害。稻盛和夫大学毕业后在一家快要倒闭的公司工作，他感觉在这里看不到前途，便与几个同事报考了国民卫队，并被录取。在办手续的时候，哥哥却不给他寄身份证，并严厉批评他说："你在别人都不干活的地方都干不出点名堂，还能做什么？"这句话点醒了稻盛和夫。此后他调整自己的情绪，把铺盖和锅碗瓢盆都搬进了实验室，没日没夜地做实验。最终，他研制出精密陶瓷产品，给公司带来了源源不断的订单。这些人生经历，使稻盛和夫的思维方式开始发生变化，也直接影响了日后形成的以"做人何谓正确"为起点的稻盛和夫哲学体系。

稻盛和夫说，观察许多人的人生可知，有的人幸福，有的人痛苦；企业经营亦是如此，有的企业做得风生水起，有的企业却怎么也不见起色。如此大的差异究竟是怎么导致的？他从年轻时就开始思考这个问题，结果得出了上述方程式。我们通常认为，人与人之间的差距取决于个人能力的不同，包括智商、体能等，这些与生俱来的能力决定着人生和事业的成败。事实并非如此。能力或许占了很大的比重，可思维方式发挥着更重要的作用。他不相信仅仅靠能力就能决定人生或经营的成败，不管能力是否出众，只要竭尽全力、一丝不苟、充满热忱地去生活，付出不亚于其他人的努力，就一定会收获好结果。回首几十年的人生历程，他对于这一点深信不疑。

即便我们掌控不了一些外因，也并不意味着完全不能有所作为。外因可以被分为两种：一是我们完全不能掌控的，可以称之为"绝对外因"，比如出生的家庭、父母、性别、智商、长相等。二是我们虽不能直接掌控，但可以间接掌控的，也就是自己以前的所作所为导致的结果，可以称之为"相对外因"。我们知道，因果联系具有链条性，一个因果环节中的外因，往往就是前一个因果环节的结果。不同的行为必然会引发不同的结果，改变自己的行为就可以改变结果。

比如，就学习来说，在付出相同努力的情况下，在一流大学学习与在二流、三流大学学习，学业水平往往是不一样的。这种差距不是别人强加在自己身上的，而是自己在高中期间的努力程度决定的，考取的大学是一流还是二流、三流，与自己在上高中时主观努力的程度成正比。同样，作为外因的高中的好和差，与自己在上初中时主观努力的程度成正比。再比如，一个人的事业之所以成功，内因是自己的努力，外因是来自方方面面的帮助和支持。从表面上看，自己无法掌控来自方方面面的帮助和支持，但从因果联系的整个链条看，这些帮助和支持绝不是无缘无故的，而是自己以前的所作所为导致的。

我们以福耀集团董事长曹德旺为例，他既是"玻璃大王"，也是大慈善家。曹德旺不可谓不成功，而他之所以成功，除了自己努力付出外，还得益于很多贵人的帮助。那么，贵人相助应该说是他成功的"相对外因"。有没有贵人相助，是他直接掌控不了的，但每一位贵人相助都不是无缘无故的，都是他过去积累善行的结果。而为善却是曹德旺自己主动选择的。比如，"一碗水换来第一桶金"的故事。20多岁时的曹德旺，还只是一个每月只能拿40元工资的果苗技术员。一个夏日的午后，他碰到一个前来讨水喝的人。曹德旺是个热心肠的人，他怕这个人喝了生水拉肚子，便特地跑到自己的宿舍，把泡好的凉茶拿出来给对方喝。由于双方聊得很投机，他干脆又留对方吃饭、喝酒和住宿。临别时，这位讨水喝的人向曹德旺发出邀请，让他去自己的农场当果苗推销员。曹德旺刚开始还没有当回事。半年后，这个人又来邀请他，还把曹德旺家过年要用的鸡、鸭、鱼、酒等年货都置办齐了。曹德旺非常感动。为了报答这位朋友，曹德旺在大年初五就去这家农场上班了，并且一干就是3年，攒下了6万元钱的积蓄。这也成了曹德旺人生的第一桶金。

可以说，决定命运的主因是自己。自己以外的一切人、事、物，对自己来说都是外部环境，自己施加给外部环境的一切都是因。也就是说，我们的思想和念头，以及在思想和念头的主导下所说的话、所做的事，都是作用力。外部环境反馈给我们的一切都是果，包括自己拥有的知识、能力、学历、职位、职称、待遇、婚姻、家庭、健康、疾病等，都是反作用力，都是自己以前种因所结的果。这就是命运。所以，真正决定自己命运的不是上天，而是自己。

（二）命运是可以认识和改变的

马克思主义哲学和中华优秀传统文化都揭示了命运的规律，也就是因果规律。认识命运的根据就是因果联系的普遍性和必然性。既然因果联系普遍存在，并且不以我们的意志为转移，那么它就为我们正确认识事物提供了前提条件。我们顺着因果联系的链条，就可以前找原因，后测结果。

天气的状况可以预报，因为有自然的规律；台风的风力和运动轨迹可以预报，因为有台风的规律；人的吉凶祸福同样也可以预知，因为有社会的运行规律，这就是因果规律。就像《了凡四训》中所说的，"福之将至，观其善而必先知之矣；祸之将至，观其不善而必先知之矣"。比如，想知道过去自己学习是不是努力，看看现在的成绩的好与差就知道了；想知道将来的成绩如何，看看自己现在学不学、努不努力就知道了。

我们现在所过的生活，都是果，这个果来源于我们过去的所作所为。也就是说，由于过去的所作所为，我们才过上了现在的生活。那么，过去我们的所作所为又来源于哪里呢？来源于自己的想法。我们所说的话、所做的事都是自己内心所想的，内心没有想的事，我们是不会去说和做的。

同样，想知道将来会获得什么结果，有什么样的命运，自己当下的各种想法和所说的话、所做的事就是因，也就是种子。自己现在种下的所有种子，都会对将来的命运产生影响。换句话说，自己将来的命运是自己现在的所作所为积累而导致的。

我们平时的念头与思想，以及在某种念头和思想驱使下所说的话、所做的事，都是因。这些念头与思想大致可以分为三种：一是善的，比如帮助别人、拾金不昧、尽职尽责等；二是恶的，比如挑拨离间、打骂别人、偷奸耍滑等；三是不善不恶的，比如睡觉、吃饭、走路等。种下任何因，都会有果，而善因结善果，恶因结恶果。所以，根据现在的因，就能预测未来的果。一个勤奋努力的人，与一个游手好闲的人，当然有不同的结果；一个善良厚道的人，与一个自私自利的人，当然也有不同的结果。搞清楚因果联系的基本原理后，就不必求神问卜、看相算命，根据一个人的一言一行，就可以知其前途命运。

人的命运千差万别，有的人很富有，有的人则以乞讨为生；有的人受人尊敬，有的人则被别人看不起；等等。乞讨是一个人的命运，就是果。其因是什么呢？其中之一是懒惰，当然，也可能是没有掌握生存所需的知识和技能。富有也是一个人的命运，也就是果。其因是什么呢？除一夜暴富或违法取得外，往往有节俭、勤劳、诚实等品德，否则，他的富有绝不会长久。无论是懒惰与勤奋、节俭与奢侈，还是掌握知识与技能等，都是自己可以掌控的。

《了凡四训》可以说是指导我们改变命运的经典，是袁了凡以自己的亲身经历和毕生的学问与修养，为教育自己的子孙而作的家训，记述了改变自己命运的过程和方法。《了凡四训》中说："《易》为君子谋，趋吉避凶。若言天命有常，吉何可趋，凶何可避？开章第一义，便说：'积善之家，必有余庆。'"

《书》曰'天难谌,命靡常',又云:'惟命不于常',皆非诳语。吾于是而知,凡称祸福自己求之者,乃圣贤之言;若谓祸福惟天所命,则世俗之论矣。"意思是:"《易经》就是为有道德的君子谋划的,让他们懂得如何趋向吉祥、避免凶灾。如果说命运不能改变,那么吉祥又怎么可以趋,凶灾又怎么可以避呢?因此,《易经》开章的第一要义就说:'常常为善的家庭,必定会有很多的吉祥和喜庆。'"《尚书》中说:'天地万物不是一成不变的,人的命运也是不断变化的。'又说:'人的命运不是确定的。'这些话一点儿都不假。我由此知道,凡是讲人的祸福是自己决定的,就是圣贤之言;如果说祸福都是由上天决定的,那都是不懂道理的世俗之言。"袁了凡深信命运可以改变,并从改过、为善开始,改弦易辙,身体力行,从而改变自己的命运。

因果规律不是宿命论,宿命论宣扬的是"一切皆是命中注定,不能改变"。如果完全不能改变,就什么都不用做了,反正做不做结果都一样。而因果规律说的是,过去种什么因,现在或未来就得什么果,一切皆由自己掌控,这就是命运的规律。明白了因果规律后,在遇到顺境或逆境时,就不至于出现得意忘形或怨恨懊恼的不良心态,关键是它能指导我们把控好自己当前的念头和所作所为。要想在未来有好结果,现在就要先改变。中国现代思想家、哲学家、文学家胡适说:"昨日种种,皆成今我,切莫思量,更莫哀,从今往后,怎么收获,怎么栽。"

二、天作孽,犹可违

这句话出自《尚书》。这是前半句,后半句是"自作孽,不可逭"。意思是,天降的灾祸或不幸,还可以躲避或改变;而自己所造的罪孽,则无法逃避。

为什么"天作孽,犹可违"?因为"天"是外因,外因不是决定性因素,天作之孽，有的尽管十分严重、惨烈，但都是可以改变的。为什么"自作孽，不可逭"？因为自己是内因，自作之孽，必然是由自己承受。也就是说，一个人、一个家庭、一个单位乃至一个国家都可能由于外部的原因而出现一些灾祸或逆境，但只要不自暴自弃，就可以减轻、克服或转化，甚至可以转祸为福。

"无臂天使"、第三届感动内蒙古人物李智华，于1984年出生在通辽市一个贫穷的农民家庭。在她3个月大时，患有精神疾病的母亲走失了。父亲就外出去找。父亲找到母亲后赶回家，发现自己家失火，幼小的李智华已经奄奄一息。当父亲抱起她时，她被烧焦得如木炭棍般的双臂，从身上掉了下来。医生告诉他，孩子的伤势太重，救活的可能性很渺茫。父亲说："只要有一线希望，我就要救活她！"正是父亲的坚持，让李智华奇迹般地活了下来。

渐渐长大的李智华，最盼望能像村里别的孩子那样读书。哥哥姐姐去上学时，她总是悄悄地跟在他们后面。没有手怎么写字？幼小的李智华学会了用脚趾夹着铅笔写字。刚开始她怎么都夹不紧铅笔头，于是就用绳子把铅笔和脚趾捆在一起。为了能写好一个简单的"0"，她整整练了一天，脚被磨得又红又肿。内蒙古的冬天特别冷，由于不能穿袜子，李智华的双脚生满了冻疮，但她从来都不吭一声。1990年9月，村里的小学开始招收一年级新生，李智华却没机会走进教室，可她每天都会去学校。在两年的时间里，她一直都悄悄地站在窗外听课。没有课本，她就牢牢地记住黑板上的每一个字。后来，在老师的帮助下，她终于走进了课堂。读书期间，她的成绩一直名列前茅。1998年，考取了重点中学的李智华，又遇母亲身染重病，白天她用脚为妈妈煎药、喂药、做饭，夜里才能读书。这一年冬天，母亲的精神病再次发作，离家出走58天后永远离开了。母亲的离世对李智华是个沉重的打击。考高中时，李智华虽然成绩依然特别优秀，但由于身体残疾，高中的校门不再对她敞开，无奈她只能回家务农，但她从未放弃读书的梦想。辍学两年后，李智华进入包头的一所中专学校学习。她格外珍惜这来之不易的机会，更加努力学习。2003年，李智华考上了西安欧亚学院。在大学校园里，李智华一直是起得最早、睡得最晚的学生。她先后获得陕西省大学生艺术节书法比赛第二名、中国青年书法比赛陕西省青年A组一等奖。李智华在欧亚学院学习的同时，还攻读了中国逻辑与语言函授大学的中文专业，2004年被该校评为"十佳学习之星"。李智华还经常参加社会公益活动，帮助困难和弱势群体，入选"'中国好人榜'助人为乐好人"，被推荐为"践行社会主义核心价值观，向上向善好青年"，并多次荣获青年五四奖章。2004年12月，中国残联、教育部、共青团中央、全国妇联联合发出通知，号召全国广大青少年向李智华学习。李智华从大学毕业后，一直关注青少年的素质教育及心理健康，成为一名心理咨询师，还考上了中国科学院青少年心理健康与治疗专业的研究生，攻读了中国科学院心理研究所博士学位。她应邀到各地演讲上千场，阐述生命的价值、生活的意义以及"热爱生命，永不放弃"的自强精神，引起广大听众的强烈共鸣，激励了成千上万的人。

李智华常说，她在小时候经常会做同样一个梦，梦里她拥有了一双手，她可以用这双手帮她的妈妈做家务，帮她的老师擦黑板，给自己编辫子。她长大后，再也没有做过这样的梦，但是她惊奇地发现，在她的身边有那么多双温暖的手一直关怀和帮助着她。于是，她想到了舞蹈《千手观音》的编剧老师说过的一句话："一个人只要心中有爱，心地善良，一定会有一千双手来帮助你，同时，你也会有一千双手来帮助别人。"

媒体上曾有一篇感人至深的文章，题目是《背着疯娘奔赴千里到山东上大学》。文章中说，2008年9月初，在临沂大学门口开学报到的人群中，有这样两个人：年轻的男子背着包，用一只胳膊夹着一个大行李包，空出一只手牵着身后的中年妇女。就在第二天，关于他的一条新闻被刊登出来。许多人看完报道后才知道，有这样一位贵州学子名叫刘秀祥，他考上了临沂大学，为了照顾有精神问题的母亲,就带着母亲跨越千里去上大学。

刘秀祥背着生病的母亲上大学的事迹被传开后,不断有人捐款。而每次收到捐款后,刘秀祥都将钱寄回老家,资助当初与他一起捡废品时结识的伙伴。同时,刘秀祥还在学校里成立了"爱心助学金",让100多名上不起学的孩子重新回到了课堂。2012年,刘秀祥从大学毕业,他拒绝了多家企业的招聘,毅然选择回贵州大山里成为一名乡村教师,去帮助那些需要帮助的孩子。2020年9月,刘秀祥获得"最美教师"称号,并入选"感动中国年度人物"。2021年4月,他被授予全国五一劳动奖章,6月获得"优秀共产党员"称号,11月入选第八届"全国道德模范"提名。如今的刘秀祥已是贵州望谟县实验高中党总支副书记、副校长,全国优秀教师,并被选举为党的二十大代表。

李智华因火灾造成严重的身体残疾,刘秀祥遭遇种种家庭变故等,虽然这些都是天作之孽,但都没能阻止他们顽强地生活下去。相反,他们面对苦难、逆境和困境都自强不息,凭着坚强的斗志和顽强的毅力,克服各种困难,冲破人生的阴霾,活出了精彩的人生。

孟子在《生于忧患,死于安乐》一文中说:"舜发于畎亩之中,傅说举于版筑之间,胶鬲举于鱼盐之中,管夷吾举于士,孙叔敖举于海,百里奚举于市,故天将降大任于是人也,必先苦其心志,劳其筋骨,饿其体肤,空乏其身,行拂乱其所为,所以动心忍性,曾益其所不能。"意思是,舜从田野耕作中被起用,傅说从筑墙的劳作中被起用,胶鬲从贩鱼卖盐中被起用,管仲从狱官手里被释放并被加以任用,孙叔敖从海滨隐居的地方被起用,百里奚被从奴隶市场里赎出来而起用。所以,上天要把重任降在一个人身上,总是先要使他的心志遭受磨炼,筋骨经受劳累,经受饥饿之苦,以致肌肤消瘦,身处贫困之中,做事不顺,以此来激励他的心志,使他性情坚毅,增强他所不具备的能力。在这个世界上,我们可能会遇到各种各样的困难、挫折和苦难等,这些都是让我们意想不到的外部条件。但是，越遭遇困境和逆境，越遭受挫折，就越要有志气和毅力，在困境里积极作为，在逆境里经受磨炼，这样命运就会因此而改变。

好的命运不是在安逸中想出来的，也不是在自暴自弃中等来的，更不是在浑浑噩噩中混出来的，抱怨和躺平解决不了任何问题，最好的办法是自强不息、勇往直前。

三、志不立，天下无可成之事

这句话出自王阳明的《教条示龙场诸生》。其原文是："志不立，天下无可成之事，虽百工技艺，未有不本于志者。今学者旷废隳惰，玩岁愒时，而百无所成，皆由于志之未立耳。故立志而圣，则圣矣；立志而贤，则贤矣。志不立，如无舵之舟，无衔之马，漂荡奔逸，终亦何所底乎？昔人有言：'使为善而父母怒之，兄弟怨之，宗族乡党贱恶之，如此而不为善，可也；为善则父母爱之，兄弟悦之，宗族乡党敬信之，何苦而不为善、为君子？使为恶而父母爱之，兄弟悦之，宗族乡党敬信之，如此而为恶，可也；为恶则父母怒之，兄弟怨之，宗族乡党贱恶之，何苦必为恶、为小人？'诸生念此，亦可以知所立志矣。"

意思是，不树立志向，天下就没有可以做成功的事，各行各业的人才，没有不以立志为本的。现在的读书人，荒废学业，堕落懒散，贪图玩乐而荒废时日，因此百事无成，这都是由于未能立志罢了。所以，立志做圣人，就可以成为圣人；立志做贤人，就可以成为贤人。没有志向，就好像船没有舵、马没有缰绳，会随波逐流、任意奔跑，最后又能到什么地方呢？古人曾说：假如因做好事而父母恼怒他，兄弟怨恨他，族人、乡亲轻视和厌恶他，那么不做好事是可以的；假如因做好事而父母疼爱他，兄弟喜欢他，族人、乡亲尊敬和信服他，那么何苦不做好事和君子呢？假如因做坏事而父母疼爱他，兄弟喜欢他，族人、乡亲尊敬和信服他，那么做坏事是可以的；假如因做坏事而父母恼怒他，兄弟怨恨他，族人、乡亲轻视和厌恶他，那么何苦去做坏事和小人呢？各位同学能认识到这一点，也就知道应立什么样的志向。

1506年，王阳明因得罪宦官刘瑾，被贬到贵州龙场驿任驿丞。王阳明在龙场悟道后，开始收徒讲学，而《教条示龙场诸生》就是他的讲义之一。教条，是王阳明为诸学生立的准则，包括立志、勤学、改过、责善等四个方面。王阳明认为，立志是首要的一项。《教条示龙场诸生》开宗明义就说道："志不立，天下无可成之事。"

1515年，王阳明在写给其三弟王守文的文章《示弟立志说》中说："夫志，气之帅也，人之命也，木之根也，水之源也。源不浚则流息，根不植则木枯，命不续则人死，志不立则气昏。是以君子之学，无时无处而不以立志为事。正目而视之，无他见也；倾耳而听之，无他闻也。如猫捕鼠，如鸡覆卵，精神心思凝聚融结，而不复知有其他，然后此志常立，神气精明，义理昭著。"意思是，志向，是浩然之气的核心，就像是人的性命、树的根、水的源头。水的源头被堵则水流就没了，树根不能生长则树就会枯死，人的性命不能延续就会死亡，如果不立志，则浩然之气无法升起。君子做学问，无时无处不以立志为最重要的事情。眼睛始终盯着，看不到其他的东西；耳朵认真倾听，听不到其他的声音。就像猫抓老鼠、母鸡孵蛋一样，聚精会神于此，而不去关注其他的事情，这才能说志立起来了，神气清明，良知显现。

在王阳明看来，无论是成就内在的人格，还是成就外在的事业，首先要立志，就是要明确自己人生的方向、目标、理想和追求，并树立实现目标的坚定信心和努力拼搏的顽强斗志。有了志向，不仅能确立自己的奋斗方向和目标，而且会由此激发出自己奋发向上的动力和潜能，并可转化为坚忍不拔的意志和不屈不挠的力量，激励自己发奋图强、努力拼搏、永不停息。如果没有志向，就没有目标和前进的动力，往往就会荒废自己，浑浑噩噩，安于现状，不思进取，贪图安逸，嬉戏享乐，最后原地踏步、一事无成。

徐霞客是明代地理学家、旅行家和文学家，被称为"千古奇人"。他喜爱读书，在6岁时就到私塾学习，经常废寝忘食。有一天，徐霞客从书中看到别人游历五湖四海的事迹后，就立志："男子汉大丈夫就应该早晨面对大海，晚上面对苍松。我以后要涉足九州，亲登五岳！"他从22岁开始出游，经过30多年的艰苦跋涉，凭借一双脚走遍了16个省的山川。一路上，他不怕险阻，登险峰、涉危洞，对地质、植物、气候进行了实地考察，取得了巨大的成就。他所著的《徐霞客游记》，把自己在游历过程中的所见所闻真实地记录下来，在地理学、文学等方面为后人留下了宝贵的财富。

晚清著名政治家、军事家左宗棠，从小就接受诗书、礼仪的熏陶，勤奋好学，并自题对联以明志："身无半亩心忧天下，读破万卷神交古人。"左宗棠十分明白，要想为国家做贡献，就要读更多的书。幼年时期的左宗棠在父亲的教导下，不仅学习诗书，而且对地理、历史、军事、水利等均有涉足。后来，他获得了当时许多权贵的举荐，走上入仕为官的道路。左宗棠第一次出征去新疆的时候，抱着视死如归的决心。他命人抬着他的棺材出征，立志一定要打胜仗才回来。正是抱着这样的决心，他在战场上毫无后顾之忧，镇定自若，指挥得当，最终取得了胜利。纵观左宗棠的一生，从办理洋务、主持船政到收复新疆、抗击法军，他一以贯之地践行着自己的志向。他还十分注重家风家教，在《与子书》中，告诫孩子"志患不立，尤患不坚"。他说："读书做人，先要立志。想古来圣贤豪杰是我般年纪时，是何气象？是何学问？是何才干？我现在哪一件可以比他？想父母命我读书，延师训课，是何志愿？是何意思？我哪一件可以对父母？看同时一辈人，父母常背后夸赞者，是何好样？斥詈者，是何坏样？好样要学，坏样断不可学。心中要想个明白，立定主意，念念要学好，事事要学好；自己坏样，一概猛省猛改，断不许少有回护，断不可因循苟且，务期与古时圣贤、豪杰少小时志气一般，方可慰父母之心，免被他人耻笑。志患不立，尤患不坚。偶然听一般好话，听一件好事，亦知歆动羡慕，当时亦说我要与他一样；不过几日几时，此念就不知如何销歇去了。此是尔志不坚，还由不能立志之故。如果一心向上，有何事业不能做成？"意思是："读书和做人，首先要立下志向。想想古代圣明贤达的人和英雄豪杰在我这么大的年纪时，是什么样的志向？有什么样的学问？有什么样的才干？我现在哪一样比得上他们呢？想想父母让我读书，请老师来上课，是什么样的愿望？是什么样的深意？我哪一样对得起父母？看与自己同龄的人，父母常常夸赞的，是怎样的好；父母常常批评的，是怎样的坏。好的要学，坏的一定不能学。心里要想明白，坚定信念，每个念头都要学好，每件事情都要学好，自己有不好的地方要深刻省悟、坚决改正，一定不能有一点点放松，不能不思进取、得过且过。一定要像过去的圣贤和英雄豪杰小的时候那样，才能对得起父母的用心，不被别人耻笑。怕不立志，更怕志向不坚定。偶然听到一段好话，听到一件好事，也知道心动和羡慕，当时也说要像他一样。没过几天，这个念头就不知道被扔到哪里去了。意志不够坚定，还是因为没有立志。如果一心向上，还有什么事业做不成功呢？"

清代文学家蒲松龄有一副著名的对联，上联是"有志者，事竟成，破釜沉舟，百二秦关终属楚"，下联是"苦心人，天不负，卧薪尝胆，三千越甲可吞吴"。这副对联的意思是，有志向的人，做事才会成功，就像项羽破釜沉舟，函谷关以西的秦国领地都归于楚国；有苦心的人，连天也不会辜负他，就像勾践卧薪尝胆，率领越国士兵灭了吴国。在这副对联中，上联说的是项羽破釜沉舟，最终以少胜多，大败秦军，成了上将军；下联说的是勾践忍辱负重、卧薪尝胆，最终打败吴国，报了被羞辱之仇。

不仅要立志，还要立大志。所谓立大志，就是要有家国情怀，有大格局、大境界、大德行。有多大的格局才能做出多大的事业，一个人志向的高低，决定了他能取得多大的成就。正如习近平总书记于2014年在北京大学师生座谈会上所讲的："要立志报效祖国、服务人民，这是大德，养大德者方可成大业。"古往今来，能成大事者，都是有雄心壮志的人。北宋思想家、教育家、理学创始人之一的张载说："为天地立心，为生民立命，为往圣继绝学，为万世开太平。"他无论做官从政，还是著书讲学，无不践行这一志向。北宋政治家、文学家范仲淹说："先天下之忧而忧，后天下之乐而乐。"他文武兼备、智谋过人，无论在朝主政、为帅戍边，均心系国家安危、时之重望于一身。明代政治家、改革家张居正说："愿以深心奉尘刹，不予自身求利益。"他躬身改革，不计毁誉，将个人得失置之度外。清代民族英雄林则徐树立救国为民的远大志向，在虎门销烟、抗击英军、安抚叛乱等历史事件中，始终做到了"苟利国家生死以，岂因祸福避趋之"。王阳明11岁时曾问私塾的老师："何为第一等事？"老师说："惟读书登第耳。"王阳明却并不认同，认为"登第恐未为第一等事，或读书学圣贤耳"，因而成就了圣人般的人格。

班超是我国东汉时期杰出的军事家和外交家。他从小就勤奋好学、博览群书，胸有报国大志。班超家境贫寒，靠替官府抄写文书来维持生计。当班超听到匈奴不断侵扰边疆，又看到西域各国与汉朝的交往已断绝50多年后，他非常忧虑，说道："大丈夫即便不能实现自己的理想，也应该像傅介子、张骞那样，为国家的外交做贡献，怎么可以满足于抄抄写写呢！"于是，他决定弃笔从军。公元73年，大将军窦固出兵攻打匈奴，班超在他手下担任代理司马，立了战功。接着，朝廷采用他的建议，并派他出使西域，重新打通了丝绸之路，他就此成就了千秋功业，名垂青史。

世界著名科学家、教育家，杰出的社会活动家钱伟长，出生于江苏无锡的书香门第。自小受家教的影响，钱伟长逐渐养成刻苦自励、坦荡做人的性格。钱伟长从苏州中学毕业后，考入清华大学中文系就读。1931年9月，在他刚入学时，"九一八"事变爆发，日本侵占东北三省。钱伟长苦苦思索救国、报国的途径，他向物理系主任吴有训教授提出了改学物理的请求。吴教授有些不解，对钱伟长说："我查过了你的试卷，语文、历史都考得很好，数理化的成绩却不理想，对你来说，学文科很合适，为什么要改学物理呢？"钱伟长说："我本来喜爱文学，也准备学文科，但是现在我感到学文科救不了中国，我们国家迫切需要的是科学技术，是飞机大炮。我的数理化成绩虽然不好，但我有决心赶上去。"吴有训被这位年轻人的爱国热情感动，答应了他的请求，但提出一个条件：可以先在物理系学习，一年后数理化的成绩必须达到70分以上，否则仍转回中文系。钱伟长在这一年里夜以继日地刻苦努力，年终考试时，他的成绩全都在70分以上。1940年1月，他考取了中英庚款会的公费留学生，因第二次世界大战爆发，改派至加拿大多伦多大学学习。1942年他获得多伦多大学应用数学博士学位，后来任美国加州理工学院喷射推进研究所研究总工程师，师从"世界导弹之父"冯·卡门，从事博士后科学研究。他研究的是火箭弹道、火箭的空气动力学设计、气象火箭、人造卫星轨道等问题，并发表了世界上第一篇关于奇异摄动的理论，在国际上被公认为该领域的奠基人。1946年，钱伟长回国，受聘为清华大学工学院机械系教授。美国的研究所发来邀请，请他回美国工作，并承诺，他们一家人都可以迁往美国定居，但是被钱伟长断然拒绝。钱伟长说："物质享受对我如浮云，把知识和技术献给国家和人民才是我最大的心愿。我的岗位就在祖国960万平方公里的土地上。"

为什么要立大志？因为立了大志，有了高远的目标和追求，才能激发出自己为之奋斗的无限潜能和强大意志，即使无法达成目标和愿望，也可能取得不凡的成就。唐太宗李世民在《帝范》中说："取法于上，仅得为中；取法于中，故为其下。"意思是，追求上等的目标，就可以获得中等的成就；追求中等的目标，就只能获得下等的成就。因为一旦确立了上等的目标，只有下大力气、坚持不懈地去做，才可能实现目标；即使无法实现目标，也能取得较好的成就；如果只追求中等的目标，希望轻轻松松就能实现，不想下苦功夫，稍有松懈就很可能"得乎其下"。如果学生把学习的目标定为考取满分，即使考不上满分，成绩也不会太差；如果把目标定为成绩及格，很可能就会考不及格。唐太宗是历史上享有盛名的贤明之君。他少年时随父亲李渊起兵，为唐朝的建立立下赫赫战功。唐太宗登基之初，民生凋敝，百废待兴，他以史为鉴，时常提醒自己不要像隋炀帝那样荒淫误国。在唐太宗的治理下，唐朝出现了政治清明、经济复苏、文化繁荣的盛世局面，百姓安居乐业，夜不闭户，路不拾遗，连犯罪的人都很少，史称"贞观之治"。

王阳明曾经与他的弟子讨论过"立大志"这个话题。《传习录》中记载：何廷仁、黄正之、李侯璧、汝中、德洪侍坐。先生顾而言曰："汝辈学问不得长进，只是未立志。"侯璧起而对曰："珙亦愿立志。"先生曰："难说不立，未是必为圣人之志耳。"对曰："愿立必为圣人之志。"先生曰："你真有圣人之志，良知上更无不尽。良知上留得些子别念挂带，便非必为圣人之志矣。"洪初闻时心若未服，听说到此，不觉悚汗。意思是，有一天，何廷仁、黄正之、李侯璧、王汝中、钱德洪陪着王阳明聊天，王阳明环顾一周后说："你们的学问长进不大，主要是因为没有立志。"李侯璧站起来说："我也愿意立志。"王阳明说："很难说你没有立志，只不过你立的不是做圣人的志向。"李侯璧说："我愿意立成为圣人的志向。"王阳明说："你真有做圣人的志向，良知就必须纯净明亮。如果良知中还留有别的牵挂和杂念，就不是要成为圣人的志向。"钱德洪以前听先生说立圣人之志时，心里还不太服气，此时亲耳听到后觉得汗悚然而下。王阳明对弟子立志的要求非常严格，在他看来，立志就要立大志，也就是要立做圣人之志。王阳明之所以向他的弟子倡导树立做圣人的志向，是因为经过努力，即使以后成不了圣人，也会成为贤者。

不能仅仅把立志作为目标，更重要的是行动，需要"咬定青山不放松"，为实现自己的目标和理想而努力奋斗。正像王阳明所说的，一个真正立志的人，要"正目而视之，无他见也；倾耳而听之，无他闻也；如猫捕鼠，如鸡孵卵"。真正立志之人，眼里、心里都只有自己的志向，就像猫捕鼠和鸡孵卵一样专心致志、心无旁骛，内心永远专注于此，如此，才算是立志！没有这种精神和状态，谈不上真正立志，只不过是空想罢了。

清代文学家彭端淑在其《为学》中讲了一个故事：四川有两个和尚，其中一个贫穷，另一个富有。穷和尚对富和尚说："我想到南海去朝圣，你看怎么样？"富和尚问："你凭借什么去呢？"穷和尚说："我只需要一瓶一钵就足够了。"富和尚说："我几年来想要雇船沿着长江顺流而去，尚且没有成功，你凭借什么去！"到了第二年，穷和尚从南海回来，把到过南海的事告诉富和尚，富和尚脸上露出了惭愧的神情。四川距离南海不知道有几千千米的路，富和尚不能到达，可是穷和尚却去了。一贫一富而一成一败，根本原因是什么？不在于"贫富"，而在于"人之立志"。当穷和尚立誓凭借"一瓶一钵"去南海的时候，他已经向南海迈出了最关键的一步。

不少人虽然心有所想，却不能为实现目标而坚持不懈地努力。我们每个人都向往成功，但是在心有所想的同时，需要排除外界的干扰，不断地提醒自己向着目标前进。成功往往不是轻轻松松、一蹴而就实现的，而是坚持不懈的结果；失败往往也不是注定的，而是丧失信心、逃避困难和自暴自弃的结果。

四、今欲获福而远祸，未论行善，先须改过

这句话出自《了凡四训》，意思是，现在要想获得福气而远离灾祸，在讨论怎么做善事之前，必须先改正自己的过错。

所谓过错，就是不符合规律、道德、法律和规章制度的言行，也就是传统文化中通常所说的恶。对照做人的标准，我们每一个人身上都有一些过错，有的还很多，只不过我们都已经见怪不怪、习以为常了。

为什么要改过？因为改过就是改命。在前面我们已经反复阐述了"种瓜得瓜，种豆得豆"和"顺道者昌，逆道者亡"的道理。人有过错就是逆道，逆道的结果就是遭遇灾祸，包括信誉低、口碑差、人际关系有矛盾、学业不好、事业不顺利、内心恐惧或痛苦、罹患疾病、被处罚等。这就像学生考试时做错了题一样，根据错误的大小会扣去不同的分值。过错是造成人生一切问题的根源，任何过错都会有结果，都会使自己的人生幸福值下降，都会让自己付出代价，它是人生路上的绊脚石。比如，不认真学习的代价是成绩不好，熬夜的代价是身体受损，不积极工作的代价是不被领导认可，占便宜的代价是不被别人喜欢，说话霸道的代价是被人厌恶，说谎话的代价是不被别人信任等。《太上感应篇》中说："凶人语恶、视恶、行恶，一日有三恶，三年天必降之祸。胡不勉而行之？"意思是，那些凶恶阴险的人往往会说不好的话，看不好的东西，办不好的事，而且每天都会做这些不好的事，时间长了，灾祸自然就会找上门。为什么不赶快去恶改过呢？

我们都希望有好命运，那就必须改过。改过的目的是避凶，也就是纠偏，让自己的人生少走弯路、错路。每改一个过错，就可以避免由这个过错导致的凶祸；改掉一个陋习，纠正一个过错，就可以使自己的德行和修养提升一步。古人说："人非圣贤，孰能无过，过而能改，善莫大焉。"我们既然不是圣人，

就难免会犯错。犯了错并不可怕,即便过错很多也不要紧,只要肯改正就很好,改了就能避免灾祸。如果有过不改,就不要希望自己的命运好。孟子说:"恶死亡而乐不仁,是犹恶醉而强酒。"意思是,害怕死亡却又乐于做不仁义的事,这就像害怕喝醉却又偏要喝酒。"恶辱而居不仁,是犹恶湿而居下也。"意思是,厌恶耻辱却又居于不仁的境地,这就像厌恶潮湿却又居于低洼的地方。"欲无敌于天下而不以仁,是犹执热而不以濯也。"意思是,想无敌于天下却又不行仁道,这就像热得受不了却又不愿意用水冲洗。

孔子说:"过则勿惮改。"有了过失,就不要怕改正。否则,过错越积越多,命运怎么能好呢?九华山景区有副对联,上联是"若不回头,谁为你救苦救难",下联是"如能转念,何需我大慈大悲"。意思是,错了还不知道改正,谁也救不了你;如果能够悬崖勒马,还需要求神拜佛、烧香磕头吗?只有自己才能救自己。所以,"亡羊"要知道"补牢","撞到了南墙"要知道回头,千万不要执迷不悟,否则,在错误的道路上越走越远,等到坠下悬崖,粉身碎骨,就一切都晚了。

《了凡四训》中说:"务要日日知非,日日改过;一日不知非,即一日安于自是;一日无过可改,即一日无步可进。天下聪明俊秀不少,所以德不加修,业不加广者,只为因循二字耽搁一生。"意思是,务必每天反省自己,看看自己犯了哪些错误,并予以改正;如果每天发现不了自己的错误,这一天就是在安于现状,一天没有改正错误,这一天就没有进步。天下的聪明人很多,他们的德行之所以没有提升、才华之所以没有增加,是因为被"因循"二字耽搁了他们的一生。"因循"就是得过且过,不思进取,有过不改,放纵自己。

在《资治通鉴》中记载,唐朝宰相陆贽曾上疏唐德宗说:"是则圣贤之意较然著明,惟以改过为能,不以无过为贵。盖为人之行己,必有过差,上智下愚,俱所不免。智者改过而迁善,愚者耻过而遂非;迁善则其德日新,遂非则其恶弥积。"意思是，圣贤的意思很明显，不以没有过错为贵，而以能够改过为贵。一般来讲，任何人都会犯错，无论是聪明人还是愚笨的人，都难以避免。有智慧的人能够改过而向善，愚蠢的人耻于改过而一错再错；向善则德行不断提升，屡错不改则过错越积越多。王阳明说："夫过者，自大贤所不免，然不害其卒为大贤者，为其能改也。故不贵于无过，而贵于能改过。"意思是，大贤之人都免不了会犯错，更何况普通人呢？贤人有过并不妨碍他成为贤人，只是因为他能改过。所以，不以无过为贵，而以能改过为贵。但是，也有人说，自己不是不想改过，而是"江山易改，禀性难移"，改不了啊！关于这个问题，王阳明与弟子有一段对话。弟子问："上智、下愚如何不可移？"王阳明说："不是不可移，只是不肯移。"意思是，弟子问王阳明："为什么禀性难移？"王阳明说："不是不可移，而是不肯移。"贪欲犹如尘埃，尘埃落到我们的心镜上，镜面就会昏暗。圣贤的心镜明亮，时时都能看到自己身上的过错，而且又"肯"改过，所以见错即改。常人的心镜昏暗，看不见自己心上的尘埃，即使能看见，也不愿意改正，这就是"不肯"。因此，要树立志向、自我反省，心中明一分，贪欲少一分，自己就会成长一分。王阳明还说，立志如同种树，大树周围，难生杂草。心中种下大树的种子，责志、辨志，志向立得越牢固，就越有力量改掉自己的旧习气。反省就像我们每天洗脸、清洁身体，每天花一些时间观照、反省，打扫自己的心田，打扫得越干净，我们的心就越有力量。

《太上感应篇》中说："其有曾行恶事，后自改悔，诸恶莫作，众善奉行，久久必获吉庆，所谓转祸为福也。"意思是，有人曾经做了坏事，自己后悔并改正，并且以后不再做坏事，还力所能及地做善事，久而久之，必定就能够获得吉祥喜庆，这也就是所谓的转祸为福。所以，如果想要避祸而得福，首先必须改正过错，改了过错，命运就会好转。

明代大学士、内阁首辅徐溥自幼天资聪明，学习刻苦。为了不断检点自己的心念和言行，改正自己的毛病，他效仿古人，在书桌上放了两个瓶子，分别装黑豆和黄豆。每当心中产生一个善念，说了一句善语，做了一件善事，他便往瓶子中投一粒黄豆。相反，如果有不好的念头，言行有过失和错误，他便投一粒黑豆。刚开始，黑豆多、黄豆少，他就不断地自我反省和激励，渐渐黄豆和黑豆数量持平；他就再接再厉，更加严格地要求自己，久而久之，瓶中黄豆的数量越来越多，相比之下，黑豆显得越来越微不足道。直到他后来为官，一直都保留着这个习惯。凭着这种持久的自我反省和激励，他不断地修正和完善自己，终成德高望重的一代名臣。

曾国藩曾树立了大志："不为圣人，便为禽兽；莫问收获，但问耕耘。"要做圣人，首先就得将自己身上那些缺点和毛病都改掉。于是，曾国藩不断地自我反省，发现了自己的很多缺点，比如，不能静心，好热闹，爱串门；傲气十足；虚伪，不懂装懂；喜好争执；好色；等等。而后他不断地自我省察并改正这些缺点。当他发现自己说话不真诚时，他就狠狠地自责一番；当与别人争论时，他就诚恳地向别人道歉。曾国藩并不是很聪慧的人，而且他和普通人一样，身上有不少毛病和习气，但与别人不同的是，他一直在改。在改错的过程中，他也不是一蹴而就，而是坚持不懈。所以，曾国藩获得了梁启超评价他"千古第一完人"的美誉。

那么，应该怎样改过呢？《了凡四训》告诉我们，首先要发三种心。

第一，要发羞耻心。《了凡四训》中说："思古之圣贤，与我同为丈夫，彼何以百世可师？我何以一身瓦裂？耽染尘情，私行不义，谓人不知，傲然无愧，将日沦于禽兽而不自知矣。世之可羞可耻者，莫大乎此。"意思是："古代的圣贤跟我们一样都是人，他们为什么能够千古流芳，成为大家学习的榜样，而我为什么一事无成，甚至到了声名败坏的地步呢？这都是由于过分沉溺于逸乐，受到世俗的沾染，并且偷偷地做一些不合乎义理的事，还以为别人不知道，表现出傲慢的样子，毫无羞愧心，就这样日益沉沦，逐渐变得像动物一样，而自己却不自知。世上各种令人羞耻的事情，没有比这个更厉害的了。"孟子说："耻之于人大矣，以其得之则圣贤，失之则禽兽耳。"意思是，知道羞耻对于一个人来说非常重要。如果知道羞耻的话就是很高尚的人，如果不知道羞耻的话就相当于禽兽。因此，发羞耻心是改过的关键。

第二，要发畏惧心。犯任何过错都会使自己付出代价，怎么会不害怕呢？做了不好的事，说了不好的话，自以为别人不知道，虽然掩盖得很秘密、掩饰得很巧妙，但没有办法欺骗自己。一个人只要还有一口气，即便犯了滔天的罪过，还是可以改正的。只要下定决心，犯了再多、再大的错误，也能洗涤干净。所以，无论犯了什么过错，只要能改，就很可贵。否则，人一旦死了，也就失去了改正的机会，即便有孝子贤孙也没有办法，自己永远背负恶名，怎么能不害怕呢？

第三，要发勇猛心。我们在犯错之后，之所以不能改正，大都是由于不相信因果规律，抱着侥幸心理得过且过。所以，只要有过错，就一定要痛下决心立即改正。

如果能对自己的过错发出以上所说的羞耻心、畏惧心、勇猛心，就能有过即改。

《了凡四训》还告诉了我们改过的三种方法：一是直接在做错的事情上改正，二是明白其中的道理后改正，三是从心念上改正。由于这三种改过的方式所下的功夫不同，所以效果自然也就不一样。

什么是直接在做错的事情上改正呢？比如，以前经常发脾气骂人，现在想要发脾气骂人的时候，就要赶快克制自己不骂人。但是，这只是暂时勉强压住自己的怒火，没有从根源上去除造成错误的因素，不是彻底改过的方法。

什么是明白其中的道理后改正呢？善于改过的人，在他没有做这件错事之前，会想明白不能做这件事的道理。比如，以前喜欢发怒，现在应该想到：每个人都有缺点和不足，按情理应该同情、原谅、宽容他。如果有人不讲道理，从而冒犯了自己，那是他的错，与自己没有关系。做事如果不能称心，都是由于自己没有修好德行，能力还不够，应该进行自我反省和检讨。那么，别人教训、批评我们，反而成了磨炼和成就我们的机缘，应该欢欢喜喜地接受。还有，听到别人的教训和批评而能不生气，尽管对方坏话说得像火光熏天，终有熄灭的时候；如果听到别人说自己的坏话就生气，虽然你用尽心思辩解，但结果只能是作茧自缚，所以生气有害无益。至于其他过错，也应该依从这个道理，把道理想明白，就很容易改正过错。

什么是从心念上改正呢？不管我们犯了什么错，它都是从内心生发的，如果我们没有错误的念头，怎么会犯错呢？人喜欢美色、名声、财物，或者喜欢动怒、发脾气等，不必一项一项地去寻求改过的方法，只要一心一意地发善心、做善事，时时关照自己的心念，当正大光明的念头涌现时，那些邪恶的念头自然就无法污染我们，这是最精纯专一的改过诀窍。

改过最高明的方法是从心上下功夫，这样才能使心地清净。每当心里产生不好的念头时，就应该立刻把它消除，这样自然就不会产生过错。

此外，改过还要尽早，越早改错就越容易，越晚也就越被动。《韩非子·喻老》中说："千丈之堤，以蝼蚁之穴溃；百尺之室，以突隙之烟焚。故曰：'白圭之行堤也塞其穴，丈人之慎火也涂其隙，是以白圭无水难，丈人无火患。此皆慎易以避难，敬细以远大者也。'扁鹊见蔡桓公，立有间。扁鹊曰：'君有疾在腠理，不治将恐深。'桓侯曰：'寡人无疾。'扁鹊出。桓侯曰：'医之好治不病以为功。'居十日，扁鹊复见曰：'君之病在肌肤，不治将益深。'桓侯不应。扁鹊出。桓侯又不悦。居十日，扁鹊复见曰：'君之病在肠胃，不治将益深。'桓侯又不应。扁鹊出。桓侯又不悦。居十日，扁鹊望桓侯而还走，桓侯故使人问之。扁鹊曰:'病在腠理,汤熨之所及也;在肌肤,针石之所及也;在肠胃,火齐之所及也;在骨髓,司命之所属,无奈何也。今在骨髓,臣是以无请也。'居五日,桓侯体痛,使人索扁鹊,已逃秦矣。桓侯遂死。故良医之治病也,攻之于腠理,此皆争之于小者也。夫事之祸福亦有腠理之地,故圣人蚤从事焉。"

意思是,千丈的长堤,由于蝼蚁之穴而溃决;百尺的高屋,由于烟囱漏火而焚毁。所以,白圭巡视长堤时堵塞小洞,老人谨防跑火而涂封缝隙,因此白圭没有水患,老人没有火患。这些都是通过谨慎地解决容易的事来避免灾难发生,重视对待细小的漏洞以远离大祸。扁鹊拜见蔡桓公(又称桓侯),站了一会儿。扁鹊说:"您有病在表皮上,如果不及时治疗,病情恐怕会加深。"桓侯说:"我没有病。"扁鹊走后,桓侯说:"医生喜欢医治没病的人来显示自己有功劳。"过了十天,扁鹊又来拜见桓侯,说:"您的病已经到肌肤了,如果不及时治疗,病情就会进一步加深。"桓侯没有理睬。扁鹊走后,桓侯很不高兴。过了十天,扁鹊又来拜见桓侯,说:"您的病已经到了肠胃,如果不及时治疗,会更加严重。"桓侯又没有理睬。扁鹊走后,桓侯还是很不高兴。过了十天,扁鹊看见桓侯后转身就走,桓侯特意派人问他为什么。扁鹊说:"病在表皮,通过用药物熏敷的方式可以治;在肌肤,通过针灸的方式可以治;在肠胃,通过服汤药可以治;在骨髓,非人力所能治,就没有办法了。现在君主的病已经深入骨髓,因此我就不再给他看了。"过了五天,桓侯身体疼痛,派人找扁鹊,扁鹊已去往秦国。桓侯果然死了。所以,良医治病,趁它还在表皮就加以治疗,这都是为了抢在事情还轻微之时就及早处理。同样,事情的祸福也有苗头和征兆,因此圣人能够及早加以处理。

当过错刚刚发生,或者还没有形成习惯的时候,就比较容易改;而一旦形成了不好的习惯,或者过错累积的时间太长,再改就很难了。尤其已铸成大错、产生恶果,再想改也就晚了。

五、福在积善

这句话出自《素书》。这是前半句，后半句是"祸在积恶"。意思是，不断地为善就是积福，不断地作恶就是积祸。

善是道德的精髓，也是中华优秀传统文化的精髓。为善就是存好心、说好话、行好事、做好人，多做对他人、家庭、单位、国家、社会和环境有益的事情，成人之美，解人之困，救人之急，助人为乐，见义勇为，积极参与社会公益活动，参加志愿服务，等等。

为什么要为善？为善就是顺道，顺道的结果就是昌，就是趋吉。其实，为善就是往自己的"福卡"里积福，要想获得更多的福气，就要多积福，就像要想有钱就需要多挣钱一样。每一次的善行都会给自己的人生幸福加分，为自己的人生幸福铺路，让自己有所收获，比如，可以收获快乐，促进健康长寿，建立和谐的人际关系，树立良好形象，赢得众人的尊重，提升道德修养，提高能力水平，感召贵人相助，成就自己的事业等。能够远离祸患，命运就会越来越好。《太上感应篇》中说："所谓善人，人皆敬之，天道佑之，福禄随之，众邪远之，神灵卫之，所作必成。""心起于善，善虽未为，而吉神已随之。""吉人语善、视善、行善，一日有三善，三年天必降之福。"意思是，善人或道德修养高的人，人人都会尊敬他，天地会护佑他，福禄会跟随他，祸患会远离他，做什么事都会很顺利。一个人心存善念，尽管还没有善的行为，但吉庆祥和就已经伴随他左右。吉祥的人说善话、存善心、办善事，每天如此，久而久之，必然会获得越来越多的福气。《新书·大政》中说："明君而君子乎，闻善而行之如争，闻恶而改之如雠，然后祸灾可离，然后保福也。"意思是，圣明的君主和君子，听说有善事就会争抢着去做，发现恶行就如同对待仇敌一样去除，这样就会远离灾祸，也才能保住福气。

有些人可能会说，自己没有钱，又没有地位，做不了善事。这是一种不正确的认识。你并非一定要轰轰烈烈地做善事，也不一定要捐钱捐物，或者花钱去帮助别人，其实做很多善事是不需要花钱的。有一个"无财七施"的故事。一个人跑到智者面前哭诉："我无论做什么事情都不能成功，这是为什么呢？"智者说："这是由于你没有学会给予别人。"这个人说："可我是一个一无所有的穷光蛋啊！"智者说："并不是这样的，一个人即使没有钱，也可以给予别人七样东西：一是和颜施，就是和颜悦色地与别人相处；二是言施，就是对别人要多说鼓励、安慰、称赞、谦让、温柔或向上的话；三是心施，就是要敞开心扉，对别人真诚；四是眼施，就是以善意的眼光去看待别人；五是身施，就是力所能及地帮助别人；六是座施，就是在乘船、坐车时，将自己的座位让给老弱病残者；七是房施，就是将自己空出来的房子，提供给别人休息。如果你有这七种习惯，好运就会随之而来！"

为善不是有钱人的专利，真正的善就在身边，就在眼前，就在一转念间，就在举手投足间。我们完全可以从身边的每一件小事做起。其实，在我们的生活中，很多善事都是举手之劳，只要想做，时时处处都可以做。比如，孝敬父母，尊敬师长，认真工作，捡拾垃圾，拾金不昧，见义勇为，义务劳动，随手关灯，节约用水，给老弱病残者让座，扶起摔倒的老人，遇到问路的人后热心地指引，在微信或互联网上多传播正能量，陪身体不舒服的同学（同事）去看医生，做志愿者，劝解他人之间的矛盾，开车时礼让行人等。给人利益、给人方便、给人欢喜、给人信心、给人力量、给人希望等，只要是利他的想法和言行都是善。关键是要不断地培养为善的意识，慢慢养成日行一善的习惯，这样福气自然会越积越多。

有一个人，父亲原是古巴的大庄园主，7岁之前，他过着富足的生活。20世纪60年代，他的国家突然出现危机，他失去了一切。当他们一家在美国迈阿密登陆时，所有的家当只有装在他父亲口袋里的一叠已被宣布废止使用的纸币。为了能在异国他乡生存，从15岁起，他就跟随父亲打工。每次出门前父亲都这样告诫他："只要有人答应教你英语，并给你饭吃，你就留在那里给人家干活。"他的第一份工作是在海边的小饭馆里做服务员。由于他勤快、好学，很快获得老板的赏识。为了能让他学好英语，老板甚至把他带到家里，让他和自己的孩子一起玩耍。一天，老板告诉他，给饭店供货的食品公司将招收营销人员，假如他愿意，老板愿意帮忙引荐。于是他获得了第二份工作，在食品公司做推销员兼货车司机。去上班时，父亲告诉他："在家乡时，父辈们之所以成就了那么大的家业，都得益于'日行一善'这四个字。现在你将要到外面去闯荡，最好能记着。"也许就是由于这四个字，当他开着货车把燕麦片送到大街小巷的夫妻店时，他总是做一些力所能及的善事，比如帮店主把一封信带到另一个城市，让放学的孩子顺便搭一下他的车，就这样他乐呵呵地干了4年。第5年，他接到总部的一份通知，要他去墨西哥统管拉丁美洲的营销业务。理由是这样的："该职员在过去的4年中，个人的推销量占佛罗里达州总销售量的40%，予以重用。"后来的事，似乎是顺理成章的。他打开拉丁美洲的市场后，又被派到加拿大和亚太地区。1999年，他被调回了美国总部，任首席执行官。美国前总统小布什在竞选连任成功后，宣布提名他出任下一届政府的商务部部长。他就是卡洛斯·古铁雷斯。古铁雷斯在接受《华盛顿邮报》采访时，说了这样一句话："一个人的命运，并不一定来自某个惊人之举，更多的时候，取决于他日常生活中的小小善行。"日行一善，实在很简单，也实在很不简单。

那么，有哪些善事呢？《了凡四训》概括了十个方面。

一是与人为善。就是思想和言行都从对他人有利的角度出发。比如，看到别人有不如自己的地方，不拿自己的长处与他比，免得让他难堪；看到别人有过失而予以包容，一方面可以给他改过自新的机会，另一方面可以使他有所顾忌而不敢放肆；看到别人有可以学习的长处，放下自己的成见，学习他的长处，称赞他并传扬出去。

二是爱敬存心。孟子说："君子所以异于人者，以其存心也。"君子所存的，只有爱人、敬人的心。人与人之间虽然有亲有疏，地位有高有低，有聪明或愚笨的，有修养好或修养差的，还有鳏寡孤独者，但都是生命，有血有肉，有感情，都需要爱他、敬他。

三是成人之美。就是成全别人的好事，帮助别人实现其美好的愿望。比如，如果把一块里面含玉的石头随便丢弃，那么这块石头也只不过是与瓦片或碎石一样一文不值；如果把它加以雕琢，那么这块石头就成了非常珍贵的宝物。因此，在别人有难处时，就予以帮助；看到别人做善事，就称赞、激励、扶持他；或者帮助别人立志向上，使他成为社会上的有用之才；如果有人被冤枉，就替他申辩，替他消除毁谤等。

四是劝人为善。一些人为了追逐钱权名利，往往昧着良心去做一些违法或不合情理的事情。为了弘扬正气，使他们弃恶向善，就应该做一些力所能及的事情帮助他们，比如通过口头劝化或著书立说，或者制作和传播各种积极向上的作品、信息等，帮助他们抑恶扬善，倡导他们向上向善，弘扬正能量和主旋律。

五是救人危急。在我们的一生当中，遇到困难或颠沛流离是常有的事情。碰到有困难或遭遇危机的人，要将他的痛苦当作自己的痛苦，见义勇为，设法去帮助。就如明代著名学者崔铣说的，对他人的帮助不在多大，只要能救其危急之事就很好。

六是兴建大利。凡是有益于公众的事，都要积极地参与：或者开辟水道，灌溉农田；或者修筑堤坝，预防水灾；或者修筑路桥，方便交通；或者捐建希望学校，帮助贫困地区的孩子上学；或者植树造林，保护环境；或者无偿供人茶饭，救济饥渴；一有机会，有钱就出钱，有力就出力，不要逃避，不要攀比，不要抱怨。

七是舍财作福。舍财就是做慈善事业，如捐款捐物，开展助学、助贫、救灾或救急等。真正明白人生道理的人，往往什么都会舍。如果不能做到，可先从舍钱财开始。一般的人都把钱财看得很重，如果能够舍财，对内可以破除吝啬的毛病，对外可救济别人的危难。刚开始做，难免会有一些勉强。只要做的时间长了，心量就会变大，内心自然就会泰然。这样，最容易消除人的贪念和私心，也可以去除自己对钱财的执着与吝啬。

八是护持正法。正法就是真理、社会公理，符合规律、科学的文化，以及代表和象征正法的圣贤、经典、塑像、书籍或其他作品等。正法是人类进步的灯塔和阶梯，如果没有正法，我们就没办法认识自然、利用自然为他人服务，解开种种的迷惑，正确地做人、做事。所谓护持，就是要敬重、学习、传承、弘扬、发展和保护。

九是敬重尊长。在家里，要孝敬父母，做到"怡吾色，柔吾声"，这是善的根本；在单位，要尊敬领导，不要以为领导不知道就恣意妄为、敷衍塞责；在社会上，要敬重年龄大、道德水平高、职位高、学识高的人。看看那些孝敬父母、尊敬师长的家庭，子孙没有不绵延而昌盛的。

十是爱惜物命。《孟子》中说："恻隐之心，仁之端也。"人之所以为人，就是因为有一片恻隐之心。求仁的，是在求这一片恻隐之心；积德的，也是在积这一片恻隐之心。《周礼》中说：每年正月的时候，正是动物最容易怀胎的时候，这时候祭祀用的供品不可以用雌性的，以免伤及动物的繁殖。各种动植物都是维持大自然平衡的组成部分，都是人类的朋友，肆意猎杀、砍伐和破坏，都会破坏自然和生态的平衡，殃及人类。我们应该进一步提高环保意识，爱护花草树木，保护野生动物，不捕鸟、捉蛇、捉青蛙等；节约用水、用电、用纸、用粮等，杜绝浪费就是在保护环境和资源。应当保护公私财物尤其是公共设施，任何物品都有它的价值和功用，把它们生产出来都需要一定的资源和成本，毁坏财物就是在破坏资源和环境。

除了以上这十个方面，还有很多善事。总之，凡是能利于他人、集体、国家、社会和大自然的言行都是善。只管多种善因，种下了善因，必然会获得善果。

一个人一生所走的路很漫长，要想一生都顺利，就少不了外界的帮助，而获得外界帮助的唯一办法是多帮助他人。当把善良不断地给予他人时，终会收获方方面面的善意。所以，利他就是利己。当你发现一草一木都在"微笑"、贵人越来越多、每件事都充满顺缘、身边的人越来越喜欢和尊敬你时，这就是善的回报。

六、欲修其身者，先正其心

这句话出自《大学》，意思是，要想把自己的身修好，必须先把心修正。所谓心，其实就是一个人的世界观、人生观、价值观，也就稻盛和夫所说的思维方式。所谓修身，其实就是修养自己的言行，使自己的言行端正。为什么需要先修心呢？因为一个人的言行，善也好，恶也罢，归根结底都出自自己的心念。

（一）正心是根本

俗话说："言为心声，行为心使，身为心役。"有什么样的心，就会有什么样的看法；有什么样的看法，就会有什么样的情绪和选择；有什么样的情绪和选择，就会有什么样的言行；有什么样的言行，就会造就什么样的命运。

《大学》中说："身有所忿懥，则不得其正；有所恐惧，则不得其正；有所好乐,则不得其正;有所忧患,则不得其正。"意思是,如果心中有怨恨、恐惧、偏好、忧患,就不能保持心的中正;如果心不能保持中正,所表现出来的言行就必然不够公正、客观。《大学》中还说:"人之其所亲爱而辟焉,之其所贱恶而辟焉,之其所畏敬而辟焉,之其所哀矜而辟焉,之其所敖惰而辟焉。"意思是,人的心是有情感的,会偏爱所亲近、喜爱的人,会厌恶所轻视、讨厌的人,会敬重所畏惧、敬佩的人,会怜悯和体恤所怜惜、同情的人,会冷漠对待和疏远自己认为傲慢、懒惰的人。带着这样的情感,对人对事也就难免失之偏颇。

我们对客观事物的认识过程大致是,客观事物通过大脑的感知和思维得出某个结论,即"事物—大脑—结论"这样一个过程。用公式表示就是:A(物)—B(心)—C(相)。A代表外界的一切客观事物、现象;B代表一个人的心;C代表一个人的认识或结论,包括看法、情绪、感受和选择等。这个公式告诉我们,对一切事物和现象,通过不同的价值观和思维模式,不仅可以得出不同的认识或结论,而且会产生不同的情绪与感受,进而作出相应的选择。A(物)是客观的、不变的;B(心)是主观的、可变的;C(相)会随着B(心)的不同而不同,也会随着B(心)的变化而变化。用通俗的话说,心就相当于我们戴着有色眼镜看世界,戴红色的眼镜看到的世界就是红色的,戴黄色的眼镜看到的世界就是黄色的。也就是说,一个人的心是什么样的,看到和感受到的世界就是什么样的。

有句话说,"以小人之心,度君子之腹"。小人和君子的心不一样,所以,他们对同一件事情的看法肯定不一样。孔子说:"君子坦荡荡,小人长戚戚。"因为君子的心是坦荡的,因此他们看到的世界就是光明的;小人的心是龌龊的,因此他们看到的世界就是自私自利的。有这样的差别,皆源于心态不一。

有什么样的心,就会有什么样的看法。美国的科研人员曾做过一项有趣的心理学实验,叫"伤痕实验"。他们向参与实验的志愿者宣称,该实验旨在观察人们对身体有缺陷的陌生人有何反应，尤其是面部有伤痕的人。每位志愿者都被安排在没有镜子的小房间里，由专业的化妆师在其左脸上画一道血肉模糊、触目惊心的"伤痕"。志愿者被允许用一面小镜子照看化妆的效果后，镜子就会被拿走。关键的是最后一步，化妆师表示需要在"伤痕"表面再涂一层粉末，以防止它被不小心擦掉。实际上，化妆师用纸巾偷偷抹掉了化妆的痕迹。而后，对此毫不知情的志愿者被派往各医院的候诊室，他们的任务是观察人们对其面部"伤痕"的反应。规定的时间到了，返回的志愿者竟无一例外地叙述了相同的感受：人们对他们比以往更加粗鲁无理、不友好，而且总是盯着他们的脸看！实际上，他们的脸与往常并没有什么不同。他们之所以得出这样的结论，是因为他们在用镜子看到自己脸上的"伤痕"后所形成的自我认知影响了他们的判断。

这是一个发人深省的实验。原来，一个人怎样看待自己，就会感受到外界怎样的眼光。同时，这个实验也从一个侧面验证了西方的一句格言："别人是以你看待自己的方式看待你的。"从容的人，感受到的多是平和的眼光；自卑的人，感受到的多是歧视的眼光；和善的人，感受到的多是友好的眼光；计较的人，感受到的多是挑剔的眼光……可以说，有什么样的内心世界，对待外界的事物就会有什么样的眼光。

有什么样的心，就会有什么样的情感。我们一般都曾有过因有急事而赶时间，感觉时间过得很快的经历。在车站等着接人时，又感觉时间过得很慢。事实上，时间过得既不快也不慢，之所以感觉不一样，是因为我们在赶时间与等人时的心态不一样。

不少人经常会说："××让我很生气！"他们抱怨别人不尊重自己，抱怨别人把东西弄得很乱，抱怨别人说了自己不爱听的话、做了自己不喜欢的事等。他们往往把造成自己生气或痛苦的原因归于别人。其实，仔细分析一下就会发现，并不是这个人做了让他们生气的事情，真正让他们生气的是他们内心的执着。如果他们不执着，无论他人做任何事，都不会激怒他们。

我们都不想生气和痛苦，所以，总是试着说服别人按我们希望的方式行事，不要说我们不爱听的话，不要做我们不喜欢的事，等等。但是，关键是并不是每个人都愿意听我们的。仔细审视自己的痛苦就会发现，并不是其他人使我们痛苦，而是我们让自己痛苦。如果不明白痛苦是自己造成的，就会把很多时间和精力浪费在抱怨他人或改变他人上，这样永远也不会获得自己想要的。我们必须了解痛苦并非来源于他人，而是来源于我们执着的心。

有什么样的心，就会有什么样的选择。有一个人去了一个公园，出来以后生气地说："这地方又脏又臭，我下次再也不来了！"而另一个人也同时走进这个公园，出来后却感叹道："简直太美了！到处都是鲜花，沁人心脾！有时间还要多来欣赏！"为什么同一个公园会让这两个人有完全不同的反应和选择呢？因为第一个人抱着挑剔和抱怨的心态，所以他去公园以后，发现里面有很多狗屎，于是他为了证明这个公园很脏，到处寻找路上的狗屎，注意力全部放在了狗屎上，结果只看到公园的肮脏，决定再也不来了。而另一个人抱着积极、阳光的心态，所以眼睛总是会看向那些美好的植物和风景，虽然他也看到了狗屎，但他知道狗屎会让鲜花更美丽芬芳，他将注意力放在欣赏自然界的生机盎然上，尽情感受着大自然与生命的美好。

就如一些人去同一家公司就职，不同的心态就会导致他们选择以不同的方式工作，不同的工作方式又决定了不同的命运。有的人用老板的心态和思维做事，认真钻研业务、主动负责、精益求精，结果就能在各方面收获成长；有的人用打工者的心态做事，给多少钱就干多少活，能偷懒就偷懒，结果永远停留在原地。有个人向他的朋友抱怨说老板太抠门，自己每天辛苦地上班，工资却少得可怜，准备辞职。朋友对他说："老板这么差劲，辞了也罢，但你岂能白干这么久，总要多学一点儿本事再跳槽。"他觉得朋友说得有道理，于是开始每天加班加点熟悉业务、学技术、学管理，他觉得以后不管是跳槽还是创业，这些技能对自己都有用，多学一点儿技能肯定没错。他没有想到，半年后，领导不仅给他加薪，还给他升职，他也完全没有了当初跳槽的想法。其实，这就是心态转变带来的结果，当他不再把自己放在老板的对立面，而是聚焦于工作和自身的成长上，一切都开始往好的方向发展。只有认真对待每一项工作、每一个细节，持续地学习和提升，才能让自己变得更加优秀；做一天和尚撞一天钟，在敷衍工作的同时，其实也在荒废自己的人生。

由此可知，C（相）是由B（心）决定的，而不是由A（物）决定的。也就是说，人的感受和看法是由自己的心决定的，而不是由客观事物决定的。人与人的差异，本质上都是心的差异，也就是世界观、人生观、价值观这个"总开关"的差异。其实，每个人现在所拥有的生活，就是自己过去在心念的驱使下，无数次说出的话、做出的行为所累加起来的结果，是自己的选择创造了自己的生活现状以及所处的环境。所以，心在哪里，命运就在哪里；心是什么，命运就是什么，命运就是心选择的结果。有些人会把所有不好的结果都推到外部因素上，如家境不好、运气不好、领导不好、同事不好、环境不好、教育不好等，总想改变外部环境，却从来都不想改变自己。其实，真正能改变和把控的是自己的心。

弗兰克尔是一个犹太裔心理学家，在第二次世界大战的时候，被关进了纳粹的集中营。他的遭遇非常悲惨，父母、兄弟和妻子全都被关进了集中营，而且都被折磨而死。他每天都在纳粹的集中营里接受严刑拷打。有一天，独自一个人在囚室里的弗兰克尔顿悟了。他顿悟到了什么呢？那就是在任何特定的环境下，人还有最后的一种自由，这种自由就是选择自己的态度。从外界环境看，他被关进了集中营，失去了人身自由，但是他的心理意识，也就是他怎么想，却是纳粹无法干涉的。于是，他有意识地转变心念，不断地磨炼自己的意志，直到心灵实现自由。而他的这种超越，也感化了其他的狱友，甚至狱卒。他协助狱友在苦难中寻找到了生命的价值，寻回了生命的自尊。弗兰克尔的故事告诉我们，我们的反应与外部刺激的关系，并不像一般的动物那样，接受怎样的刺激就会产生怎样的反应。正是"人心"这个中间环节，使我们对外界的刺激作出了不同的回应。正所谓"相由心生，境随心转"。

中华优秀传统文化也特别强调要修养自己的心。《大学》中说："古之欲明明德于天下者，先治其国；欲治其国者，先齐其家；欲齐其家者，先修其身；欲修其身者，先正其心；欲正其心者，先诚其意；欲诚其意者，先致其知；致知在格物。物格而后知至，知至而后意诚，意诚而后心正，心正而后身修，身修而后家齐，家齐而后国治，国治而后天下平。自天子以至于庶人，壹是皆以修身为本。其本乱而末治者否矣。"其中，格物、致知、诚意，最终都是为了正心。心正了，才能修其身、齐其家、治其国。《傅子》中说："立德之本，莫尚乎正心，心正而后身正。"心正了，言行才能正；心善了，言行才能善。所以，抓住了正心，也就抓住了根本。心念一转，世界从此就会不同。

正心就是去除恶念，恢复本有的良知。我们的内心都有两个"我"，一个是"天性我"，又被称为"大我"，即良知、道心，它是善的；另一个是"习性我"，又被称为"小我"，即私欲、人心，它是恶的。实际上就是普通人的内心同时存在的两种念头，如果是由善的心念做主，表现的言行就是善的；如果是由恶的心念当家，表现的言行就是恶的。至于"天性我"与"习性我"哪个当家，往往是两者斗争和较量的结果。比如，在公共汽车上，当我们看到一位老人上车后，在是否让座的问题上，"天性我"认为，自己年轻，应当给老人让座；而"习性我"认为，我为什么要让座，我也是花钱买了票的。如果"习性我"战胜"天性我"，结果就是不让座。如果"天性我"占主导，人生就会往上走，路就会越走越宽，也就会越来越幸福；如果"习性我"占主导，人生就会往下坠，路就会越走越窄，也就会越来越不幸福。

为什么我们会有两个"我"呢？《三字经》中说得很明白："人之初，性本善；性相近，习相远。"我们的天性都是纯净、善良的，但是，随着我们被社会环境熏染，就慢慢有了习性，有了欲望、利益、标准、想法和习惯等。因为我们所处的社会环境不同，受到的教育不同等，我们与他人的习性就有了差别，而且有的习性重，有的习性轻。

"天性我"就是我们的良知，就像是通了电的电灯泡，非常明亮；"习性我"就是我们后天所受的熏染，就像是电灯泡表面的灰尘，灰尘越多、越厚，电灯泡就越不亮。要想让电灯泡恢复明亮，就要去除电灯泡表面的灰尘，灰尘被去除得越多，电灯泡就越亮。

正心就是去除我们心里的"习性我"，也就是不断地去除恶的念头，恢复本有的良知，就如王阳明说的"致良知"。恶的念头被去除一分，善的念头就会增加一分，"习性我"弱一分，"天性我"就会强一分。在"天性我"与"习性我"的较量和斗争的过程中，"天性我"慢慢占据上风，就增加了胜利的机会和可能性。随着习性的进一步减少，良知逐渐恢复，"天性我"就真正成了主人，真正实现了"我的命运我做主，我的命运我掌握"。

孟子说："仁，人心也；义，人路也。舍其路而弗由，放其心而不知求，哀哉！人有鸡犬放，则知求之；有放心而不知求。学问之道无他，求其放心而已矣。"意思是，"仁"是人的本心，"义"是人的大道。放弃大道不走，失去本心而不知道寻求，真是悲哀啊！有的人，鸡狗丢失了知道赶紧找回来，本心被"习性我"遮蔽了却不知道把它找出来。学问之道不过是把被遮蔽的本心、善心、良知，也就是"天性我"找出来罢了。当今，不少人的心被外物所役，以至于感觉外物与幸福的增长不成比例，甚至充满挫折与焦虑。其实，并不是我们的心变得脆弱,而是我们在追逐外物的过程中使其迷失了。最好的办法是把习惯于向外追逐的目光收回来,关注被放逐已久的心灵。王阳明说:"人人自有定盘针,万化根源总在心;却笑从前颠倒见,枝枝叶叶外头寻。"是到找回自己的定盘针的时候了。

明朝嘉靖六年(1527),56岁的王阳明奉旨前往两广平乱。临行前,他召唤门下的弟子,进行了最后一次授业。他说道:"我死之后,心学必定大盛,我平生的所学,已经全部教给你们,但心学之精髓,你们尚未领悟。我有四句话要传给你们,毕生所学,皆在于此,你们要用心领会,将其发扬光大,普济世人。"哪四句话呢?就是"无善无恶心之体,有善有恶意之动,知善知恶是良知,为善去恶是格物"。天地虽大,但有一念向善,心存良知,为善去恶,虽凡夫俗子,皆可为圣贤。王阳明还说:"不知自己是桀、纣心地,动辄要做尧、舜事业,如何做得?"意思是,如果自己的心像夏桀、商纣那样恶,怎么可能做出尧舜这些圣人所做出的事业呢?

稻盛和夫曾说,心念是因之根源,有因必有果。我们常说的德,简单来说,就是心怀利他之心。以慈悲之心体谅和帮助他人者,便是有德之人。但是,恶念并非立刻就能结出恶果,善念也并非立刻就能结出善果,因此,世人往往难以信服因果报应之说。然而,只要以30年左右的时间跨度来看,情况就不一样了。上了年纪的人可以按20年、30年的跨度,来回顾自己从年轻时到现在的人生轨迹,也可以同样的方式审视别人的人生,看看他们过去如何,现在又如何。每个人的人生可谓千差万别,但只要以一定的时间跨度来看,就能发现,短则10年,长则30年,心态与结果往往相符。稻盛和夫回顾往昔,发现自己的人生开始转运,就是从改变自己内心的想法开始的。稻盛和夫说,自己没有杰出的能力,正因为如此,必须具备超出常人的热情,必须付出不亚于其他任何人的努力,同时培养比常人更优秀的思维方式,也就是卓越的思想、高尚的人生观。为此，他努力学习孔子、孟子、王阳明等圣贤的哲学思想，努力把他们的哲学根植于自己的心中。

英国哲学家詹姆斯·埃伦在其《原因与结果法则》一书中说，人的心灵像庭院，既可理智地耕耘，也可放任它荒芜，无论是耕耘还是荒芜，庭院里都不会空无一物。如果没有在庭院里播种美丽的鲜花，那么无数杂草的种子必将飞落，茂盛的杂草将占据庭院。而出色的园艺师会翻耕庭院，除去杂草，播种美丽的鲜花。同样，如果我们想要一个美好的人生，就要扫除心中的恶念，使善念占据心灵。

要在生活中正心。正心，通常又被称为修心、修行。在有的人看来，正心是"高大上"的，要离开所处的环境，找个清净的地方，甚至需要在深山老林里静坐、练瑜伽等，与生活、学习和工作没有关系。这种把正心与生活分开或者当成两件事情的看法，肯定是错误的。离开生活而正心的做法，难以真正实现正心。

在生活、学习和工作中，我们时时处处都会面对不同的选择，比如，做与不做、做什么、怎么做等。有时，面对这些选择我们还会进行长时间的思想斗争，心里也会很纠结。在生活、学习和工作中正心，就是在面对每一件事情的不同选择上磨炼自己，去除"习性我"和私欲，按照"天性我"去做。磨炼得多了、时间长了，慢慢就形成了习惯，就有了定力和效果。如果离开生活、学习和工作，坐在那里空想、空修，没有经过做事过程的磨炼，也就没有选择和纠结，可能就会自我感觉良好，在实践中就会再次产生私欲，再次恢复自己的习性。王阳明说："人须在事上磨炼做功夫，乃有益。若只好静，遇事便乱，终无长进。那静时功夫亦差，似收敛而实放溺也。"意思是，人一定得多在事上磨炼，多用功，才能做好事情。如果只喜欢安静，那么在遇到紧急之事时必定会手忙脚乱，很难有长进。安静的时候功夫也不好，看上去很收敛，内心却在放纵、沉沦。

其实,我们平时的生活、学习和工作无不是在自己心念的指挥下进行的,所以,正心也应该在生活、学习和工作中进行,离开了这些,就是纸上谈兵。有一位官员常去听王阳明讲学,每次都听得津津有味。一段时间后,他遗憾地对王阳明说:"您的心学讲得很好,由于政事缠身,我无法每天都来听,抽不出太多时间修心啊!"王阳明说道:"我什么时候说过让你放弃工作来修心?"官员吃了一惊,问:"难道在工作中也可以修心?"王阳明回答:"工作即修行!"这个官员有点儿迷惑,问:"难道您让我一边工作一边学习您的学说?"王阳明说:"心学不是悬空的,只有把它和实践相结合,才是它最好的归宿。所以我常说从事上磨炼。你要断案,就从断案这件事上学习心学。例如,当你判案时,要有一颗无善无恶的心,不能由于对方无礼而恼怒,不能由于对方言语婉转而高兴,不能由于厌恶对方的请托而存心整治他,不能由于同情对方的哀求而屈意宽容他,不能由于自己事务烦冗而草率地结案。如果抛开事务去修心,反而会处处落空,得不到心学的真谛。"该官员恍然大悟。

在王阳明看来,正心就是在生活、学习和工作中致良知。在生活、学习和工作中,自然而然地按照良知的要求去行事,除了良知的指示外,心无旁骛。自己在生活、学习和工作中的表现如何,良知轻而易举就能知道。不欺良知,才是真正的正心和修行。有个叫南大吉的官员对王阳明说:"我为政总是有过失,先生为何没有说法?"王阳明反问:"你有什么过失?"南大吉就把自己为政的过失一一说给王阳明听。王阳明听完后,意味深长地说:"你的这些过失,我都指点过你。"南大吉一愣,说:"您好像没有说过。"王阳明说:"如果我没有说过,你是如何知道这些过失的?"南大吉想了一会儿,惊叫道:"是良知!"王阳明点点头。南大吉叹息道:"如果身边有个人能经常提醒我,我在工作上犯的过失可能会少点。"王阳明说:"你身边就有个无所不能的人在时刻提醒你啊！"南大吉略加思索，惊叫道："良知！"几天后，南大吉又来问王阳明："行为上有了过失可以改变，心上有了过失可如何是好？"王阳明说："你现在良知已现，心上不可能有过失。心上没有过失，行为上也就不可能有过失。我从未见过心上有过失的人，会用心工作；也从未见过用心工作的人，心上还会有过失。"在王阳明看来，正心、修身与生活、学习、工作是一体的，离开了生活、学习和工作，正心、修身就变得毫无意义。所以，王阳明提出，要知行合一。

正心绝不是要逃避现实的问题，恰恰相反，解决每一个现实的问题都是正心的机会和入口：如果你创业的道路很艰难，创业就是正心的机会；如果你在工作中遇到了困难，想办法克服困难就是正心的机会；如果你与爱人之间有隔阂，处理好夫妻关系就是正心的机会；如果你与孩子沟通有问题，教育好孩子就是正心的机会。比如，如果夫妻关系不好，平时经常争吵，从现在开始，在想争吵的那一刻，站在对方的角度思考，理解对方的想法，克制自己的冲动，然后心平气和地沟通，就可以避免争吵，假如能多次这样做，夫妻关系就会越来越融洽。更重要的是，时间一长你会因此而变得宽容和冷静，因为你学会了理解别人的想法，尊重别人的不同，并学会了自我反省和改变，这就是正心。这同样适用于处理同事（同学）之间、父母子女之间、朋友之间、上下级之间的关系。正心的机会就在人生的每一个痛苦之处，在每一次冲动和纠结的时候。总之，哪里有问题就往哪里正，这就是进步。千万不要试图回避现实的问题而枉谈正心，否则一定是空谈。

这也正如稻盛和夫所说的，在工作中修行，是帮助我们提升心性和培养人格的最重要、最有效的方法。我们用心去工作，就是通过工作磨炼自己的心，提升自己灵魂的层次，使自己的良知更光明。在生活、学习和工作中正心，就如同走路，应边走边认，边问边走，在路上体认良知，最后必能抵达目的地——良知的光明。

　　正心绝不是一朝一夕就能实现的,但又是不断勤修苦练的结果。正心难啊!正像王阳明说的,"破山中贼易,破心中贼难"。即便如此,只要坚持不懈就会有收获,只要持之以恒就会有进步。俗话说,"不怕念起,只怕觉迟"。一般人脑子里妄念纷飞,各种念头、私欲不断出现,这都很正常,并不可怕,关键是要在生活、学习和工作中不断反省、时时觉察,当出现一些不符合良知的念头时,就要立即将其驱赶出去。久而久之,觉察力就会变得越来越强,心灵就会变得越来越纯净、高尚。

第九章　践　行

懂得立命的道理只是第一步，关键是要把这些道理落实到自己的生活中，融入自己日常的言行和习惯。在面对善与恶、是与非的选择时，只有战胜自己的贪欲、恶习和惰性，并且踏踏实实、勤勉不懈地去行动，才能真正把握住自己的命运。

一、学而时习之，不亦说乎

这句话出自《论语》，也是《论语》开篇的第一句话。"学"就是学习，"习"就是练习和践行。这句话的意思是，时常把学到的道理和学问应用于实践，落实到自己的日常生活中，落实到自己的一言一行中，不是一件很喜悦的事情吗？

为什么"学而时习之"是一件喜悦的事情呢？因为将学到的道理和学问真正落实到自己的言行举止中，才能使自己在各方面都真正提升和受益，自然会有一种发自内心的喜悦。比如,过去不知道孝敬父母,经常忤逆父母、惹父母生气,所以会招致父母的批评、训斥甚至责骂,因而亲子关系不和谐。现在通过学习优秀传统文化,懂得了为人子女的第一德就是孝,要孝敬父母、感恩父母,并且在生活中真正做到对父母和颜悦色、帮助父母做家务、关心父母的衣食住行、体贴父母的难处、满足父母的期待等。这样做以后,就会立即改善与父母的关系,不仅父母非常高兴,而且你再也不会被训斥。收获这种和谐、温暖的亲子关系,怎么会不令人喜悦呢?

为什么很多人学了不少东西,却体会不到"不亦说乎"呢?问题就出在不能将学与习结合,如果没有落实和践行学到的道理,学到的也只不过是知识而已,不仅不能提升自己、从中受益,还会徒增浮华和傲慢之心。更有甚者,凭借学到的东西去衡量别人、要求别人、责备别人、抱怨别人,不仅体会不到"不亦说乎",反而是"不亦苦乎"!

古圣先贤特别重视学以致用,告诫我们要"学而习"。《中庸》中说:"博学之,审问之,慎思之,明辨之,笃行之。"意思是,要广泛地学习,详细地询问,慎重地思考,明白地辨别,切实地力行。博学、审问、慎思、明辨都是手段,最终的目的在于实践和应用,如果不落实,只是夸夸其谈、装点门面,这样的"知"再多也没有多大用处。只有踏踏实实地去践行,才能把这些道理转化为我们生命的养料,让我们富足丰盈、坦荡无畏、道德高尚。

《荀子·劝学篇》中说:"君子之学也,入乎耳,著乎心,布乎四体,形乎动静,端而言,蠕而动,一可以为法则。小人之学也,入乎耳,出乎口,口耳之间,则四寸耳,曷足以美七尺之躯哉!古之学者为己,今之学者为人。君子之学也,以美其身;小人之学也,以为禽犊。"意思是,君子的学习,要让道理进入耳中、存于心中,再由内而外体现在言行举止中,可以垂范于人。君子细微的言语、小小的动作,都可以成为效法的准则。小人的学习,把道理听入耳中，就会由口中出来，而口和耳之间，只不过四寸而已，怎么能修正自己的言行，使自己获得提升呢！古代的求学者，学习是为了修养自己，现在的求学者，学习是做给他人看的。君子的学习是要令自己变得美善，小人的学习则把学问视为如禽兽一样的外在财物。

孔子也曾说过："古之学者为己，今之学者为人。"也就是说，古人读书志在成为圣贤，读书的目的是改变自身的气质，转恶为善，转迷为悟，转凡为圣，最后成就圣贤的人格。

王阳明特别倡导要"知行合一"。王阳明说："知是行的主意，行是知的功夫；知是行之始，行是知之成。若会得时，只说一个知，已自有行在；只说一个行，已自有知在。"对于知而不行的问题，王阳明还说了这样一段话："今人却将知行分作两件去做，以为必先知了，然后能行，我如今且去讲习讨论做知的功夫，待知得真了方去做行的功夫，故遂终身不行，亦遂终身不知。此不是小病痛，其来已非一日矣。某今说个知行合一，正是对病的药，又不是某凿空杜撰，知行本体原是如此。"王阳明认为，知、行是一种功夫，知中有行，行中有知，不能把二者分离。凡是那些嘴上说知道、实际上做不到的人，他们的知和行"已被私欲隔断，不是知行的本体了。未有知而不行者，知而不行，只是未知"。

比如，有些人知道应该孝敬父母，实际上对父母不好。在王阳明看来，这种人实际上是不知孝的。只有他们真正去孝敬父母，才能说他们知孝；只有他们真正认识到应该孝敬父母，他们才会去真正行孝。再比如，有人戒了多次烟，为什么戒不了呢？当然可以找很多理由，但戒不了的真正原因只有一个，那就是他还没有发自内心地认识到戒烟对他的必要性。要说不知道吸烟对身体的危害，这是很少见的，可为什么明明知道吸烟的危害却戒不了呢？原因是他不控制吸烟的欲望，这就是王阳明所说的，他的知和行已被私欲割断。直到有一天查出肺部有阴影，医生警告说"癌症早期，再不戒烟就没命了"时，他马上就能把烟戒掉。为什么？因为此时此刻他真正认识到了戒烟对自己的必要性。他有这种认识就是真正戒烟的开始，而把烟戒掉，就是他有这个认识的结果。

《尚书》中说："非知之艰，行之惟艰。"《左传》中也说："非知之实难，将在行之。"唐太宗李世民在《帝范》中进一步说："古人有云：非知之难，惟行之不易；行之可勉，惟终实难。是以暴乱之君，非独明于恶路；圣哲之主，非独见于善途。良由大道远而难遵，邪径近而易践。小人俯从其易，不得力行其难，故祸败及之；君子劳处其难，不能力居其易，故福庆流之。故知祸福无门，唯人所召。"意思是，古人曾说：知道并不难，但落实起来不容易；能够开始落实还不太难，但是要坚持到底就很难。

那些暴虐淫乱的君王，并不是只知道为恶这一条路；那些圣明的君主，也并不是只知道为善这一条路。实在是由于通往成功和幸福的正道显得漫长而难行，追求安逸享乐、放纵自己走邪路显得容易而又轻松。愚蠢的人选择轻轻松松地放纵自己，而不愿意花费力气去走难行的正道，所以祸患、失败就会降临到他们身上；有智慧的人选择走劳神费力的路，而不把时间和精力花在放纵自己走邪道上，所以福气和喜庆等好事就会降临到他们身上。由此可知，得到祸与福没有别的门径，都是自己招来的。所以，关键不在于懂得多少道理、学了多少知识，而在于能不能入心，能不能践行，能不能把懂得的道理转变成自己的言行和习惯。

《道德经》中说："上士闻道，勤而行之；中士闻道，若存若亡；下士闻道，大笑之，不笑不足以为道。"上士就是有智慧的人，他们明白了做人的道理后，就会认认真真地去践行；中士就是一般的人，他们对这些道理半信半疑，因而落实起来马马虎虎，三天打鱼两天晒网；下士就是愚蠢的人，他们对做人的大道不以为然，甚至还予以耻笑。我们要做上士，懂得了道理就要付诸行动，并持之以恒地力行，这样才能把命运牢牢地掌握在自己手中。

二、取舍之极定于内，而安危之萌应于外

这句话出自贾谊的《新书》，意思是，取与舍是我们内心做出的选择，但不同的选择能导致外在的安危祸福。也就是说，在日常的生活、学习和工作中，面对各种人、事、物，首先要在自己的内心衡量取与舍的问题，而内心一旦确定该怎么取、怎么舍，就会表现出相应的言行，不同的言行必然导致不同的结果。

其原文是："为人主计者，莫如先审取舍，取舍之极定于内，而安危之萌应于外矣。安者非一日而安也，危者非一日而危也，皆以积渐然，不可不察也。人主之所积，在其取舍。以礼义治之者，积礼义；以刑罚治之者，积刑罚。刑罚积而民怨背，礼义积而民和亲。故世主欲民之善同，而所以使民善者或异，或道之以德教，或驱之以法令。道之以德教者，德教洽而民气乐；驱之以法令者，法令极而民风哀。哀乐之感，祸福之应也。秦王之欲尊宗庙而安子孙，与汤武同，然而汤武广大其德行，六七百岁而弗失；秦王治天下，十余岁则大败。此亡它故矣，汤武之定取舍审而秦王之定取舍不审矣。夫天下，大器也。今人之置器，置诸安处则安，置诸危处则危。天下之情与器亡以异，在天子之所置之。汤武置天下于仁义礼乐，而德泽洽，禽兽草木广裕，德被蛮貊四夷，累子孙数十世，此天下所共闻也。秦王置天下于法令刑罚，德泽亡一有，而怨毒盈于世，下憎恶之如仇雠，祸几及身，子孙诛绝，此天下之所共见也。是非其明效大验邪！"

意思是，为君主出谋划策，首先应当确定该选择什么，一旦在内心确立了选择，外在相应的安危祸福就会显现出来。天下安定不是一天之内就能实现的，天下危亡也不是一天之内促成的，都是日积月累渐渐形成的，因此，不可不明察。君王的积累和成就取决于他们的选择。选择以礼义治国的，便积聚礼义；

选择以刑罚治国的，便积聚刑罚。刑罚积聚到一定的程度，百姓就会埋怨而背弃君王；礼义积聚到一定程度，百姓就会和睦而亲近君王。所以，君王想让百姓善良的愿望是相同的，只是用来使百姓善良的方法不同，有的用道德教化进行引导，有的用法令进行惩罚。用道德进行教化和引导的，教化融洽而民风和乐；用法令进行惩罚的，法令残酷而民风哀伤。百姓哀伤与和乐的感受，就会成为君王的祸与福。秦始皇想保其皇位而惠及子孙，这与商汤王、周武王是一样的。但是，商汤王、周武王广泛推行德政，他们的王位得以保存五百多年和七百多年而不失；秦始皇统治天下只有十多年就土崩瓦解。这里没有别的原因，就是由于商汤王、周武王的选择很审慎，而秦始皇的选择不审慎。国家好比一个大器物，现在有人安放器物，把它放在安全的地方就会安全，放到危险的地方就会危险。治理国家与放置器物的道理相同，关键就在于君王怎么做。商汤王、周武王把国家建立在仁、义、礼、乐的基础上，因而恩德泽被天下，禽兽繁衍、草木繁茂，四方蛮夷都受到恩惠，王位留传子孙数十代，这是人所共知的。秦始皇把国家建立在法令、刑罚的基础上，没有仁德和恩惠，因而怨恨充斥于天下，百姓憎恶他如同仇敌，几乎祸及自身，子孙被诛灭，这是天下人有目共睹的。这不是充分证明了选择不同，结果就明显不同吗？

《荀子·荣辱篇》中也说了同样的道理："好荣恶辱、好利恶害是君子小人之所同也，若其所以求之之道则异矣。"意思是，喜欢荣耀而厌恶耻辱，喜欢利益而厌恶损害，君子和小人是相同的，但他们在求取荣耀和利益时所选择的方式不同。荀子还说，小人选择做荒诞的事情，却想要别人相信他；选择做奸诈的事情，却想要别人亲近他；行为如同禽兽，却想要别人称赞他。结果他们必定得不到其所喜欢的荣耀和利益，必然会遭受其所厌恶的耻辱和损害。而君子选择诚信待人，也希望别人相信他；选择忠诚地待人，也希望别人亲近他；品行正直，办事得当，也希望别人称赞他。结果必定会获得其所喜欢的荣耀和利益，一定不会遭受所厌恶的耻辱和损害。

其实，贾谊和荀子都在告诉我们，选择决定命运，是君子的命运还是小人的命运，是存的命运还是亡的命运，是福的命运还是祸的命运等，都是选择的言行的结果。我们过去的言行创造了现在的命运，现在的言行将会决定未来的命运。而我们的言行都是自己选择的，也就是说，我们说什么话、做什么事以及说与不说、做与不做、怎么做，都可以由自己选择。

我们的一生中会面临无数的选择，换句话说，我们时时处处都会面临选择，概括起来主要包括两个方面：一是选择做什么。比如学生是选择学习，还是选择玩游戏；是选择认真听课，还是选择玩手机；晚上是选择熬夜，还是选择按时睡觉；早上是选择赖床，还是选择按时起床；是选择吃早餐，还是选择不吃；等等。不一样的选择，结果是不一样的。二是选择怎么做。比如做工作，是认认真真，还是马马虎虎；是精益求精，还是得过且过；是全力以赴，还是偷奸耍滑；等等。不一样的选择，结果是不一样的。

我们的命运就像把一个个选择连接起来的轨迹。老天从来都没有规定我们此生将是什么样的，能做什么、不能做什么，必须是什么样的人、不能是什么样的人，而且国家没有规定，父母没有规定，老师也没有规定。老天把选择权交给了我们，让我们决定自己的梦想，然后无私地帮助和成就我们。就像天地从来都没有决定一块土地里应该长出什么。农民播种小麦种子，天地就会用全部的力量帮助他们收获小麦；农民播种水稻种子，天地就会用全部的力量帮助他们收获水稻。是我们自己做出的大大小小的选择，决定了我们今生成为什么样的人，过着什么样的生活，拥有什么样的命运。

所以，若干年后，一个人会有怎样的命运，会处于哪个位置，都是由自己之前的言行决定的。这就如我们现在的命运，现在所处的位置，其实在若干年前就有了答案，只是我们可能浑然不知。这不是老天的安排，而是自己选择的结果，这就是因果规律。现在的结果，取决于自己过去的选择；而现在的选择，又会决定未来的结果。每个人一路走来，都在做着这样或那样的选择，那些看似不经意的选择，总是会在以后的时间里左右着自己的命运。人生就是由一个个选择构成的，而选择的结果就会经由时间的沉淀汇聚成我们自己命运的河流。

在《易经》中有两个至关重要的字：一个是时机的"时"，一个是位置的"位"，二者都掌握在我们自己手中。比如，同样是过一天，如果你选择去打麻将，就是选择了比较平庸的"位"；如果你选择去学习，就是选择了更高的"位"。人生遇到的时机与所处的层面，全在于自己的选择。选择能量高的位，我们的能量会随之增加；反之，选择能量低的位，我们的能量会随之降低。如果能量逐渐减少，最终会把自己带到平庸的层面上；而如果不断地提升能量，我们的人生就会像太阳一样光芒四射。再比如，在课堂上，有的学生选择认真听课，因此掌握了老师所讲的内容；而有的学生选择玩手机或睡觉，结果对老师所讲的内容一无所知。长此以往，在毕业的时候，同样都是上了几年学，有的学生学业有成，找到了施展自己才华的好平台；而有的学生则荒废了学业，就很难找到发展的平台。你可以选择随心所欲地活着，晚上熬夜，早上睡懒觉，上班时玩手机，下班后玩游戏，得过且过，结果就会堕落、沉沦，一事无成；你也可以选择过有规律的生活，坚持早起、锻炼身体，认认真真地学习，勤勤恳恳地工作，很显然就会成为各行各业的骨干和精英。这种命运的差异不就是选择导致的结果吗？选择种什么种子，就会结什么果子。人生就是在不断地做选择，不同的选择必然有不同的结果，命运都是自己不断选择的结果。

比如，新冠肺炎期间，学生居家上网课，一些孩子选择玩手机、玩游戏，偷懒耍滑，结果成绩很差；而那些优秀的孩子却保持着高度的自律，自觉按要求学习，基本没有受疫情的影响，成绩依然很好。上了大学后，有的学生觉得可以自主学习，于是选择睡觉、追剧、玩游戏、出去玩等；而有些学生选择继续努力学习，不断充实自己。几年后，选择睡觉、玩游戏等的学生几乎没有学到多少知识；而那些努力学习的学生却学到了一身的本领。在同一个学校乃至同一个班级读书，由同一个老师教学，最后学生之间的距离越来越大，有的走向平庸，而有的走向成功。明明是一同起跑，却走向了不同的人生之路。在最该学习的时候选择玩游戏，在最该努力的时候选择过安逸的生活，却不知道青春易逝。到将来就会发现，自己不得不为曾经消磨时光而付出相应的代价。

不光是学习，工作也是一样，选择认真工作还是应付工作，结果就会大相径庭。稻盛和夫曾说，真正聪明的人，不会选择应付工作，一定会认真地工作，给自己带来好运。稻盛和夫大学毕业后进入一家连工资都无法按时发放的公司。他一开始也是消极对待工作，打算离开公司，但被他的家人劝阻。稻盛和夫想，既然选择留在这里工作，就要认真对待，于是，他直接睡在了实验室，疯狂地工作和学习。这使得他年纪轻轻就一次又一次地取得了出色的科研成果，为以后创立京瓷集团打下了坚实的基础。

英特尔前总裁安迪·格鲁夫曾应邀到加利福尼亚大学伯克利分校发表演讲。他在演讲中说："不管你在哪里工作，都别把自己当成员工，而应该把公司看作是自己开的。你自己的事业生涯，只有自己可以掌握。不管在什么时候，你和老板的合作，最终受益者都是你自己。"但是，不少人总是认为，工作只是简单的雇佣关系，做多做少、做好做坏，对自己来说意义不大，对得起这份工资、说得过去就行了，干吗那么认真！于是，他们选择以应付的态度去工作。其实，工作的意义远不止领一份工资、养家糊口。获得工资只是工作的一种回报方式，是工作的副产品。工作除了带给我们工资报酬之外，还是施展自己才能的舞台。我们上幼儿园、小学、中学、大学，甚至读硕士、博士，学了一身的本领、知识和技能，最终的目的是在进入社会后找到可以施展才能的平台，没有这个平台，我们就没有机会和办法展示才能。同时，工作也是提升自己水平的平台。在工作中，在解决问题、克服困难的过程中，我们受到磨炼，能力、学识、经验等都得到不断提升，还能实现自我价值。除了工作，没有哪项活动能提供如此充实自我、表达自我的机会，实现自身的价值，以及获得如此强的使命感。与这些相比，工资就显得不那么重要，单位支付给自己的工资只能使用一时，而工作赋予自己的能力，则是让自己终身受益的"硬实力"。如果选择混日子，最后的结果就是一生平庸。

你可以选择人生的目标以及如何实现这个目标，可以选择在人生的旅途上漫无边际地漂泊，也可以选择在遇到困难和挫折后放弃，不同的选择必然有不同的命运。人生就像爬山，爬得越高，风景越美，但并不是每个人都能爬到山顶。有的怕累，选择不爬，待在山下，那就只能看到山下的风景；有的爬着爬着觉得累了，就选择不再爬，那就只能看到半山腰的风景；有的选择坚持爬到山顶，自然可以看到其他人看不到的风景。

王阳明说："今人学问，只因知行分作两件，故有一念发动，虽是不善，然却未曾行，便不去禁止。我今说个知行合一，正要人晓得一念发动处便即是行了。发动处有不善，就将这不善的念克倒了，须要彻根彻底，不使那一念不善潜伏在胸中。此是我立言宗旨。"意思是："如今的人做学问，由于把知和行当作两件事，所以在产生了恶念后，虽未去做，也不去禁止。我主张知行合一，正是要人们知道萌发念头，也就是行。如果产生了不善的念头，就把这不善的念头克服，并且需要完全把它从心中剔除。这才是我所说的知行合一的主旨。"王阳明所说的行，不仅仅是指身体所表现出来的行动，也包括在内心产生一个念头后做出选择,这就是行的第一步。所以,明白了立命的道理后,十分关键的一步是做出正确的选择。

三、自胜者强

这句话出自《道德经》。这是后半句,前半句是"胜人者力"。意思是,战胜别人是有力量,战胜自己才是真正的强大。其实,战胜自己就是"天性我"战胜"习性我"、大我战胜小我、善念战胜恶念。这也就是我们通常所说的自律。

其实,很多道理我们都很容易明白,但为什么一些人不能做出正确的选择呢?其主要原因在于做不到"自胜",也就是管不住自己、放纵自己。《韩非子·喻老》在解读"自胜者强"时,用了一则故事。有一次,子夏见到曾子,曾子问:"你怎么胖了?"子夏说:"我战斗胜利了,所以胖了。"曾子不解,子夏说:"我在家里学习古圣先贤的道理,总是会非常敬仰,出门后看到荣华富贵又总是会羡慕,两个念头在心中格斗,不分胜负,所以身体逐渐消瘦;现在古圣先贤的道理终于取胜,所以胖了。"韩非子认为,"志之难也,不在胜人,在自胜也"。真正的强大,不在于战胜别人,而在于战胜自己。

一是战胜自己的贪欲。《鬼谷子》中说:"欲多则心散,心散则志衰,志衰则思不达。"欲望多了就会心神涣散,心神涣散就会意志薄弱,意志薄弱就会被私欲牵着鼻子走,正所谓欲令智昏。当一个人对钱、权、名、利、色等的欲望十分强烈时,他往往会失去理智,看不到相关的风险和后果。世上很多的错误和失败都是这样产生的,在事后冷静了,人们才后悔自己当初为什么那么傻!

二是战胜自己的习气。王阳明说:"恶念者,习气也;善念者,本性也。"人的本性是好的,那些恶的或不好的习气都是受后天的熏染而慢慢形成的,包括不良的嗜好、坏脾气和习惯。很多时候,我们明明知道做某件事情不好或不对，但偏偏会去做，这都是自己的习气使然。改正习气并不容易，所谓积习难改，但并不是无法改。

三是战胜自己的惰性。惰性是我们与生俱来的弱点之一，往往表现为喜欢舒适、逃避苦难、做事拖拉、爱找借口，尤其在遇到困难、挫折时，容易安于现状、不思进取、自暴自弃，总是想方设法给自己找出懒惰、放弃、退缩、逃避的理由。很多人的想法、计划、理想、抱负和追求，往往就是在这种惰性中化为泡影，导致他们虚度时光而碌碌无为。

《韩非子·解老》中说："人有欲则计会乱，计会乱则有欲甚，有欲甚则邪心胜，邪心胜则事经绝，事经绝则祸难生。"意思是，人一旦有了私欲，想法就会多；想法多了，私欲就会愈强；私欲强了，邪恶之心就会占上风；邪恶之心占了上风，做人、做事就没有了原则和底线；没有了原则和底线，祸患和灾难就会到来。也就是说，不能控制自己的私欲，最后必然会引祸上身。

清代文学家李汝珍在《镜花缘》中描写了一个"自诛阵"，此阵有四关，北名酉水，西名巴刀，东名才贝，南名无火。虽然不设一兵一卒，但那些见酒而醉、见色而淫、见财而贪、见气而怒的，无一例外都命丧阵中。他们为什么不战而亡？在书中，一位仙人道出了天机："凡在阵中被害的，那都是自己操持不定，以致如此，何能怨人？所谓'自诛阵'，就是这个取义。"道理说得再明白不过，"自诛阵"乃自己找死也。《镜花缘》中还描写了一个勇闯"自诛阵"而凯旋的典型人物，他叫宋素，是道德高尚的化身。他连闯巴刀关、才贝关，面对色和财，操守坚定，意志坚强，战胜色欲和财欲的诱惑，成为千古英雄。宋素的成功告诉我们，唯有自律，才能破解"自诛阵"。不能自律而败于"自诛阵"，不仅毁了自己，也毁了家庭。所以，很多时候我们并非被外力打败，而是做了自己的贪欲、习气、惰性的奴隶。正如隋朝大儒王通在《止学》中所讲的，"祸由己生，小人难于胜己"。

与自律相对应的是他律，因为不能自律，放任自己，必被他律，违背法律会受到法律的制裁，违背规律会受到规律的惩罚，背离道德会受到社会的谴责。一个人能够自律，其人生就会走上坡路，会变得越来越强大；一个人不能自律，其人生就会走下坡路，会变得越来越被动。

衡量一个人能不能自律，不仅看他在公众场合说了什么、做了什么，更重要的是看他在没有他人看（听）见、监督的时候，能否把握住自己，也就是我们通常所说的能否慎独。在公共场合，很多人能够做到自律，但在没有别人的时候，很容易放纵自己。不该拿的是不是拿了？不该要的是不是要了？不该去的地方是不是去了？不该做的事情是不是做了？该做的事情是不是没有做？该做好的事情是不是没有做好？

古人特别强调慎独。《大学》中说："所谓诚其意者，毋自欺也。如恶恶臭，如好好色，此之谓自谦，故君子必慎其独也。小人闲居为不善，无所不至，见君子而后厌然，掩其不善，而著其善。人之视己，如见其肺肝然，则何益矣？此谓诚于中，形于外。故君子必慎其独也。"意思是，所谓使自己的意念诚实，就是不要自己欺骗自己。要像厌恶臭味、喜爱美色一样，一切都发自内心，出于自己的良知。所以，品德高尚的人即便在独处的时候也会坚守良知、小心谨慎。品德低下的人在私下里无恶不作，见到君子后便躲躲藏藏，将自己做的坏事掩藏起来，表面上装作善良恭顺。殊不知，别人看他，就像能看见他的心肝脾肺一样清楚，掩盖有什么用呢？这就是所谓内心的真实情况，一定会显露在外。所以，品德高尚的人即便在独处的时候，也一定能做到小心谨慎。

《中庸》中说："是故君子戒慎乎其所不睹，恐惧乎其所不闻。莫见乎隐，莫显乎微，故君子慎其独也。"意思是，品德高尚的人在没有人看见的地方也会很谨慎，在没有人听见的地方也会有所畏惧。越是在隐蔽、细微的地方，越要谨慎，不放纵自己。所以，品德高尚的人在独处的时候也特别谨慎。

古今中外，那些成功人士，往往都具有强大的意志力，都是高度自律的人。无论对自己认定的目标和追求，还是做人的原则和底线，他们都会一如既往，持之以恒，不动摇、不懈怠。

许衡是金末元初著名的思想家、教育家。在一个夏天，他与许多人一起逃难。由于长途跋涉，加之天气炎热，所有人都感到饥渴难耐。这时，有个人突然发现道路附近有一棵大梨树，上面结满了梨子。于是，大家都争先恐后地爬上树去摘梨吃，唯独许衡独自端坐在那里不为所动。众人觉得奇怪，有人便问许衡："你为何不去摘个梨来解解渴呢？"许衡说："不是自己的梨，岂能乱摘！"问的人不禁笑了，说："现在时局如此混乱，大家都在各自逃难，这棵梨树的主人也不知在哪里，你又何必介意呢？"许衡说："梨树现在没有主人，难道我的心也没有主人吗？"许衡的心中有"主"，尽管饥渴难耐却不为所动，这个"主"就是"天性我"和良知，"天性我"、良知做了"主"就是自律。

明朝政治家于谦为官三十五年，一直兢兢业业，刚正不阿，不畏强暴，关心百姓，尤其是清廉自律，既不贪污也不行贿，将一世清白留在了人间，深为后人称颂。当时，官场腐败，贿赂横行。尤其是明英宗即位后，太监王振把持朝政，勾结许多贪官污吏胡作非为，大臣进京时必须馈送重金厚礼，否则就会被打压或排挤。然而，于谦一身正气，决不随波逐流。他每次进京，只带随身的行装。有好心人怕他遭殃，劝他说："你不带金银入京，也应带点土特产送一送啊！"他举起袖子笑着说："我带有两袖清风！"于谦做了兵部尚书后，"日夜分国忧，不问家产""所居仅蔽风雨"，常被错认为是普通百姓。他曾作诗形容他的床："小小绳床足不伸，多年蚊帐半生尘。"于谦有一首脍炙人口的诗《石灰吟》："千锤万凿出深山，烈火焚烧若等闲；粉骨碎身浑不怕，要留清白在人间。"这首诗正表明了他一生为人、为官的原则：不与世俗同流合污，坚持自己的理想，清廉刚正，为国为民鞠躬尽瘁、死而后已。

一个人不是优秀之后才会自律，而是自律了才会变得优秀。从当下看，许多人可能会觉得自律的人不会享受生活，有些无趣，甚至过得很苦；但是从长远看，他们是在为自己未来的成功和幸福铺路。自律的人知道自己想要什么，咬定青山不放松，不会把时间和精力白白浪费在无意义或错误的事情上。

一些人之所以荒废人生，往往是由于不自律。明明知道不认真学习成绩就不好，还是不学习；明明知道玩手机不好，还是要玩；明明知道受贿是违法行为，还是要这么干；明明知道大吃大喝会伤身体，还是不注意忌口；明明知道背后说他人的坏话不好，还是会去说；总是想获得别人的尊重，却做不到尊重别人；总是想遇到贵人，却不肯帮助别人；工作中总是想干出一番成绩，却一再偷奸耍滑；总是想变得更优秀，却不能改掉浑浑噩噩的毛病。所有的不自律，最终都会使自己吃苦。想想看，那些因犯罪而蹲监狱或被判死刑的人，不就是不自律而导致的结果吗！

其实，自律和不自律，都得吃"苦"。自律的人是自己选择先主动去吃"苦"，奋发向上，不懈地耕耘，使自己的人生变得越来越好，是先"苦"后"甜"，就如俗语说的，"吃得苦中苦，方为人上人"。不自律的人往往沉溺于眼前短暂的满足和享乐而不顾后果，使自己的人生变得越来越差，最终不得不为自己的放纵付出沉痛的代价，是先"甜"后"苦"。

美国前总统罗斯福说："有一种品质可以使一个人在碌碌无为的平庸之辈中脱颖而出，这个品质不是天资，不是教育，也不是智商，而是自律。有了自律一切皆有可能，否则，连最简单的目标都显得遥不可及。"一个人即便天赋再高、想法再好，如果不自律，也很难做出成绩；而能够自觉自律，确保做出正确的选择，朝着认准的方向和目标坚定地前行，总有一天会变得更优秀、更成功、更幸福。

四、一分耕耘，一分收获

这句话应该是所有中国人都熟知的俗语。耕耘是因，收获是果。前后两个"一分"，是指耕耘与收获成正比，有多少耕耘就会有多少收获，有什么样的耕耘就会有什么样的收获。

我们与这个世界互动的方式，从看得见的角度讲，就是语言和行为。我们通过自己的选择所说出的话、做出的行为，都可以被看作是耕耘，是对外部世界的作用力，而外部世界也会有相应的反作用力施加在我们身上，这就是收获。有多大的作用力，就会有多大的反作用力；有什么样的作用力，就会有什么样的反作用力。

我们的任何言行都有结果，只不过，有的结果并不显著，处于量变状态；有的结果则是无形的，看不见、摸不着。比如，每一次熬夜都会损害身体，虽然身体没有明显的感觉，但熬夜次数多了、时间长了，就会得病；学生每天多学习一点，虽然成绩不会明显提升，但坚持的时间长了，成绩就会明显提升；背后说他人的坏话，说一次两次，可能不会对自己的形象造成多大的负面影响，但说得多了、时间长了，自身形象和口碑就会变差；帮助别人一次，未必被称为好人，但经常帮助别人，就会被称为好人。

耕耘与收获是恒等的，有时之所以看上去不相等，是因为没有看到有形背后无形的收获（得）与无形的损耗（失）。在肉眼可见的有形的耕耘与收获不均等时，必定有无形的东西将等式两边拉平。

无形的收获包括快乐、形象、口碑、信誉、进步、成就感、满足感、价值感等；无形的损耗包括恐惧、不安、自责、愧疚、口碑变差、信誉丧失等。每个人都有两个"账户"，一个是吉的、福的"账户"，另一个是凶的、祸的"账户"。无形的收获就储存在吉的、福的"账户"里，随时都可能会转化为对自己的支持、帮助和利益，慢慢就会变成有形的财富、职位、尊重、健康等；无形的损耗就储存在凶的、祸的"账户"里，会让我们失去人气、信誉、和谐、健康等，随时都可能会转化为对自己的伤害和灾殃，甚至会让自己为此付出生命代价。

比如，我们都知道，企业的品牌和商标具有无形的价值，这种价值是企业的荣誉和竞争力，它来自企业长期的诚信经营；以及消费者对企业的产品和服务质量的认可。消费者愿意花更多的钱购买自己信任的产品或服务。相反，如果失去消费者的信任，即使其价格再低，他们也不会去购买。

举个商品交换的例子。假如按照市场价格计算，5个苹果的价格是10元钱，花10元钱从商家那里买了5个苹果，这就是等值交换。假如顾客想买5个苹果，店主看这个人挺可怜，于是就多给了一个苹果。从表面上看，店主多付出了一个苹果，是"亏"了，但他会收获与这一个苹果相应的无形价值——这位顾客会很高兴，会对店主报以感谢和信任。因此，顾客从此可能会认准这家水果店，此后会多到这里买水果。店主多付出一个苹果，同时收获到了顾客所回馈的认可、信任，水果店的口碑也正是在这个过程中逐渐形成的。相反，他花10元钱只买了4个苹果，他就会感到吃亏了，他或许会马上回去质问店主，搞不好还会恶语相向。即使他接受了被欺骗的事实，这家水果店在他心中的价值必定随之减损。

已有300多年历史的同仁堂，有一条祖传的古训："修合无人见，存心有天知。"意思是，在药品的选料和制作过程中，用药的斤两是否足称、用的药材是否上乘、制作的过程是否按规矩等，别人是看不到的；但做药的人的心是好还是坏，上天（消费者）自会知道，消费者用过后，自有公论。"炮制虽繁必不敢省人工，品味虽贵必不敢减物力"，这是同仁堂药店的创办者乐凤鸣在《同仁堂药目叙》中写下的同仁堂人对中药事业的承诺。同仁堂不管炮制何种药材，该炒的必炒，该蒸的必蒸，该晒的必晒，该冻的必冻，即便少赚钱、不赚钱，甚至亏本，也绝不会偷工减料。

在2003年"非典"疫情期间，同仁堂生产了300万瓶汤药，每卖一瓶药就会亏2元钱，总共亏了600万元钱。但是，面对亏损，同仁堂的老板说："这对同仁堂来说不是第一次，也绝对不是最后一次。在面临义与利选择的时候，同仁堂首先想到的是自己应当做的事和社会责任，而不是赚多少钱。"

就拿同仁堂在"非典"疫情期间生产300万瓶汤药这一举动来说，仅仅从收益来看，确实亏了600万元钱，付出与收获不对等。但是，在看得见的金钱背后，同仁堂还收获了无形的价值，那就是社会各界的信任。这种信任就会转化成有形的价值。因此，在"非典"疫情期间非常艰难的条件下，同仁堂的收益仍然增长了30%。在中国上市公司发展潜力50强评选中，连续7年都入选的企业有两家，其中一家就是同仁堂。

有人可能会问："我付出了、努力了，怎么没有获得相应的收获和成功呢？比如，做了一些善事，却没有获得相应的回报；认真复习了，却没有考出好成绩；圆满完成了任务，却没有获得领导的赏识和表扬……"不少人常常对付出和收获有一种执念，总是以为付出后就一定要马上获得收获，而看不到无形或不显著的收获。其实，这是功利心在作怪，没有马上获得想要的结果，不是没有结果，而是需要量变的积累，或者存在其他自己看不到的无形结果，或者还不具备获得结果的条件。你做了善事，也许不会马上获得回报，但你的内心涌出的那份价值感和快乐感是实实在在的；你多做一道题、多背一个单词，也许不能考满分，但一定会让你在考试时多一份底气和胜算；你努力把工作做好，也许不能马上脱颖而出，但你的工作能力会不断获得提升……无论在任何时候、任何地方，都不要怀疑付出和努力的意义。你吃的每一分苦、受的每一分累、出的每一分力、流的每一滴汗都不会白费，它们都会成为你走向成功和幸福的助力。

我们的每一次付出和努力都是有价值的，失败了会获得教训，成功了会收获经验，这些经历一定会在另一些地方显示出它们的价值。常言道，失败乃成功之母。不成功或失败，看起来是付出后没有获得收获，是在浪费金钱、时间和精力，其实这也是一种不可或缺的经验和财富。爱迪生经历了9000多次失败才发明了电灯。在他成功之前，他的朋友劝他放弃，但他对朋友说："这不是失败，而是证明了9000多种不能制造电灯泡的方法，我离成功越来越近了。"其实，任何经历都会使你进步和成长。

同样，也不要对自己做坏事和偷奸耍滑的行为抱侥幸心理，我们每一次占便宜、伤人、偷懒、偷奸耍滑，都不是没有付出代价，它们是人生路上的坑，会让我们的人生路越来越艰难，甚至走投无路。

在电视剧《白鹿原》中，白嘉轩说过一段让人印象很深的话："人行事不在旁人知道不知道，而在自家知道不知道；自家做下好事刻在自家心里，做下瞎事也刻在自家心里，都抹不掉；其实天知道，地也知道，记在天上、刻在地上，也是抹不掉的。"做人太过精明，只会在无形中给自己挖下一个又一个坑，时间长了，就会无路可走。

《道德经》中说："大道甚夷，而民好径。""径"的意思是小路。人生的大道原本很宽敞，成功和幸福的路并不拥挤，但是不少人却愿意走小路，小路看起来是一条捷径，但走下去会发现越来越难。古人说："天道忌巧。"生活中从来没有捷径可走，做任何事都要遵循客观规律，否则就是弄巧则成拙，搬起石头砸自己的脚。这世上的任何成功、好事、收获，都需要付出努力。耕耘与收获永远成正比，这就是人生的规律所在。明白了这个道理，就只管多耕耘、多付出、多努力,这样,很多美好的收获和回报就会在未来的某一天出现。

命运既不抽象,也不遥远。我们的命运是具体的,都是由每一天的每一件事的成败和每一个人际关系的顺逆组成的。我们每时每刻都在创造着自己的命运。所以,请从把握好每一天的命运开始,从当下开始,从一言一行开始吧!